新・判例ハンドブック

【商法総則・商行為法・手形法】

鳥山恭一
高田晴仁
編著

日本評論社

はしがき

『新・判例ハンドブック』シリーズの会社法に続き、ここに商法総則・商行為法・手形法の判例解説を編んで世に送る。

類書の多い中で、ハンディーな判例学習書という本シリーズの特色を最大限に活かすべく、旧版と同様に、特に以下の三点に意をもちいた。

第一に、現代の判例法において指導的な地位にあり、したがって体系書や講義において必ずといってよいほど触れられる判例を遺漏なく収録したことである。現代の「生きた商法」を知るためには、まず判例法を学ぶことが必要であるが、一般的にいって、体系書や講義では数多くの判例の内容にいちいち踏み込むことは分量的にも時間的にも無理であるから、本書はそれらを補完し肉づけするものとして役立つであろう。判例の配列も、判例法の変遷を眺めやすいように工夫してある。

第二に、判例のポイントを摑み出し、なぜ・どのようにしてその論点が問題になったのかを立体的に説明しようと努めた点である。読者諸君は、ともすれば著名な「論点」の通説・判例による「解答」「要旨」を暗記するといった傾向に陥りがちであるが、「論点」は決して抽象的なクイズや試験の問題のために世に生まれるわけでもなければ、通説や判例がクイズの正解というわけでもない。人と人との現実の利害の衝突の接点をいかに定めるかというシビアかつリアルな法律問題に対して、裁判官が、なぜ・どのように苦悩したのかということに諸君のイマジネーションが広がらないようでは、ほんとうに法律を学んだことにはならない。読者諸君は、学習効果を上げるために、ぜひとも、予め〔事実〕をよく理解し、自分なりの考えをまとめた上で、〔裁判所の見解〕と〔解説〕へ読み進んでいただきたい。

第三に、右の狙いを実現しつつも、解説を限界までコンパクト化したことである。学問的見地からすれば、本格的な判例研究書の持つ意義が大きいことはいうまでもない。だが、論文に匹敵するような威儀を正した判例研究にいきなり立ち向かうことは、初学者にとっては、ともすれば無用の挫折感や疎外感を味わうだけのこととなる危険がないとはいえない。そこに、分量的に取りつきやすく、内容的に平明にまとめた本書の存在意義があると思われる。どうか読者諸君には、本書でホップし、参考文献の研究でステップして、さらに勉強を重ねて判例の真の理解へとジャンプされることを期待したい。そうであって初めて、本書は商法判例法の入門書としての役割を果たすことになるからである。

＊

本書は、はじめ故・倉澤康一郎先生と、奥島孝康先生との共編として刊行された『判例ハンドブック　商法総則・会社法』（一九九六年）および『同　商行為法・手形法』（一九九七年）を再構成し、商法総則・商行為法・手形法編を一書としたものである。

学界の第一線で活躍されている執筆者の先生方には、本書の欲張った趣旨を十分にご理解いただき、無理とも思える注文に応える力作をお寄せいただいた。編者として心よりお礼を申し上げる。また、隅谷史人氏には数多くの判例の選定等を、日本評論社の上村真勝氏、室橋真利子氏には、熱心かつ辛抱づよい督促と編集とを忝なくした。特に記してお三方に厚く感謝の意を表する。

二〇一五年夏

鳥山恭一
高田晴仁

目次

はしがき

第一部　商法総則

●第一章／商法の法源●――高田晴仁　26

① 商慣習法と強行規定――大判昭和19年2月29日民集二三巻九〇頁
② 約款の拘束力――大判大正4年12月24日民録二一輯二一八二頁

●第二章／商人●――森川　隆　28

③ 営業の準備行為の意義――最1判昭和47年2月24日民集二六巻一号一七二頁
④ 信用金庫の商人性／大阪産業信用金庫事件――最3判昭和63年10月18日民集四二巻八号五七五頁
⑤ 会社の商人性とその行為の商行為性／三富士興業事件――最2判平成20年2月22日民集六二巻二号五七六頁

●第三章／商業登記●――白石智則 31
⑥ 悪意の会社債権者に対する合名会社を退社した社員の責任／新港シャーリング工場事件――大判昭和14年2月8日民集一八巻五四頁
⑦ 商号変更および代表取締役就任の登記の未了／近江屋商店事件――最1判昭和35年4月14日民集一四巻五号八三三頁
⑧ 第三者相互間における商業登記の効力／宮関石灰事件――最2判昭和29年10月15日民集八巻一〇号一八九八頁
⑨ 代表取締役の退任登記と表見代理／安威川ゴルフ事件①――最2判昭和49年3月22日民集二八巻二号三六八頁
⑩ 商法九条一項、会社法九〇八条一項の「正当の事由」／安威川ゴルフ事件②――最3判昭和52年12月23日判時八八〇号七八頁
⑪ 退任取締役による残存登記の放置と第三者に対する責任／ヤマガタ事件――最3判昭和63年1月26日金法一一九六号二六頁
⑫ 商業登記法二四条一〇号に関する登記官の審査／高橋商店事件――最3判昭和43年12月24日民集二二巻一三号三三三四頁
●第四章／商号●――諏訪野大 38
⑬ 商号単一の原則／丸越商店事件――大決大正13年6月13日民集三巻二八〇頁
⑭ 不正の目的による商号の使用／ジャパン・スポーツ・マーケティング事件――知財高判平成19年6月13日判時二〇三六号一一七頁
⑮ 不正競争防止法による類似商号の使用差止請求／日本ウーマン・パワー事件――最2判昭和58年10月7日民集三七巻八号一〇八二頁
⑯ 不正競争防止法における著名性／阪急住宅事件――大阪地判平成24年9月13日裁判所ウェブサイト
⑰ 手形行為と名板貸人の責任／中村商店事件――最3判昭和42年6月6日判時四八七号五六頁
⑱ 被許諾名称の営業外使用と名称許諾者の責任／精華住設機器事件――最3判昭和55年7月15日判時九八二号一四四頁

⑲ 取引相手方の重過失と名板貸人の免責／北村木材事件――最1判昭和41年1月27日民集二〇巻一号一一一頁
⑳ 商号使用許諾者の責任を生ずる取引の範囲／現金屋事件――最1判昭和43年6月13日民集二二巻六号一一七一頁
㉑ スーパーとテナントとの関係における名板貸人の責任／忠実屋事件――最1判平成7年11月30日民集四九巻九号二九七二頁

●第五章／営業譲渡●――齋藤雅代 47

㉒ 営業譲渡と商号の継続使用――最2判昭和38年3月1日民集一七巻二号二八〇頁
㉓ ゴルフクラブの名称の継続使用と商法一七条一項（会二二条一項）の類推適用――最2判平成16年2月20日民集五八巻二号三六七頁
㉔ 現物出資と商法一七条（会二二条）の適用――最1判昭和47年3月2日民集二六巻二号一八三頁
㉕ 挨拶状と債務引受の広告――最2判昭和36年10月13日民集一五巻九号二三二〇頁
㉖ 営業譲渡と労働契約関係の帰趨――大阪高判昭和38年3月26日高民集一六巻二号九七頁
㉗ 企業買収と表明保証条項――東京地判平成18年1月17日判時一九二〇号一三六頁

●第六章／商業帳簿●――岡本智英子 53

㉘ 商業帳簿の証拠力――大判昭和17年9月8日新聞四七九九号一〇頁
㉙ 商業帳簿の提出命令の対象――東京高決昭和54年2月15日下民集三〇巻一～四号二四頁

●第七章／商業使用人● 藤田祥子 55
㉚ 表見支配人と営業所の実質——最3判昭和37年5月1日民集一六巻五号一〇三一頁
㉛ 表見支配人の相手方である第三者——最1判昭和59年3月29日判時一一三五号一二五頁
㉜ 信用金庫支店長と営業に関する行為：表見支配人の権限の範囲——最3判昭和54年5月1日金判五七六号一九頁
㉝ 商法二五条（会一四条）と使用人が有する代理権の範囲——最1判平成2年2月22日集民一五九号一六九頁
●第八章／代理商● 長畑周史 59
㉞ 保険料を保管する専用口座と預金債権の帰属——最2判平成15年2月21日民集五七巻二号九五頁
第二部 商行為法
●第一章／商行為の通則●
Ⅰ 商行為の意義 森川 隆 60
㉟ 製造と投機購買——大判昭和4年9月28日民集八巻七六九頁
㊱ 理髪業と場屋取引——大判昭和12年11月26日民集一六巻一六八一頁

㊲ 美容院の営業の商行為性――東京地判平成2年6月14日判時一三七八号八五頁
㊳ 貸金業と銀行取引――最3判昭和50年6月27日判時七八五号一〇〇頁
㊴ 商人の雇用と附属的商行為の推定――最1判昭和30年9月29日民集九巻一〇号一四八四頁

Ⅱ 商行為の特色――笹本幸祐 65

㊵ 商法五〇四条の法理――最大判昭和43年4月24日民集二二巻四号一〇四三頁
㊶ 商法五〇四条ただし書と消滅時効――最3判昭和48年10月30日民集二七巻九号一二五八頁
㊷ 商人の諾否の通知義務――最2判昭和28年10月9日民集七巻一〇号一〇七二頁
㊸ 共同企業体の事業上の債務と構成員についての商法五一一条の適用――最3判平成10年4月14日民集五二巻三号八一三頁
㊹ 宅地建物取引業者の報酬請求権――最1判昭和44年6月26日民集二三巻七号一二六四頁
㊺ 商法五一四条にいう「商行為によって生じた債務」の意味――最1判昭和30年9月8日民集九巻一〇号一二二二頁
㊻ 不当利得返還請求権の利息の利率――最3判平成19年2月13日民集六一巻一号一八二頁
㊼ 自賠法による直接請求権と商法五一四条――最3判昭和57年1月19日民集三六巻一号一頁
㊽ ゴルフクラブ入会証書と公示催告申立の可否――東京高決昭和52年6月16日判時八五八号一〇一頁
㊾ 建築請負人が占有していた敷地に対する商事留置権の成否――東京高決平成11年7月23日判時一六八九号八二頁
㊿ 約束手形の取立金に対する商事留置権の可否――最1判平成23年12月15日民集六五巻九号三五一一頁
51 債務者の破産手続開始と商事留置権――最3判平成10年7月14日民集五二巻五号一二六一頁
52 非商人たる保証人の求償権と商事消滅時効――最2判昭和42年10月6日民集二一巻八号二〇五一頁
53 利息制限法違反による返還請求権と消滅時効――最1判昭和55年1月24日民集三四巻一号六一頁

●第二章／商事売買●――鳥山恭一＋内田千秋 79
54 確定期売買／尼崎特殊社交飲食業組合事件――最2判昭和44年8月29日判時五七〇号四九頁
55 商人間における売主の担保責任と買主の検査・通知義務――最2判昭和29年1月22日民集八巻一号一九八頁
56 商人間における売主の債務不履行責任と買主の検査・通知義務／光工業株式会社事件――最3判昭和47年1月25日判時六六二号八五頁
57 商人間の不特定物売買と買主の検査・通知義務／紋珠岳炭鉱株式会社事件――最2判昭和35年12月2日民集一四巻一三号二八九三頁
58 目的物に関する瑕疵の通知義務を履行した買主の権利／野村祐株式会社事件――最3判平成4年10月20日民集四六巻七号一一二九頁
59 介入取引の性質――大阪地判平成1年3月10日判時一三四五号一〇〇頁
60 荷渡指図書による寄託台帳の書換え／丸和畜産工業株式会社事件――最3判昭和57年9月7日民集三六巻八号一五二七頁
61 動産売買の先取特権／株式会社桑原商店事件――最1判昭和62年4月2日判時一二四八号六一頁
62 売買契約における解除特約の効力／新東亜交易株式会社事件――最3判昭和57年3月30日民集三六巻三号四八四頁
63 所有権留保売買の売主による目的物取戻しと権利濫用／尼崎日産自動車株式会社事件――最2判昭和50年2月28日民集二九巻二号一九三頁
●第三章／交互計算●――高田晴仁 89
64 交互計算に組み入れられた債権の差押え――大判昭和11年3月11日民集一五巻三二〇頁

⑯65 スワップ契約の解除と顧客の損害賠償義務――東京高判平成9年5月28日判タ九八二号一六六頁

●第四章／匿名組合●――高田晴仁 91

⑯66 匿名組合と民法上の組合の区別――大判大正6年5月23日民録二三輯九一七頁
⑯67 匿名組合と消費貸借の区別――最2判昭和36年10月27日民集一五巻九号二三五七頁
⑯68 航空機リース事業への投資を目的とする匿名組合――東京地判平成7年3月28日判時一五五七号一〇四頁

●第五章／仲立営業●――来住野究 94

⑯69 排除された仲介業者の報酬請求権――最1判昭和45年10月22日民集二四巻一一号一五九九頁

●第六章／問屋営業●――来住野究 95

⑰70 委託者の指示に基づかない問屋の取引――最3判昭和49年10月15日集民一一三号五頁
⑰71 委託者の指示に基づかない信用取引と委託者の救済――最2判平成4年2月28日判時一四一七号六四頁
⑰72 問屋が破産した場合の委託者の取戻権――最1判昭和43年7月11日民集二二巻七号一四六二頁
⑰73 投資者保護基金の補償対象債権――最1判平成18年7月13日民集六〇巻六号二三三六頁
⑰74 ワラントの投資勧誘と証券会社の説明義務違反による責任――東京高判平成9年7月10日判タ九八四号二〇一頁
⑰75 適合性原則違反の投資勧誘と不法行為責任の成否――最1判平成17年7月14日民集五九巻六号一三二三頁

●第七章／運送取扱営業●――笹岡愛美 101

76 運送人の責任の消滅と「悪意アリタル場合」の意義――最3判昭和41年12月20日民集二〇巻一〇号二一〇六頁

●第八章／運送営業●

I 物品運送――笹岡愛美 102

77 貨物引換証の効力――大判昭和13年12月27日民集一七巻二八四八頁
78 貨物引換証の要式証券性――大判大正5年7月4日民録二二輯一三一四頁
79 貨物引換証と運送品の滅失――大判昭和6年11月13日民集一〇巻一〇一三頁
80 貨物引換証の処分証券性――大判大正13年7月18日民集三巻三九九頁
81 貨物引換証の物権的効力――大判昭和7年2月23日民集一一巻一四八頁
82 引渡場所以外の場所における運送品の引渡し――最1判昭和35年3月17日民集一四巻三号四五一頁
83 商法五八〇条一項の趣旨――最1判昭和53年4月20日民集三二巻三号六七〇頁
84 高価品特則と商法五八一条の「重過失」――最3判昭和55年3月25日判時九六七号六一頁
85 商法五七八条にいう「高価品」の意義――最3判昭和45年4月21日判時五九三号八七頁
86 約款上の責任制限条項と荷受人からの請求――最1判平成10年4月30日判時一六四六号一六二頁

Ⅱ　旅客運送――――笹岡愛美　112
87　回数乗車券の性質――大判大正6年2月3日民録二三輯三五頁
88　回数乗車券の事後的な失効と公序良俗違反――名古屋地判平成3年3月15日判タ七六四号二四五頁
89　募集型企画旅行契約と旅行業者の責任――東京地判平成1年6月20日判時一三四一号二〇頁
●第九章／倉庫営業●――――長畑周史　115
90　倉庫営業者の責任――最2判昭和42年11月17日判時五〇九号六三頁
91　倉荷証券と保管料負担の記載――最3判昭和32年2月19日民集一一巻二号二九五頁
●第一〇章／場屋営業●――――長畑周史　117
92　高価品の紛失についてホテルが負う不法行為責任／神戸ポートピアホテル盗難事件――最2判平成15年2月28日判時一八二九号一五一頁

第三部　手形法

●第一章／手形行為●

Ⅰ　手形行為の形式的有効要件——鈴木達次　118

93　他人の氏名による署名——最1判昭和43年12月12日民集二二巻一三号二九六三頁
94　拇印の押印——大判昭和7年11月19日民集一一巻二一二〇頁
95　法人の署名——最3判昭和41年9月13日民集二〇巻七号一三五九頁
96　組合の手形署名——最2判昭和36年7月31日民集一五巻七号一九八二頁

Ⅱ　手形行為の実質的有効要件——鈴木達次　122

97　交付欠缺——最3判昭和46年11月16日民集二五巻八号一一七三頁
98　権利能力なき財団の手形行為——最3判昭和44年11月4日民集二三巻一一号一九五一頁
99　手形行為の取消しの相手方——大判大正11年9月29日民集一巻五六四頁
100　代表権の濫用による手形行為——最2判昭和44年11月14日民集二三巻一一号二〇二三頁
101　錯誤による裏書の効力——最1判昭和54年9月6日民集三三巻五号六三〇頁
102　「見せ手形」振出の効力——最2判昭和25年2月10日民集四巻二号二三頁
103　強迫による手形行為——最2判昭和26年10月19日民集五巻一一号六一二頁

Ⅲ　手形行為の代理――鈴木達次＋森川　隆　129
(104) 会社名を付記した署名の解釈――最1判昭和47年2月10日民集二六巻一号一七頁
(105) 手形行為の無権代理人の責任――最3判昭和33年6月17日民集一二巻一〇号一五三二頁
(106) 手形行為の表見代理における第三者――最3判昭和36年12月12日民集一五巻一一号二七五六頁
(107) 実在しない法人の代表者名義で手形を振り出した者の責任――最3判昭和38年11月19日民集一七巻一一号一四〇一頁
(108) 手形行為と表見代理／荒川林産化学事件――最3判昭和39年9月15日民集一八巻七号一四三五頁
(109) 手形行為と表見代表／保津川遊船事件――最2判昭和40年4月9日民集一九巻三号六三二頁
(110) 手形行為と利益相反取引／仙台屋事件――最大判昭和46年10月13日民集二五巻七号九〇〇頁
(111) 手形行為と双方代理／関西急送事件――最3判昭和47年4月4日民集二六巻三号三七三頁
Ⅳ　手形の偽造・変造――高田晴仁　137
(112) 被偽造者の責任――最3判昭和27年10月21日民集六巻九号八四一頁
(113) 手形の偽造と民法七一五条の使用者責任――最2判昭和36年6月9日民集一五巻六号一五四六頁
(114) 手形の偽造の追認――最2判昭和41年7月1日判タ一九八号一二三頁
(115) 手形の偽造と民法一一〇条の類推適用――最3判昭和43年12月24日民集二二巻一三号三三八二頁
(116) 代理権限の濫用と手形の偽造――最1判昭和44年4月3日民集二三巻四号七三七頁
(117) 手形の偽造と手形法八条の類推適用――最2判昭和49年6月28日民集二八巻五号六五五頁
(118) 手形の偽造と悪意の取得者――最2判昭和55年9月5日民集三四巻五号六六七頁
(119) 満期の変造――最3判昭和50年8月29日判時七九三号九七頁

●第二章／手形の無因性――人的抗弁の対抗・不対抗●――高田晴仁 145

(120) 当事者間における原因関係無効の抗弁／毒入りアラレ事件――最1判昭和39年1月23日民集一八巻一号三七頁
(121) 賭博による債務支払のための小切手の提供――最2判昭和46年4月9日民集二五巻三号二六四頁
(122) 悪意の抗弁の成立――大判昭和19年6月23日民集二三巻三七八頁
(123) 悪意の抗弁と重過失――最3判昭和35年10月25日民集一四巻一二号二七二〇頁
(124) 人的抗弁切断後の手形取得――最3判昭和37年5月1日民集一六巻五号一〇一三頁
(125) 戻裏書と人的抗弁――最2判昭和40年4月9日民集一九巻三号六四七頁
(126) 手形金の請求と権利の濫用：いわゆる後者の抗弁――最大判昭和43年12月25日民集二二巻一三号三五四八頁
(127) 二重無権の抗弁――最1判昭和45年7月16日民集二四巻七号一〇七七頁
(128) 保証人による手形の買戻しと抗弁の対抗――最1判昭和52年9月22日判時八六九号九七頁
(129) 融通手形の抗弁と第三者――最3判昭和34年7月14日民集一三巻七号九七八頁
(130) 融通目的達成後の融通手形――最3判昭和40年12月21日民集一九巻九号二三〇〇頁
(131) 交換手形と悪意の抗弁――最1判昭和42年4月27日民集二一巻三号七二八頁

●第三章／白地手形●――渋谷光義 157

(132) 白地手形の有効性――大判大正10年10月1日民録二七輯一六八六頁
(133) 白地手形成立の要件――最2判昭和31年7月20日民集一〇巻八号一〇二二頁
(134) 受取人白地の約束手形による手形金請求の許否――最1判昭和41年6月16日民集二〇巻五号一〇四六頁

135 振出日白地の確定日払手形――最1判昭和41年10月13日民集二〇巻八号一六三二頁
136 満期白地の手形の補充権の消滅時効――最1判昭和44年2月20日民集二三巻二号四二七頁
137 白地手形の満期が補充された場合とその他の手形要件の白地補充権の消滅時効――最3判平成5年7月20日民集四七巻七号四六五二頁
138 受取人白地手形による訴えの提起と時効の中断――最大判昭和41年11月2日民集二〇巻九号一六七四頁
139 振出日白地手形による訴えの提起と時効の中断――最大判昭和45年11月11日民集二四巻一二号一八七六頁
140 未補充手形の取得者と手形法一〇条――最2判昭和36年11月24日民集一五巻一〇号二五三六頁
141 白地未補充手形による敗訴判決と既判力――最3判昭和57年3月30日民集三六巻三号五〇一頁

●第四章／振出●

渋谷光義 167

142 手形金額「壱百円」と「¥1,000,000」の重複記載――最1判昭和61年7月10日民集四〇巻五号九二五頁

●第五章／裏書●

I 裏書行為の要件・効果――伊藤雄司 168

143 手形行為独立の原則と悪意の取得者――最1判昭和33年3月20日民集一二巻四号五八三頁
144 指図文句と指図禁止文句の併存――最1判昭和53年4月24日判時八九三号八六頁
145 裏書によらない手形債権の譲渡――最1判昭和49年2月28日民集二八巻一号一二一頁
146 手形裏書と民事保証債務の移転――最3判昭和45年4月21日民集二四巻四号二八三頁

⑭ 裏書の詐害行為による取消しと取立委任裏書の被裏書人の地位――最2判昭和54年4月6日民集三三巻三号三二九頁
⑱ 取立委任文言の抹消と譲渡裏書の効力発生時期――最3判昭和60年3月26日判時一一五六号一四三頁
⑲ 隠れた取立委任裏書と訴訟信託――最1判昭和44年3月27日民集二三巻三号六〇一頁
⑳ 不渡付箋貼付後の裏書――最1判昭和55年12月18日民集三四巻七号九四二頁

Ⅱ 裏書の連続――芳賀 良 176

⑮ 裏書の連続――最2判昭和30年9月30日民集九巻一〇号一五一三頁
⑯ 裏書の連続のある手形による請求と権利推定の主張――最大判昭和45年6月24日民集二四巻六号七一二頁
⑰ 変造手形の原文言の立証責任――最3判昭和42年3月14日民集二一巻二号三四九頁
⑱ 受取人欄の変造と裏書の連続――最3判昭和49年12月24日民集二八巻一〇号二一四〇頁
⑲ 裏書の不連続と権利の行使――最3判昭和31年2月7日民集一〇巻二号二七頁
⑳ 被裏書人だけの抹消――最2判昭和61年7月18日民集四〇巻五号九七七頁

Ⅲ 善意取得――芳賀 良 182

⑰ 無権代理人による裏書と善意取得／サンベニヤ工業事件――最3判昭和35年1月12日民集一四巻一号一頁
⑱ 取得者の「重大ナル過失」の意義／御法川工業事件――最2判昭和52年6月20日判時八七三号九七頁
⑲ 呈示期間経過後の小切手譲渡と善意取得／日本勧業銀行事件――最2判昭和38年8月23日民集一七巻六号八五一頁

●第六章／手形保証● 堀井智明 185

⑯⓪ 手形保証の方式／原林開拓農業協同組合事件——最3判昭和35年4月12日民集一四巻五号八二五頁
⑯① 約束手形の表面になされた署名は手形保証人か共同振出人か——大阪地判昭和53年3月7日金判五六六号四一頁
⑯② 手形保証と権利濫用の抗弁——最3判昭和45年3月31日民集二四巻三号一八二頁
⑯③ 隠れた手形保証と原因債務についての保証／奥村運送事件——最3判昭和52年11月15日民集三一巻六号九〇〇頁
⑯④ 隠れた手形保証をした者の間での責任の範囲——最3判昭和57年9月7日民集三六巻八号一六〇七頁
⑯⑤ 保証のための手形裏書と原因債務の保証の成否——最1判平成2年9月27日民集四四巻六号一〇〇七頁

●第七章／支払● 島田志帆 191

⑯⑥ 呈示期間経過後の支払呈示の場所——最大判昭和42年11月8日民集二一巻九号二三〇〇頁
⑯⑦ 満期前における裁判上の手形金請求と遡求権保全効——最2判平成5年10月22日民集四七巻八号五一三六頁
⑯⑧ 手形法四〇条三項にいう重大な過失／中島毛糸紡績事件——最2判昭和44年9月12日判時五七二号六九頁
⑯⑨ 銀行による偽造手形の支払／富士銀行事件——最1判昭和46年6月10日民集二五巻四号四九二頁
⑰⓪ 手形交換所における呈示と依頼返却／三井銀行事件——最2判昭和32年7月19日民集一一巻七号一二九七頁

●第八章／手形の書替● 島田志帆 196

⑰① 返還した書替前手形による手形金請求——最2判昭和41年4月22日民集二〇巻四号七三四頁

⑰ 支払延期のためになされた手形書替――最2判昭和54年10月12日判時九四六号一〇五頁

●第九章／時効● 横尾　亘 198

⑰ 支払猶予の特約と消滅時効の起算点――最2判昭和55年5月30日民集三四巻三号五二一頁
⑰ 振出人の債務の消滅時効を裏書人が抗弁することの可否――最1判昭和57年7月15日民集三六巻六号一一一三頁
⑰ 手形の呈示を伴わない催告と時効の中断――最大判昭和38年1月30日民集一七巻一号九九頁
⑰ 公示催告申立中になした裁判上の請求と時効中断――最3判昭和39年11月24日民集一八巻九号一九五二頁

●第一〇章／公示催告・除権決定● 渋谷光義 202

⑰ 署名後流通前の紛失手形と除権決定――最1判昭和47年4月6日民集二六巻三号四五五頁
⑰ 白地手形と除権決定――最1判昭和51年4月8日民集三〇巻三号一八三頁
⑰ 手形の除権決定と除権決定前の善意取得者の権利――最1判平成13年1月25日民集五五巻一号一頁

●第一一章／利得償還請求権● 隅谷史人 205

⑱ 利得償還請求権の発生と原因債権との関係――最1判昭和43年3月21日民集二二巻三号六六五頁
⑱ 既存債務の消滅と利得の有無――最3判昭和38年5月21日民集一七巻四号五六〇頁
⑱ 利得償還請求権の取得――最3判昭和34年6月9日民集一三巻六号六六四頁
⑱ 利得償還請求権の消滅時効――最2判昭和42年3月31日民集二一巻二号四八三頁

●第一二章／手形・小切手と実質関係●——隅谷史人 209

184 手形債権と原因債権との行使順位——最1判昭和23年10月14日民集二巻一一号三七六頁
185 原因債権行使の方法——最3判昭和33年6月3日民集一二巻九号一二八七頁
186 手形金請求訴訟の提起と原因債権の消滅時効の中断——最2判昭和62年10月16日民集四一巻七号一四九七頁
187 小切手による弁済提供——最2判昭和37年9月21日民集一六巻九号二〇四一頁
188 小切手による入金と預金の成立——最1判昭和46年7月1日判時六四四号八五頁
189 手形割引の法的性質——最1判昭和48年4月12日金法六八六号三〇頁
190 割引手形と買戻請求権——最1判昭和51年11月25日民集三〇巻一〇号九三九頁
191 遡求権消滅後の手形買戻請求——大阪高判昭和54年9月5日判時九五三号一一八頁
192 相殺と手形の返還先——最1判昭和50年9月25日民集二九巻八号一二八七頁
193 不渡異議申立のための預託金返還請求権を受働債権とする相殺——最1判昭和45年6月18日民集二四巻六号五二七頁

●第一三章／為替手形●——隅谷史人 219

194 支払人欄の記載と引受人署名の不一致——最3判昭和44年4月15日判時五六〇号八四頁
195 外国為替手形の取立・再買収の拒絶と買取銀行の権利義務——東京地判平成5年2月22日金判九三二号九頁

●第一四章／小切手●――隅谷史人 221

(196) 一般線引の効力を排除する特約の効力――最2判昭和29年10月29日裁時一七一号一六九頁
(197) 盗難預金小切手の事故届と支払――最2判昭和39年12月4日判時三九一号七頁

●第一五章／手形・小切手以外による資金移動●――隅谷史人 223

(198) 被仕向銀行の行為による損害と仕向銀行の振込依頼人に対する責任――最1判平成6年1月20日金法一三八三号三七頁
(199) 誤振込と受取人の預金債権――最2判平成8年4月26日民集五〇巻五号一二六七頁
(200) 振込の原因関係が存在しない場合の預金の払戻しと権利濫用――最2判平成20年10月10日民集六二巻九号二三六一頁

凡　例――22
判例索引――235

凡　例

▽判例の引用方法

・「最大判平成3・5・8民集四五巻二号八九頁」とあるのは、「平成三年五月八日最高裁大法廷判決、最高裁判所民事判例集平成三年度四五巻二号八九頁（通し頁）」を指す。なお、例えば「最決」の「決」は決定の略である。また、大法廷判決（決定）は「最大判（決）」、小法廷判決（決定）は「最1判（決）」のように表記した。

・その他、東京地判→東京地方裁判所判決、大阪高決→大阪高等裁判所決定、札幌地小樽支判→札幌地方裁判所小樽支部判決のごとくである。

▽登載判例集は、次のように略記した。

民（刑）集＝最高裁判所民事（刑事）判例集、大審院民事（刑事）判例集
民（刑）録＝大審院民事（刑事）判決録
高民（刑）集＝高等裁判所民事（刑事）判例集
下民（刑）集＝下級裁判所民事（刑事）裁判例集
集民（刑）＝最高裁判所裁判集民事（刑事）
裁時＝裁判所時報
無体集＝無体財産関係民事・行政裁判例集
判時＝判例時報
判タ＝判例タイムズ
金判＝金融・商事判例
金法＝旬刊金融法務事情
新聞＝法律新聞

・なお、解説本文において、例えば（25判決）とあるのは、本書掲載裁判例のうち裁判例番号25のものを指す。

▽文献（雑誌・単行本等）

会社法百選	会社法判例百選（第二版）（二〇一一年）。なお、旧版については、例えば、会社法判例百選は「会社法百選（初版）」、会社判例百選初版～第六版は「会社百選（六版）」などと表記した。
商百選	商法（総則・商行為）判例百選（第五版）（二〇〇八年）
商標・意匠・不正百選	商標・意匠・不正競争判例百選（二〇〇七年）
租税百選	租税判例百選（第五版）（二〇一一年）
手形百選	手形小切手判例百選（第七版）（二〇一四年）
倒産百選	倒産判例百選（第五版）（二〇一三年）
保険百選	保険法判例百選（二〇一〇年）
	＊百選の末尾の数字は、掲載判例の項目番号を指す。また、現段階の最新版については明示せず、旧版のみ、例えば「商百選（三版）」、「手形百選（五版）」などと表記した。
昭和（平成）〇年重判	昭和（平成）〇年度重要判例解説（ジュリスト臨時増刊）
	＊末尾の（　）内は掲載判例の法分野名、項目番号を指す。
昭和（平成）〇年主判	昭和（平成）〇年度民事主要判例解説（判例タイムズ臨時増刊）
	＊末尾の（　）内は掲載判例の法分野名、項目番号を指す。
法時	法律時報
法セ	法学セミナー
ジュリ	ジュリスト
法教	法学教室
民商	民商法雑誌
リマークス	私法判例リマークス
最判解〇年度	最高裁判所判例解説
大隅＝河本	大隅健一郎＝河本一郎『注釈手形法・小切手法』（有斐閣、一九八三年）

川村	川村正幸『手形・小切手法（第三版）』（新世社、二〇〇五年）
北居＝高田編	北居功＝高田晴仁編『民法とつながる商法総則・商行為法』（商事法務、二〇一三年）
鈴木＝前田	鈴木竹雄（前田庸補訂）『手形法・小切手法（新版）』（有斐閣、一九九二年）
前田	前田庸『手形法・小切手法』（有斐閣、一九九九年）

▽法令等

一般法人	一般社団法人及び一般財団法人に関する法律
会	会社法
会更	会社更生法
金商	金融商品取引法
金販	金融商品の販売等に関する法律
小	小切手法
国際海上	国際海上物品運送法
商	商法
商登	商業登記法
手	手形法
農協	農業協同組合法
破	破産法
非訟	非訟事件手続法
不正競争	不正競争防止法
法適用	法の適用に関する通則法
保険業	保険業法
民	民法
民再	民事再生法
民執	民事執行法
民訴	民事訴訟法

新・判例ハンドブック　商法総則・商行為法・手形法

商慣習法と強行規定

1 大判昭和19・2・29民集二三巻九〇頁

会社法の強行規定または任意規定に反する商慣習法の成立は認められるか。

事実 甲社の株主Xは、Aに甲社株券を交付して株式の売却を委託したところ、Aは自己の利殖を目的として、偽造したXの白紙委任状・処分承諾書を右株券に添付してBに取次を委託した。Bもまた自己の取引のために右株券をCに交付し、Cはこれを Dに譲渡した後、Dの債権者Yが右株券を競落し占有するに至った。XはYに対し右株券の引渡などを求めて訴えを提起し、善意取得の成否が争われた。

裁判所の見解 記名株券が株式名義書替の白紙委任状または処分承諾書付で転輾された場合に、善意無過失でその株券および附属書類を取得した者が、その券面上の権利を取得する旨の商慣習法が適用されるためには、右附属書類が真正のものであることが必要である。

解説 現行会社法上、株券発行会社では、株券の交付が譲渡の有効要件である（会一二八条一項）。したがって本件で争われた白紙委任状付株式譲渡の商慣習は現在ではまったく問題にならない。むしろ本件判旨の現代的な意義は、会社法の強行法規または任意規定に反する商慣習法は認められるか、という法源論にある。法適用三条は、公序良俗に反しない慣習は、法令の規定により認められたものまたは法令に規定されていない事項に関するものに限り、法律と同一の効力を有するものと定める（制定法優先主義）。公序すなわち強行規定に反する慣習はそもそも慣習法たりえず、また、法令が自ら認めるか、または、法令の空白地帯にしか慣習法は成立しえないというのであるから、任意法規が存在する範囲でも、やはり慣習法は成立しえない。これが原則である。しかし商法一条二項は、例外的に、商事に関し商法に規定がないときは、商慣習に従い、商慣習もないときに民法が適用されるとして、商慣習法が民法に優先し、民法が商慣習に劣後することを定めている。

問題なのは、民法九二条が任意規定と異なる慣習がある場合において、法律行為の当事者がその慣習による意思を有しているものと認められるときは、その慣習に従うと定め、慣習が任意規定より優先しうるものと定めている点で制定法優先主義が破られているのではないか、という点である。この点、通説は、法適用三条の「慣習」とは、社会の法的確信に支持された慣習法をいい、任意規定に反する慣習法の成立は認められないのに対して、民法九二条は、そこまで至らない事実たる慣習が法律行為の解釈の標準になることを定めたものであって、事実たる慣習が法律行為に取り込まれて任意法規に優先することは、私的自治の原則上、差し支えないものと解している。

関連条文 商一条、法適用三条、民九二条

▼**評釈**――竹濵修・商百選1

約款の拘束力

2 大判大正4・12・24民録二一輯二一八二頁

関連条文 商一条、法適用三条、民九二条

約款を利用する企業は、約款上の免責条項を知らずに契約した者に対して免責事由を主張しうるか。

事　実　Xは外国の保険会社であるYと火災保険契約を締結した。保険申込書にはYの保険約款を承認し申込みをなす旨が印刷されていた。Xの家屋が森林火災の延焼により焼失したので、Xが保険金の請求をしたところ、Yは森林の燃焼による損害については責任を負わない旨の免責条項により損害填補の責任はないと抗弁した。原審は、右免責条項は日本の保険会社の約款には存在せず、信義則上Yは約款をXに告知・交付すべきであって、Yがこれを怠った本件ではXに免責条項について契約締結の意思がないとしてXの請求を認容した。

裁判所の見解　破棄差戻。いやしくも当事者双方が特に普通保険約款によらない旨の意思を表示せずに契約したときは、反証のない限りその約款による意思をもって契約したものと推定すべく、本件事実のように、我国において火災保険事業を営む外国会社に対し、その会社の作成に係る書面であってその会社の普通保険約款による旨を記載した申込書に保険契約者が任意に調印して申込をなし、もって火災保険契約をなした場合においては、たとえ契約の当時その約款の内容を知悉していなかったときであっても、一応これによる意思をもって契約したものと推定するのが当然である。

解　説　現在の企業取引は、大量の取引を迅速に処理するために予め契約内容を画一化した約款によることが多い。企業にとってはいちいち個別に交渉するよりも取引コストが安く済み、結果として相手方（消費者等）の利益にもなるというメリットがある。その反面、相手方が定款の内容を知悉していることは稀であるから、意思表示の合致を要求する原則論ではほとんどの場合に約款が無効にされかねず、かといって、常に約款通りの契約の成立を認めることもまた不当である。そこで約款の拘束力が認められる根拠ないし条件が争われてきた。本件判旨は、保険約款により申し込む趣旨が申込書に印刷されているのが常態であるから、反証のない限り、推定される保険契約者の「約款による意思」が約款の拘束力の根拠であるとする。「約款による」という意思の合致があれば、約款を契約の内容に組み入れる形で拘束力が認められるという立場である。しかしこの立場では、約款を契約内容とする当事者の意思が常に必要となる。そこで、通説は、保険契約は「約款による」ことが商慣習（民九二条）または商慣習法（商一条二項、法適用三条）であるものと解して、当事者の具体的な約款組み入れの意思を要せずに約款の拘束力が生じるものとする（白地商慣習〔法〕説）。

▼**評釈**――大塚龍児・保険百選2

営業の準備行為の意義

3 最1判昭和47・2・24民集二六巻一号一七二頁

営業の準備行為は、商人が営業のためにする行為（商五〇三条一項の附属的商行為）となるか。

事　実　自然人のYは、映画館を営む目的で劇場を買い受けた際に、Xに事情を説明し必要な金銭を借り入れた。Xがその返還を請求したところ、Yは、その借入れが商行為となると主張し、商事時効（商五二二条）を援用した。原審がXの請求を棄却したため、Xは上告した。

裁判所の見解　上告棄却。営業を開始する目的で準備行為をした者は、その行為により営業を開始する意思を実現したものであり商人資格を取得するから、準備行為も附属的商行為となる（最1判昭和33・6・19民集一二巻一〇号一五七五頁参照。前掲判決という）。そして、準備行為は、客観的に開業準備行為と認められ得ることを要するところ、金銭の借入れは、外形からいかなる目的でされるかを知ることができないから、直ちに開業準備行為とすることはできない。もっとも、本件のように相手方が事情を知悉している場合は、当該行為として商行為性を認めるのが相当である。

解　説　商人は、基本的商行為（商五〇一条等）を業とする者、店舗等によって物品の販売を業とする者、鉱業を営む者である（商四条）。そのため、それらの営業目的行為を開始しなければ商人資格を取得しないとも解される。そのように解すると、それらを開始する前に行う準備行為は、附属的商行為とならず、商行為に関する規定が適用されない。しかし、一般には、そのように解されていない。準備行為も、営業目的行為に向けて計画されて行われるから、附属的商行為として右の規定が適用されるべき商人の行為であることが認められている。もっとも、会社以外の者について、どの時点より商人資格を取得し右の規定が適用されるかが問題にされる。前掲判決は、営業意思を準備行為により実現した時点で商人資格を取得すると判示する（営業意思主観的実現説）。しかし、そうすると、相手方は、営業意思を認識しえなかった場合も、右の規定が適用され、不測の損害を被る。例えば、金銭を貸し付けた相手方は、それが営業資金として使われることを認識しえず、返還請求権の時効期間が一〇年になる（民一六七条一項）と考えていた場合も、その期間が五年になり（商五二二条）、不測の損害を被る。そのため、営業意思が客観的に認識可能となった時点で商人資格を取得するという解釈が広く支持されている（営業意思客観的認識可能説）。本判決も、このような解釈をとる（そのうち営業意思が準備行為それ自体の性質から認識可能であることを求める見解に近い）。ただし、本判決は、前掲判決を引用しているため、論理一貫していないと評価される。

関連条文　商四条・五〇三条一項

▼**評釈**――北沢正啓『商法の判例（三版）』51

信用金庫の商人性……大阪産業信用金庫事件

4 最3判昭和63・10・18民集四二巻八号五七五頁

関連条文 商四条一項

信用金庫は商人となるか。

事実 商人Aは、Y信用金庫に約束手形の取立を委任した後、破産宣告（破産手続開始の決定）を受けた。破産管財人に選任されたXが取立金の引渡しを請求したところ、Yは、①自らも商人であるから当該手形には商人間の留置権（商五二一条）が成立した、②反対債権との相殺が認められると主張した。原審がYの主張を認めなかったため、Yは上告した。

裁判所の見解 一部破棄自判（①の主張は否定）。信用金庫は、国民大衆のために金融の円滑を図り、その貯蓄の増強に資するために設けられた協同組織による金融機関であり、行える業務の範囲は拡大されてきているが、右の性格に変更はなく、行う業務は営利を目的としないから、商人ではない（最2判昭和48・10・5集民一一〇号一六五頁参照）。

解説 右の最2判昭和48年は、信用協同組合の商人性を否定した判決である。同判決は、その理由を明示していないが、最2判平成18・6・23判時一九四三号一四六頁と同じく、それが営利を目的としない（したがって、商四条の業とするという要件を満たさない）ことに求めているといえる。本判決は、協同組合の一種であり信用協同組合より事業内容に関する規制が緩やかな信用金庫につき、それと同様、営利を目的とせず商人とならないと判示する。確かに、信用金庫は、信用金庫法（同四〇条二項等）では、支配人等に関する会社法の規定（同一二条等）が準用され、商人とならないことが前提にされている。仮に商人となるならば、同内容の商法の規定（同二三条等）が適用され、このような準用が不要となるからである。とはいえ、近時は一般に、営利の目的は収支相償うことを予定していれば満たすと解釈されている。そのように緩やかに解釈する限り、信用金庫も営利を目的とし銀行取引（商五〇二条八号）を業とする商人となることが認められよう。本判決が挙げる信用金庫の性格も、そのことと相容れないとまでは解されない（東京高判昭和45・2・25判タ二四八号二七八頁、淺木愼一『商法学通論I』一〇八頁）。しかし、そのような解釈は営利の字義から離れたものであって、収支相償うことを予定するにすぎない者まで商人として商法を適用しなければならない理由はなかろう。営利の目的は収支の差額を利得すること（プラスを生じさせること）を意図していなければ満たさないと解釈すべきであり（落合誠一・法教三〇七号六九頁注一七）、それが営利の字義に沿う自然な解釈である。このような解釈によると、信用金庫が営利を目的とせず商人とならないという結論は認められよう。本判決も、明示していないが、このような解釈を前提にしていると解される（淺木・前掲一〇八頁）。

▼**評釈**――小島孝・リマークス一号

会社の商人性とその行為の商行為性……三富士興業事件

5 最2判平成20・2・22民集六二巻二号五七六頁

関連条文　商五〇三条二項、会五条

会社の行為に商法五〇三条二項が適用されるか。

事実　Xが、Y会社に対し、所有する不動産にされた抵当権の設定登記の抹消登記手続を請求したところ、Yは、Xに対し、その被担保債権として貸金債権を有していると主張するとともに、貸金の返還を求めた。これに対して、Xは、貸金債権がYの貸付けという商行為によって生じた債権であり五年の経過により時効消滅したと主張した（商五二二条）。原審が、Yの貸付けはYの営業とは無関係にA（Yの代表取締役）の情宜に基づいてされたものであり商行為ではないと判示し、Xの請求を棄却したため、Xは上告受理を申し立てた。

裁判所の見解　破棄差戻。会社の行為は商行為と推定され、これを争う者において当該行為が会社の事業と無関係であることの主張立証責任を負う。なぜなら、会社は商行為（会五条）をすることを業とする者として商人に該当し（商四条一項）、その行為は、その事業のためにするものと推定されるからである（商五〇三条二項〔同項という〕）。同項にいう営業は、会社については事業と同義と解される）。それに伴い、Yの貸付けは商行為と推定されるところ、Aの情宜に基づいてされただけでは、Yの事業と無関係であることの立証がされたということはできない。

解説　本判決がいうように、会社は商人である。そのため、商人に関する規定である同項が適用されるとも解される。ただし、そのように解するためには、会社の行為につき、個人商人の行為と同様、非商行為があることが前提となる。反対に非商行為がなく、全て商行為となるならば、商行為であることを推定する（したがって、推定を覆せば非商行為となることを認める）同項は、適用する余地がない。同項の適用を認める立場から、会社法五条が会社の行為という包括的な文言を用いずに事業としてする行為と事業のためにする行為という個別的な文言を用いて両行為を商行為とするのは、これ以外に会社の非商行為があることを含意していると説かれる。しかし、会社は、一定の事業目的（会二七条一号等）のために認められた存在であり、事業を離れて存在しえない。そのため、事業以外の活動領域がなく、その行為は、事業としてする行為か事業のためにする行為のいずれかである。そのいずれにも該当しなければ、そもそも会社の行為となりえない。それゆえ、会社の行為は、全て商行為であり、同項が適用されないと解すべきである。前記立場から会社の非商行為として災害等の際の寄付が挙げられるが、それも、事業目的を遂行する上で間接的に必要な行為であり、事業のためにする行為として商行為となると解しうる（北居＝高田編四三頁）。

▼評釈——相原隆・商百選36

悪意の会社債権者に対する合名会社を退社した社員の責任……新港シャーリング工場事件

6 大判昭和14・2・8民集一八巻五四頁

合名会社を退社した社員は、退社の事実を知っている会社債権者に対しても、退社後登記前の会社債務を弁済する責任を負うか。

事実 Y_1社は、Y_2Y_3およびAによって設立された合名会社であり、これら三名がその社員となっていた。設立後しばらくしてY_3は同社を退社したが、その登記はされていなかった。その後、Y_2は、Y_1社を代表してXより鉄板類を買い受け、内金を支払ったが、残金の支払をせず、その債務を完済する資産も有していなかった。そのため、Xは、Y_1社、Y_2およびY_3に対し、残代金の支払を求めて訴えを提起した。原審でXの請求が認められたため、Y_1社らが上告。Y_1社らは、商法一二条（会九〇八条一項）により、Y_3の退社につき悪意のXに対してはその事実の存在を主張でき、Y_3は退社登記の有無にかかわらず退社後の会社債務について責任を負わないことなどを上告理由として主張した。

裁判所の見解 上告棄却。「合名会社ノ社員カ退社スルモ退社ノ登記ナキ以上取引ノ相手方カ退社ノ事実ヲ知ルト否トニ関セス該登記前ニ生シタル会社ノ債務ニ付責任ヲ負フコト商法第七十三条第一項ノ解釈上明白ニシテ此ノ場合ニハ同法第十二条ノ適用ナキモノトス」

関連条文 会六一二条一項（昭和二五年改正前商七三条一項本文）

解説 合名会社がその財産をもってその債務を完済できない場合、合名会社の社員は、会社の債務を弁済する責任を負う（会五八〇条一項一号）。この責任は社員の退社後も続き、退社した社員は、その登記前に生じた会社債務を従前の責任の範囲内で弁済しなければならない（会六一二条一項）。社員の退社によって影響を受ける人的会社の債権者を保護するための規定である。他方で、この責任の消滅期間（二年の除斥期間）も定められており（同条二項）、退社社員の利益との間でバランスが図られている。

商業登記の一般的効力（会九〇八条一項）により、登記事項は登記の後でなければ善意の第三者に対抗できないので、退社した社員が、退社につき善意の会社債権者に対して退社後登記前の会社債務につき責任を負うのは当然である。本判決は、会社法六一二条一項を九〇八条一項の例外規定と解し、退社した社員が、会社債権者の善意悪意を問わず、退社後登記前の会社債務につき責任を負うことを認めている。従来の通説も、法律関係の単純画一化の要請から、同様に解していた。

これに対し、取引の相手方に対する信頼保護という会社法六一二条一項の趣旨を重視し、退社した社員は、退社の事実を知っている悪意の会社債権者に対しては、退社後登記前の会社債務につき責任を負わないとする見解も主張されている。

▼**評釈**——新山雄三・会社百選（二版）106

商号変更および代表取締役就任の登記の未了……近江屋商店事件

7 最1判昭和35・4・14民集一四巻五号八三三頁

関連条文　会九〇八条一項（旧商一二条）

商号変更・代表取締役就任の登記が未了の場合に、代表取締役が会社の新商号名義で振り出した手形につき、代表取締役個人が手形金を支払う義務を負うか。

事　実

Yは、A社（株式会社近江屋商店）商事部代表取締役名義をもって約束手形二通を振り出し、本件各手形は裏書譲渡されてXが所持するに至った。本件各手形は満期に支払呈示されたが、支払を拒絶されたため、Xは、Y個人に対し、手形金の支払を求めて訴えを提起した。なお、A社は本件各手形を振り出す前に商号を「株式会社近江屋洋服店」から「株式会社近江屋商店」に変更し、同時にYも代表取締役に就任していたが、本件各手形の満期においてもその登記はなされていなかった。一審、原審ともXが勝訴したため、Yが上告。

裁判所の見解

破棄自判。「〔A社〕は、本件各手形の振出、満期の当時並びに〔X〕がこれを取得した当時、いまだその商号の変更並びに代表取締役の氏名につき登記をしていなかつたとはいえ、株式会社近江屋洋服店と、その実質を同じくする会社として、現実に存在していたものとみるのが相当であり、また原判決もそのように認定したものと解される。しかも〔Y〕はその代表取締役であつたというのであるから、本件各手形は、右実在する会社の代表者である〔Y〕が、その代表権限に基いて振出したものとみるのが当然であ」る。

解　説

会社法九〇八条一項（会社以外の商人につき商九条一項。旧商一二条）によれば、登記すべき事項は、それが実体法上存在していても、登記の後でなければ善意の第三者に対抗することができない（消極的公示力）。それゆえ、本件原審は、YはA社の存在を善意のXに対抗しえないとして、Yに無権代理人としての責任（手八条）を認めている。しかし、仮に商号の変更を対抗できないとしても、会社の存在・同一性を否定することにならないはずであり、本判決もこのように解している。署名に用いられる名称は手形行為者を識別できるものであればよく、商業登記簿上の商号以外の名称でも問題はない（最1判昭和44・1・30判時五四八号九六頁）。

次に、代表取締役の就任についても会社法九〇八条一項を適用するならば、登記未了のYは善意のXに対して就任の事実を主張できず、Yは無権代理人ということになる。本判決はこの結論を否定するが、その理論構成は明らかでない。学説上、代表資格の明示されている手形を取得した者は当然に悪意であるという見解や、取引上重要な事実を開示させて第三者を不測の損害から守るという同規定の趣旨から、手形上代表者として表示されている者を代表者と信じて手形を取得した者に同規定の保護を与える必要はないという見解などが主張されている。

▼**評釈**――柴田和史・商百選（四版）5

第三者相互間における商業登記の効力……宮関石灰事件

8　最2判昭和29・10・15民集八巻一〇号一八九八頁

関連条文　会九〇八条一項（旧商一二条）

第三者相互間において商業登記の消極的公示力を定める会社法九〇八条一項は適用されるか。

事　実　A合名会社は、経営難のため、死亡したBら二名を除く総社員の同意の下に同会社を解散することとした上、清算人を選任し、必要な文書を作成して解散手続および清算人選任登記手続を行ったが、Bらの死亡による退社手続が未了であったため、登記手続はBらの相続人の同意を得た上で死亡者名義の文書を作成して行われた。Y社は、A社に対して売掛債権を有する債権者であり、その債権を保全するため、A社工場の備品等に対し仮差押えを行ったが、これらの動産をA社の清算人から買い受け、引渡しを受けたX社が、所有権を理由とする仮差押異議の訴えを提起した。一審、原審とも敗訴したY社は、A社の解散および清算人選任の決議・登記が無効であること、および、登記申請の方式を定める非訟事件手続法一四九条二項（商登一七条二項）に違反してなされた登記は無効であることを理由として上告した。

裁判所の見解　上告棄却。「たとえ右解散の登記に申請人として死亡社員の氏名を併記した事実があったとしても右解散並びに清算人の選任それ自体の効力に何ら消長を及ぼすものでないことは勿論である又、商法一二条は登記当事者が登記すべき事項を以て第三者に対抗し得べき場合を規定したのであるから、本件のごとく、会社の清算人から動産を買受けた〔X〕が第三者たる〔Y〕に対し右所有権を主張する場合には、同条は、その適用を見ず、従って所論清算人選任登記の効力如何にかかわらず〔X〕は右所有権を〔Y〕に対し主張することを得るものと解すべきである。」

解　説　持分会社の解散は総社員の同意により、持分会社の清算人は社員の過半数の同意により決定できる（会六四一条三号・六四七条一項三号）。社員は死亡によって退社し（会六〇七条一項三号）、定款の定めがない限りその地位は相続人に承継されない（会六〇八条一項）。それゆえ、「死亡した社員を除く総社員」とは結局のところ総社員であり、その同意の下でなされた本件各決議の効力に問題はない。

本件各決議が有効であるとしても、申請手続違反により登記が無効となると解すれば、会社法九〇八条一項（旧商一二条）が適用され、解散・清算人選任の事実を善意の第三者に対して対抗できないのではないかが問題となるが、本判決はこれを否定する。同条は、登記事項につき登記を怠った者に対しその主張を禁じることで、登記当事者と第三者との利害を調整する規定であり、そのような対立関係にない第三者間には当然に適用されないからである。

▼評釈――松嶋隆弘・商百選5

代表取締役の退任登記と表見代理……安威川ゴルフ事件①

9 最2判昭和49・3・22民集二八巻二号三六八頁

関連条文　会九〇八条一項（旧商一二条）

代表取締役がその退任登記後に行った無権代理行為につき、民法一一二条の表見代理が成立するか。

事　実　Y株式会社の代表取締役であったAは、取締役を退任して代表権を喪失し、その登記がなされた後に、Y社の代表者名義をもってBに宛てて約束手形を振り出した。Bは、本件手形の振出交付を受けた際、Aの代表権喪失につき善意であった。本件手形は、BからCを経てXに裏書譲渡された。Xは満期に本件手形の支払を求めて訴えを提起した。一審はXの請求を棄却したが、原審は、Bが民法一一二条の善意の第三者に当たり、それゆえ表見代理が成立するとして請求を認容した。Y社が上告。

裁判所の見解　上告棄却。商法一二条が商業登記の一般的効力を定めるのは、「商人の取引活動が、一般私人の場合に比し、大量的、反復的に行われ、一方これに利害関係をもつ第三者も不特定多数の広い範囲の者に及ぶことから、商人と第三者の利害の調整を図るために、登記事項を定め、一般私法である民法とは別に、特に登記に右のような効力を賦与することを必要とし、又相当とするからに外ならない」。「ところで、株式会社の代表取締役の退任及び代表権喪失は、……登記事項とされているのであるから、前記法の趣旨に鑑みると、これについてはもっぱら商法一二条のみが適用され、右の登記後は同条所定の『正当ノ事由』がないかぎり、善意の第三者にも対抗することができるのであって、別に民法一一二条を適用ないし類推適用する余地はない」。

解　説　会社法九〇八条一項（会社以外の商人につき商九条一項。旧商一二条）によれば、登記事項については、登記前にこれを善意の第三者に対抗することができないが（消極的公示力）、「正当な事由」がある場合を除いて、登記後にはこれを善意の第三者にも対抗することができる（積極的公示力）。本判決は、同条が適用される場合における民法一一二条の適用・類推適用を否定するが、これは、登記により第三者が登記事項を知っているものとみなされるという従前の通説（悪意擬制説）を前提とするものと解される。

しかし、これでは、会社は登記さえしておけば元代表者の無権代理行為について責任を負わず、他方で取引の相手方は登記簿を見て常に代表権を確認しなければならないことになる。そのため、表見代理の規定は登記の積極的公示力の例外である（例外説）、あるいは、会社法九〇八条一項は登記事項につき登記前に事実を第三者に対抗できないと扱う規定であり、外観主義に基づく表見代理の規定とは次元を異にする（異次元説）として、民法一一二条の適用を認める見解が主張されている。

▼**評釈**――浜田道代・商百選7

商法九条一項、会社法九〇八条一項の「正当の事由」……安威川ゴルフ事件②

10 最3判昭和52・12・23判時八八〇号七八頁

関連条文　会九〇八条一項（旧商一二条）

会社法九〇八条一項、商法九条一項の「正当の事由」は、登記簿を閲覧できない客観的障害がない場合にも認められるか。

事　実　本判決は、9判決と同一事件の差戻上告審判決である。Y株式会社の代表取締役であったAは、取締役退任後も代表取締役としての権限を有していたが、昭和四三年九月一六日の新取締役就任によりその権限を失った。Aの取締役退任および代表権喪失の登記は同年一二月二八日に行われた。Aは、所持していた代表取締役印を用いて銀行からY社名義の手形用紙を入手し、翌年二月上旬頃Y社の代表者名義をもってBに宛てて約束手形を振り出した。本件手形は、BからCを経てXに裏書譲渡された。Xは本件手形の支払を拒絶されたため、手形金の支払を求めて訴えを提起した。上告審（9判決）は、民法一一二条の表見代理の成立を認めた控訴審判決を破毀し、商法一二条（会九〇八条一項）の正当事由の存否について審理させるために本件を控訴審に差し戻した。原審がその存在を否定してXの請求を棄却したため、Xが再び上告した。

裁判所の見解　上告棄却。「本件手形は昭和四四年二月上旬に振出され、〔B〕から〔C〕、〔X〕と順次裏書譲渡されたものであるところ、〔Y社〕は、昭和四三年一二月二八日〔A〕の代表取締役の資格喪失及び取締役退任の登記をし、遅くとも同四四年一月七日か八日には右登記事項につき登記簿を閲覧することが可能な状態にあったというのである。右事実関係のもとでは、〔B〕が〔A〕の代表資格喪失を知らなかったことにつき商法一二条の正当事由があるものとはいえないとした原審の判断は、正当として是認することができ」る。

解　説　登記事項を登記した後は、善意の第三者に対してもこれを対抗することができ（積極的公示力）、これを否定するためには、「正当な事由」によりその登記の存在を知らなかったことを第三者が自ら立証しなければならない（商九条一項、会九〇八条一項）。

この正当事由については、長期の旅行や病気のような当事者の主観的事由を含める見解や、登記に優越する事情や外観が存在すればよいとして弾力的に解する見解も存在するが、客観的障害がある場合に限られるとしてこれを厳格に解する見解が通説である。この見解によれば、正当事由は、交通途絶等により登記簿を閲覧できない場合や、登記簿の滅失汚損等により登記事項を知りえない場合でなければ認められないことになる。

本判決は、通説と同じく主観的事情を排除するものの、登記から一定の日数が経過して閲覧が可能になることを認めるなど、正当事由を通説より柔軟に解釈しているように思われる。

▼評釈――森淳二朗・商百選8

退任取締役による残存登記の放置と第三者に対する責任……ヤマガタ事件

11　最3判昭和63・1・26金法一一九六号二六頁

関連条文　会九〇八条二項（旧商一四条）

取締役を辞任したが、辞任登記の実行を確認せず、その手続を督促しなかった者は、その者が取締役であると信じて会社と取引した第三者に対し、取締役としての責任を負うか。

事　実　YはA株式会社の取締役を辞任し、数ヶ月間は事務引継ぎのために出社したが、以後A社とは没交渉になり、その後自己の辞任登記が実行されたかどうかを確認するとか、その登記手続を督促するなどの行為をしなかった。A社は、Bに対して運転資金五〇〇万円の調達を依頼し、その担保として同額の約束手形を発行して交付した。X社は、Bからの借入の申込みに応じて当該手形を取得し、満期に支払場所に呈示したが、当該手形は不渡りとなり、その後A社は倒産した。そのため、X社は、辞任登記のされていないYに対し、A社の経営状態を熟知していたにもかかわらず、放漫経営や手形濫発を放任していたとして、商法二六六条ノ三第一項（会四二九条一項）に基づき損害賠償を請求した。一審、原審ともYが敗訴したため、Yが上告した。

裁判所の見解　破棄差戻。「株式会社の取締役を辞任した者は、辞任したにもかかわらずなお積極的に取締役として対外的又は内部的な行為をあえてしたとか、登記申請権者である当該株式会社の代表者に対し、辞任登記を申請しないで不実の登記を残存させることにつき明示的に承諾を与えていたなどの特段の事情のない限り、辞任登記が未了であることによりその者が取締役であると信じて当該株式会社と取引した第三者に対しても、商法二六六条ノ三第一項に基づく損害賠償責任を負わないものと解するのが相当である。」

解　説　放漫経営を放置する（監視義務違反）など、取締役が悪意・重過失により会社に対する任務を懈怠し第三者に損害を与えた場合、当該取締役はその損害を賠償しなければならない（会四二九条一項）。辞任した取締役は「取締役」ではなく、任務がない以上その懈怠も考えられないから、原則として当該責任を負うことはない。しかし判例（最1判昭和62・4・16判時一二四八号一二七頁）は、不実登記に関する会社法九〇八条二項を類推適用して、善意の第三者に対して取締役でないことを対抗できない結果、辞任した取締役であっても当該責任を負う可能性があることを認めている。

辞任した取締役は自ら辞任登記をすることができない。また、会社に対して登記を申請するように請求する権利はあっても、義務はない。それゆえ、同条を類推適用するためには、「不実の事項を登記した」といえるような特段の事情が必要である。本判決はその例として、積極的に取締役として活動した場合と不実登記の残存に明示的に承諾した場合を挙げている。

▼評釈――田中亘・商百選10

商業登記法二四条一〇号に関する登記官の審査……高橋商店事件

12 最3判昭和43・12・24民集二二巻一三号三三三四頁

関連条文 商登二四条一〇号

役員の退任によりその法定の員数を欠くことになる場合、登記官は、退任による変更登記の申請を法律上許された資料により審査し、却下することができるか。

事実　Xら六名は、A株式会社の取締役・監査役を辞任したが、A社が後任の役員を選任せず、Xらの辞任を登記原因とする株式会社変更登記申請手続をしないので、A社を被告として東京地裁に変更登記手続請求の訴えを提起したところ、同裁判所はこの請求を認めた。そこで、Xらはこの勝訴判決に基づいて各自変更登記の申請をしたが、登記官Yは、Xらの辞任により法定の員数を欠くに至るから、後任者が就任するまでは変更登記をすることができないとして、商業登記法二四条一〇号に基づきXらの申請を却下した。Xらは、法務局長に対する審査請求も棄却されたため、却下処分の取消しを求めて訴えを提起した。一審、原審のいずれにおいてもXらが敗訴したため、Xらは上告した。

裁判所の見解　上告棄却。「原判決によれば、本件登記申請により商法二五八条一項、二八〇条の規定する法律または定款に定めた取締役、監査役の員数を欠くに至るかどうかは登記簿の記載に照らし容易に審査することができ、従って、本件においては登記事項に変更を生じていないものとして取り扱われる、というのであり、商業登記法二四条その他同法の規定に徴すれば、申請書、添付書類、登記簿等法律上許された資料のみによるかぎり、登記官は前記のような事項についても審査権を有するものと解される。」

解説　取締役・監査役等の役員が辞任し、その法定の員数を欠くことになった場合、辞任した役員は、新たな役員が就任するまで役員としての権利義務を有することになる（会三四六条一項）。大審院決定（大決大正2・12・12民録一九輯一〇一六頁）は、この場合であっても辞任した役員について変更登記をしなければならないとしていたが、本判決は従前からの登記実務に従い、この大審院決定を変更した。役員としての権利義務を有する以上、取引の安全の見地から公示が必要であるが、その公示に関する明文の規定がないため、役員としての登記を残存させておく必要があるからである。

登記官は、申請の形式的適法性のみを審査できるのか（形式的審査主義）、登記事項の実体的真実まで審査できるのか（実質的審査主義）については争いがあった。商業登記法二四条が定める申請却下事由は基本的に形式的事由であり、現行法は前者の立場に立つものと解される。同条一〇号は登記事項につき無効原因があるときを却下事由とするが、この実体関係の審査も登記官が職務上入手できる資料によらなければならない。

▼評釈——高橋英治・商百選11

商号単一の原則……丸越商店事件

13 大決大正13・6・13民集三巻二八〇頁

個人商人は、同一営業所において同一営業につき数個の商号を使用することができるか。

事実　Xは、商号「丸越一商店」を登記し、続いて同一営業につき商号「丸越商店」を登記した。後者の登記について、登記所から非訟事件手続法一五一条ノ二第一項（商登一三五条一項）により許されない旨の通知がなされた。Xが異議を申し立てたが、原裁判所は、Xの抗告を却下した。Xが、大審院に抗告。

裁判所の見解　抗告棄却。商人が数種の独立した営業をなす、または、数個の営業所を有する場合は、各営業または営業所について異なる商号を有することは妨げられないが、同一営業所において数個の商号を有することは許されない。商号単一の原則は、商法に明文の規定はないが、同原則が認められないとすると、同一営業所につき多数の商号を選定することが可能となり、他人の商号選定の自由を制限し、また、取引上弊害を生じるおそれがあることは明らかである。

解説　商号とは、商人がその営業上の活動において自己を表彰する名称である（大判大正5・3・1民録二二輯四三九頁）。個人商人は、その氏、氏名その他の名称をもってその商号とすることができ（商一一条一項）、その登記は任意である（同条二項）。

関連条文　商一一条

商号単一の原則とは、現在の通説的見解によれば、個人商人が同一の営業について一個の商号のみを使用できるとするものである。実際、商人が数種の営業をするときは、各営業について商号を使用できるとされている（商登四三条一項三号参照）。

本決定が、異なる営業について異なる商号を有することは妨げられないとした点に異論はないが、同一営業であっても異なる営業所であれば異なる商号を登記できるとした点については批判がある。営業所は、営業の構成部分にすぎないと考えられ、また、営業所ごとに異なる商号を登記できるとすると、別個の商人と取引しているように誤認して、第三者が不利益を被るおそれがあるからである。

本件の問題は、そもそも、Xがなした二つ目の「登記」の可否である。この点、商号の「登記」も、商号の「使用」の一種であると解され、商号単一の原則を認めれば、同一営業につき異なる商号を登記（＝使用）できないこととなる。

本決定の射程は、会社の商号には及ばない。会社は、多種の営業を行っていても、その名称は、一つの商号のみであり（会六条一項）、設立の際には、本店所在地において商号を必ず登記しなければならない（会九一一条三項二号など）。

▼**評釈**――林竧・商百選（三版）15

不正の目的による商号の使用……ジャパン・スポーツ・マーケティング事件

14 知財高判平成19・6・13判時二〇三六号一一七頁

関連条文 会八条

会社法八条の「不正の目的」とはどのようなものを指すか。

事実 X（スポーツ・マーケティング・ジャパン株式会社）が、Y（ジャパン・スポーツ・マーケティング株式会社）に対し、Yが「不正の目的」（会八条）でXと誤認されるおそれのある商号を使用していると主張して、その使用差止等を求めて訴えを提起した。原審は、Xの請求を棄却。Xが控訴。

裁判所の見解 控訴棄却。会社法八条は、故意に信用のある他人の名称または商号を自己の商号であるかのように使用して一般公衆を欺くというような反社会的な事象に対処すること等を目的として設けられたものであること、同条は、不正競争防止法二条一項一号のように「周知」を要件とせずに、営業上の損害を受けるおそれのある者に差止請求権を付与していること、後に名称または商号の使用を行った者が、その名称または商号の使用を禁止される不利益も少なくないこと等の事情に照らせば、「不正の目的」は、他の会社の営業と誤認させる目的、他の会社と不正に競争する目的、他の会社を害する目的など、特定の目的のみに限定されるものではないが、不正な活動を行う積極的な意思を有することを要する。

解説 本判決は、会社法八条の「不正の目的」について知財高裁により判断が示された点で高い意義を有する。商号は知的財産であり（知財基二条一項）、知財高裁は主要な争点の審理に知的財産に関する専門的な知見を要する事件を取り扱うことができるため（知財高裁二条三号）、会社法八条について審理を行うことは何ら問題がない。

旧商法二一条の「不正ノ目的」に関する判例として東京瓦斯株式会社事件（最2判昭和36・9・29民集一五巻八号二二五六頁）が挙げられる。しかし、会社法八条と旧商法二一条とは、要件に違いがあり、加えて、以前は、商号登記の効力を定めた旧商法一九条、登記商号の不正使用に対する救済に関する同二〇条、周知・著名商号の保護に関する不正競争防止法二条一項一号・二号、さらに、他人の既登記商号と判然区別できない商号登記を禁ずる商業登記法旧二七条があり、相互の関係が錯綜していた状態であったため、旧商法二一条下の議論を会社法八条にそのまま当てはめるべきではないであろう。

本判決は、「不正の目的」の要素として不正な活動を行う積極的な意思を挙げたが、今後は、裁判例の蓄積により、さらに具体化されることが期待される。

個人商人の商号に関する商法一二条の「不正の目的」も同様の解釈をなすこととなろう。

▼**評釈**――小塚荘一郎・ジュリ一三八八号

不正競争防止法による類似商号の使用差止請求……日本ウーマン・パワー事件

15 最2判昭和58・10・7民集三七巻八号一〇八二頁

関連条文 不正競争二条一項一号

①他人の商品等表示との類似性判断基準はどのようなものか。②「混同を生じさせる」行為の範囲はどの程度まで広がるか。

事実 X（マンパワー・ジャパン株式会社）は、昭和四一年の設立以来、商号と、その通称「マンパワー」を用いている。Y（日本ウーマン・パワー株式会社）は、昭和五一年に設立された。

Xが、Yの商号使用が旧不正競争防止法一条一項二号の不正競争に当たるとして、訴えを提起し、一審はXの請求を認容、原審でYの控訴が棄却された。Yが上告。

裁判所の見解 上告棄却。①取引の実情の下において、取引者、需要者が、両者の外観、称呼、または観念に基づく印象、記憶、連想等から両者を全体的に類似のものとして受け取るおそれがあるか否かを基準として判断する。②親子会社や系列関係など緊密な営業上の関係が存するものと誤信させる行為をも包含する。

解説 本判決は、旧不正競争防止法一条一項二号が適用された事案であるが、同号と現行不正競争防止法二条一項一号との間に実質的要件の変更は認められず、この判断は現在でも通用する。

不正競争防止法二条一項一号は、周知商品等表示使用等行為を不正競争とし、類似性、周知性、混同のおそれの三つを要件とする。本件では、認定事実として周知性は存在するとされている。周知性は、一地域や一部の顧客層で知られていればよい（横浜地判昭和58・12・9無体集一五巻三号八〇二頁）。

裁判所の見解①は、営業表示の類似性判断基準を示したものであるが、商品表示（旧不正競争一条一項一号）についても最高裁は同様の判断を示し（最3判昭和59・5・29民集三八巻七号九二〇頁）、現行不正競争防止法二条一項一号の「商品等表示」の類似性についてもこの判断基準が引き継がれている。

本判決の特徴は、見解②にある。混同を生じさせる行為とは、通常、他人の周知の商品等表示と同一または類似のものを使用する者が同人と他人とを同一営業主体として誤信させる行為を指すが、それを拡大解釈し（「広義の混同」といわれる。）、その結果、類似性と混同のおそれとを別個の要件として維持した。

現行の不正競争防止法では、著名商品等表示使用等行為が不正競争とされており（不正競争二条一項二号。16判決参照）、現在でも広義の混同を認めるべきか問題となるが、最高裁は本判決の考えを維持する旨判示している（最1判平成10・9・10判時一六五五号一六〇頁）。

▼**評釈**――山神清和・商標・意匠・不正百選70

不正競争防止法における著名性……阪急住宅事件

16 大阪地判平成24・9・13裁判所ウェブサイト

不正競争防止法二条一項二号にいう「著名性」とはどのようなものか。

事実　営業表示「阪急」を使用しているX（阪急電鉄株式会社）が、Yの商号（阪急住宅株式会社）の使用に対して、Yの行為が不正競争防止法二条一項二号または一号に該当するとして、Y商号の抹消登記手続ならびに営業表示としてのY商号について、使用差止めおよび営業表示物件からの抹消を求めて、訴えを提起した。

裁判所の見解　請求認容。Xが、昭和一八年までに京都・大阪・神戸間を繋ぐ鉄道事業を行っていたこと、大正九年に大阪市内に高層ビルを建設して食堂事業を開始し、同一四年からは百貨店事業も行い、これらの事実が新聞等で広く報道されていたこと、昭和一一年からX営業表示を付したプロ野球団を運営していたこと、戦前から関西圏において多数の宣伝広告を繰り返していたことからすれば、X営業表示は、戦前から全国的に著名な営業表示であったと認められる。

解説　商号を含む「商品等表示」に関する不正競争として、不正競争防止法二条一項一号（同号については15判決参照）とともに同項二号の著名商品等表示使用等行為が重要である。

不正競争防止法二条一項二号適用の要件は、商品等表示の著名性と類似性である。類似性については、同項一号と同様の判断基準が用いられる。

著名性は、周知性が極限に高まったものとされ、著名であれば周知でもあり、本件のように、不正競争防止法二条一項二号とともに同項一号該当性が主張されることが少なくない。

著名性につき、その商品等表示が全国的に知られていることを必要とする説と、寒冷地用製品のように商品や取引の性質上、全国的には知られていなくとも、相当範囲にわたって知られていればよいとする説がある。これまで著名性が認められたものは、X営業表示のほか、「三菱」など、そもそも全国的に知られているものであり、後者の説をとるかどうかが争われた裁判例はまだ現われていないため、今後も注視が必要である。

不正競争防止法二条一項二号は著名性と類似性の二つを要件とし、混同のおそれは不要である。これは、商品等表示が著名な場合、仮に、全く混同が生じなくとも（例えば、世界的に著名な化粧品のブランド名を性風俗店の名称に使用する場合）、それが持つイメージ等を稀釈化（ダイリューション）、あるいは汚損すること（ポリューション）からの保護が必要であることによる。

関連条文　不正競争二条一項二号

手形行為と名板貸人の責任……中村商店事件

17 最3判昭和42・6・6判時四八七号五六頁

関連条文　商一四条

当座預金取引および手形行為上の名義使用のみについて他人に自己の商号の使用を許諾した場合、その他人が振り出した手形について、許諾者は名板貸人責任を負うか。

事　実　Y（個人）が、自己の商号、名称として使用していた「中村商店こと中村寿正」名義の使用をAに対し許諾したが、この許諾は銀行との当座預金取引および手形行為上の名義使用についてなされ、Aの営業である繊維製品販売業についてなされたものではない。Aは為替手形の引受人欄にY名義で記名押印し、Xに交付した。XからYに対し手形金請求がなされ、一審、原審ともに、Yは、旧商法二三条に基づき、Xに対し引受人として為替手形金を支払う義務を負うと判示した。Yが上告。

裁判所の見解　上告認容。旧商法二三条の「営業」とは、事業を営むことをいい、単に手形行為をすることは含まれず、手形行為上自己の氏名商号等を使用することを許諾したにすぎない者に、同条は適用されない。

解　説　商人や会社は、自己の商号を使用して営業または事業を行うことを他人に許諾することができ、これを名板貸という。名板貸を定めていた旧商法二三条は、同改正ならびに会社法制定によって、個人商人の商号については商法一四条に、会社の商号については会社法九条に引き継がれた。Yは、個人商人であり、現在であれば、商法一四条の問題となる。

自己の商号を使用して営業をすることを他人に許諾した場合、名板貸人は、名板借人が取引行為において名板貸人名義で振り出した手形について支払うべき責任がある（最1判昭和42・2・9集民八六号二四七頁）。本件がこの判例と異なるのは、Yは、自己の商号の使用をAに許諾したが、それはAの当座預金取引と手形行為上の使用のみであり、Aの営業においてはYの商号の使用を許諾していない点にある。

商法一四条にいう「営業」とは、一般的に、営利の目的を持って同種の行為を反復継続して行うことをいうとされている。他方、手形行為は、行為者が商人であるかどうか、営業としてなされたかどうかも関係なく商行為とされる絶対的商行為である（商五〇一条四号）。この意味で、手形行為と営業との間には、直接的な対応関係にない。

本件では、Yの商号使用許諾が、Aの営業である繊維製品販売業についてなされたものではないと事実認定されており、手形行為に商号使用許諾があるだけでは、名板貸人責任は成立しないとの結論が導かれたと解される。

▼**評釈**――井上健一・手形百選12

被許諾名称の営業外使用と名称許諾者の責任……精華住設機器事件

18 最3判昭和55・7・15判時九八二号一四四頁

関連条文　商一四条、会九条

企業名を冠した自己の氏名を使用して営業を営むことを許諾した者は、許諾を受けた者が振り出した手形について、名板貸人責任を負うか。

事　実　Yは、A株式会社の代表取締役であるBから、「精華住設機器　Y」（以下、「Y名義」という）の名称で商売をしたいので氏名の使用を認めてほしい旨依頼され、許諾した。Bは、Y名義で営業を行わない一方、Y名義で預金口座を開設し、A社の営業に関連してY名義で約束手形を振り出していた。

Xは、BからY名義の約束手形の割引を依頼された際、支払場所の銀行に信用状態を照会したところ、「Yの手形はいつも決済されている」との回答を得たので、以後三回にわたって手形の割引に応じ、いずれも決済された。

本件手形は、A社の営業に関連して受取人をBとしてY名義で振り出し、BからXに譲渡された。Xが、Yに対して手形金の支払を求めて訴えを提起した。

一審は、Xの請求を棄却したが、原審では、Xの控訴が認容された。Yが上告。

裁判所の見解　上告棄却。Yが、自己の名称使用を許諾した範囲内と認められる業務を内容とするA社の営業のためにY名義で振り出された本件手形につき、Bがその名称を使用して営業を営むことがなかったとしても、Y振出名義の約束手形が無事決済されてきた状況を確かめた上でその裏書譲渡を受けたXに対しては、旧商法二三条の規定の類推適用により、手形金の支払義務がある。

解　説　本件は、17判決と同様、手形行為と名板貸責任との関係が問題となった。17判決が、当座預金取引と手形行為上のみに商号使用の許諾があったのに対して、本件においては、自己の氏名を使用した営業について許諾がある点が異なる。本判決も、事案を異にすると明確に述べていた。

本件当時に名板貸を定めていた旧商法二三条は、「自己ノ氏、氏名又ハ商号ヲ使用シテ営業ヲ為スコトヲ他人ニ許諾シタル者」と定め、自己の氏名の使用を許諾した場合でも、名板貸人責任を認めていた。しかし、現行の商法一四条も会社法九条も、許諾の対象は商号に限定しているため直接適用はありえず、類推適用が可能であるかが問題となる。

自己の氏名も対象としていた旧商法二三条でさえ類推適用されていたことからすると、個人の氏名を許諾の対象から除いている現行法の規定が類推適用されるかについては慎重な検討を要するべきであろう。

▼**評釈**――森本滋・商百選14

取引相手方の重過失と名板貸人の免責……北村木材事件

19 最1判昭41・1・27民集二〇巻一号一一一頁

関連条文 会九条

取引相手方の重過失により名板貸人は責任を免れるか。

事実 Y（北村木材株式会社）は、大阪出張所を廃止した際、事務所や電話等の設備、大阪方面の得意先をAに譲渡した。Yは、その廃止を公告せず、また、Aが、Y大阪出張所の看板、角印、注文書等をそのまま使用することやY大阪出張所の名義で取引をしていることを黙認していた。

Aは、Y大阪出張所名義で、Xと木材の売買に関する契約を締結し、木材を引き渡していた。

Xが、Yに対し、売掛代金の支払を求めて訴えを提起した。一審は、Xの請求を棄却し、原審では、Xの控訴が認容された。Y社が上告。

裁判所の見解 上告棄却。旧商法二三条の名義貸与者の責任は、その者を営業者と誤認して取引をなした者に対するものであって、たとえ誤認が取引をなした者の過失による場合であっても、名義貸与者はその責任を免れえないものというべく、ただ重大な過失は悪意と同様に取り扱うべきものであるから、誤認して取引をなした者に重大な過失があるときは、名義貸与者はその責任を免れる。

解説 本件当時に名板貸を定めていた旧商法二三条は、同改正ならびに会社法制定によって、個人商人の商号については商法一四条に、会社の商号については会社法九条に引き継がれた。Yは、会社であり、現在であれば、会社法九条が問題となる。

名板貸人責任成立には、名板借人と取引をした者が、名板貸人が事業を行うものと誤認することが必要であり、取引者が、名板借人との取引であることにつき悪意の場合には名板貸人は責任を負わない。ただし、取引者が過失により誤認した場合に名板貸人責任が成立するかは、解釈の余地があった。

本判決の重要性は、取引者が過失により誤認した場合でも、名板貸人責任は成立するが、重過失の場合には悪意と同視できるため、名板貸人は免責されることを明らかにした点である（もっとも、本件では、重過失は認められなかった）。

名板貸人の許諾は黙示でもよいが、単なる黙認では足りず、例えば、他人が自己の商号を使用して第三者と売買契約を締結することを知りながら、阻止しなかった場合（最2判昭和30・9・9民集九巻一〇号一二四七頁）のように、誤認されやすい状態を是正する作為義務を負うような場合でなければならない。本件におけるYは、黙示の許諾をなしたと評価できる。

本件では、商号「Y」に「大阪出張所」が加えられているが、このような場合でも名板貸人責任は認められる（最2判昭和33・2・21民集一二巻二号二八二頁）。

▼**評釈**――永井和之・商百選15

商号使用許諾者の責任を生ずる取引の範囲……現金屋事件

20 最1判昭43・6・13民集二二巻六号一一七一頁

関連条文 商一四条、会九条

名板貸人の営業と名板借人の営業が同種でなければ、名板貸人の責任は認められないか。

事実 Yは、商号を「現金屋」とする電気器具商を止めるに際し、「現金屋」の看板を撤去せず、Y名義の印鑑、小切手帳等も店舗に置いたままにし、Yの使用人であったAが同じ店舗を使用して「現金屋」の商号で食料品店を始めるにあたって、AがYの預金口座を利用することを承諾、Aもこれを利用して預金を出し入れしていたことを了知していた。

食料品の卸売りを営むXが、Yに対して、未払代金の支払を求めて、訴えを提起した。

一審は、Xの請求を棄却し、原審では、Xの控訴が認容された。Yが上告。

裁判所の見解 上告棄却。現に一定の商号をもって営業を営んでいるか、または、従来一定の商号をもって営業を営んでいた者が、その商号を使用して営業を営むことを他人に許諾した場合に名板貸人責任を負うのは、特段の事情のない限り、商号使用の許諾を受けた者の営業がその許諾をした者の営業と同種の営業であることを要する。

解説 本件当時に名板貸を定めていた旧商法二三条は、同改正ならびに会社法制定によって、個人商人の商号については商法一四条に、会社の商号については会社法九条に引き継がれた。Yは、個人商人であり、現在であれば、商法一四条が問題となる。

最高裁は、名板貸人が商号使用を許諾したのはミシン販売についてのみであり、名板借人が名板貸人に無断で電気器具販売の取引を行っていた事案において、名板貸人は責任を負わないと判示し（最3判昭和36・12・5民集一五巻一一号二六五二頁）、営業の同種性を必要としていた。本判決もその原則を維持しているが、特段の事情がある場合は、名板貸人の営業と名板借人の営業が異なる種類でも、名板貸人責任を認めるとした点に特徴がある。

しかし、旧商法二三条も商法一四条も、営業の同種性を要件としていない。商号は商人の名称であって、営業の名称ではないから、商号が営業の同一性を表示する機能を有するとしても、それを必要以上に重要視するべきではない。商法一四条において、営業の同種性は不要であると解すべきであろう。

他方、会社は、多種多様な営業をなしても、その名称は一つの商号のみであり（会六条一項）、定款には通常「前各号に付帯または関連する一切の事業及び業務」との会社の目的が記載される現在、同種性を求める必要はないと解すべきである。

▼**評釈**――大澤康隆・商百選16

スーパーとテナントとの関係における名板貸人の責任……忠実屋事件

21 最1判平成7・11・30民集四九巻九号二九七二頁

関連条文 会九条

商号使用の許諾も商号の使用自体もない場合であっても名板貸責任が発生する場合がありうるか。

事実 Y（株式会社忠実屋）は、スーパーマーケットを営んでおり、Zは、Yのテナントとして、ペットショップを営んでいた。本件店舗の外部には、Yの商標を表示した看板が掲げられ、テナント名は表示されていなかった。

X_1が、Zからインコを購入して飼育していたところ、オウム病クラミジアを保有していたため、Xら家族がオウム病性肺炎にかかり、X_2の妻が死亡したとして、XらがYに対し、損害賠償を請求して訴えを提起した。

一審は、Xらの請求を認容し、原審ではYの控訴が認容された。Xらが上告。

裁判所の見解 破棄差戻。Yは、本件店舗の外部にYの商標を表示し、Zとの間において、出店および店舗使用に関する契約を締結することなどにより、一般の買物客がAの経営するペットショップの営業主体はYであると誤認するのもやむをえないような外観を作出し、またはその作出に関与していたのであるから、Yは、旧商法二三条の類推適用により、XとZとの取引に関して名板貸人と同様の責任を負わなければならない。

解説 本件当時に名板貸を定めていた旧商法二三条は、同改正ならびに会社法制定によって、個人商人の商号については商法一四条に、会社の商号については会社法九条に引き継がれた。Yは、会社であり、現在であれば、会社法九条の問題となる。

本件では、Yは、Zに対して、商号使用の許諾をしておらず、また、Zも、Yの商号を使用していないが、旧商法二三条が類推適用された。

旧商法二三条は、「自己ノ氏、氏名又ハ商号ヲ使用シテ営業ヲ為スコトヲ他人ニ許諾シタル者」と定め、商人でない者であっても、名板貸人責任を認めていたため、外観の作出があった場合に、同条の類推規定が広く行われていた。

しかし、現行商法は商事に関する法律であることを明らかにするため、趣旨規定として商法一条一項を置き、その趣旨に鑑みて商法一四条は、責任主体を商人に限定した。会社法も同様の趣旨であると解され、同法九条は、会社がその商号を使用して事業・営業を行うことを許諾することなく、名板貸人責任を負うことがないことを明らかにしており、本件に同条の直接適用はありえない。本件は、旧商法二三条でさえ類推適用されたものであり、要件の異なる会社法九条の類推適用については非常に慎重な検討がなされるべきであろう。

▼評釈——片木晴彦・商百選17

営業譲渡と商号の継続使用

22 最2判昭和38・3・1民集一七巻二号二八〇頁

関連条文　商一七条、会二二条（旧商二六条）

営業の譲受人が譲渡人の商号とは会社の種類を異にし、かつ「新」という字句を付加して商号を使用した場合、商号の続用に当たるか。

事実　A有限会社は「有限会社米安商店」との商号を用いて食料品燃料販売を営んでおり、約束手形を振り出した。A社は手形の支払期日前に解散して営業の全部をY合資会社に譲渡し、Y社は「合資会社新米安商店」としてA社の営業を継続していた。支払期日に手形所持人Xが支払場所に呈示したが支払を拒絶されたため、XはY社に手形金の支払を求め本訴を提起した。原審は、A社とY社とは会社の種類を異にし「新」という継承的字句が加えられたのみで商号の主体的部分には変動がなく、商法二六条（商一七条）の関係においてはY社はA社の商号を続用するとして、Xの請求を認容した。

裁判所の見解　会社が事業に失敗した場合に、再建を図る手段として第二会社を設立し、新会社が旧会社から営業の譲受を受けたときは、従来の商号に「新」の字句を付加して用いるのが通例であって、この場合「新」の字句は、取引通念上は新会社が旧会社の債務を承継しないことを示すための字句であると解される。Y社の商号は営業譲渡人の商号と会社の種類を異にしかつ「新」の字句を付加したものであって、商法二六条の商号の続用に当たらない。

解説　営業・事業の譲渡によって譲渡人の営業上の債務が当事者間において譲受人に移転する場合であっても、債務引受等がなされない限り、債権者に対する関係では譲受人は当然には債務者とはならない。しかし、営業の譲受人が譲渡人の商号を続用する場合には、譲渡人の営業上の債権者は債務者の交替を知らないか、知っていたときでも譲受人による債務の引受けがあったと考えるのも無理はないから、そのような外観への債権者の信頼を保護する必要がある。そこで、商法・会社法は、商号の続用がある場合には、譲渡人の営業によって生じた債務について譲受人も弁済の責任を負うものとする（商一七条一項、会二二条一項）。このとき、譲受人が譲渡人と同一の商号をそのまま続用する場合のほか、類似の商号を使用する場合にも同条を適用し債権者の外観への信頼は保護されると解される。本件では商号の主要部分は一致するが、会社の種類が異なり、かつ「新」という字句が付加されている。会社の種類が変更された場合にも商号の続用を認める判例があることから、本件で最高裁が商号の続用に当たらないとしたことが「新」という字句が付加された効果であると解されるが、「新」という字句が付加されただけで続用に当たらないと解されることには批判もある。

▼**評釈**――鈴木千佳子・商百選20

ゴルフクラブの名称の継続使用と商法一七条一項（会二二条一項）の類推適用

23 最2判平成16・2・20民集五八巻二号三六七頁

関連条文　商一七条、会二二条

ゴルフクラブの名称を継続使用する場合に商号の続用に関する商法一七条、会社法二二条の類推適用はあるか。

事実　Xは一三〇〇万円をA社に預託してA社の経営するBクラブというゴルフ場の正会員の資格を取得した。Y社はA社からBクラブの営業の譲渡を受け、Bクラブの名称を使用して経営を行っている。Xは、本件クラブの名称を使用するY社は商法二六条（商一七条）の類推適用により預託金の返還義務を負うべきであるとして、本訴を提起した。原審は、会員の信頼の拠り所となるのは商号によって表象される経営主体であり、本件クラブの名称を続用しているだけでは預託金返還義務についてまで商法二六条を類推適用しその責めを負わせるべき基礎を欠くとして、Xの請求を棄却した。

裁判所の見解　預託金会員制のゴルフクラブの名称がゴルフ場の営業主体を表示するものとして用いられている場合において、ゴルフ場の営業の譲渡がされ、譲渡人が用いていたゴルフクラブの名称を譲受人が継続して使用しているときには、会員において、同一の営業主体による営業が継続しているものと信じたり、営業主体の変更があったが譲受人により譲渡人の債務の引受けがされたと信じたりすることは、無理からぬものというべきである。したがって、譲受人は、特段の事情がない限り、商法二六条一項の類推適用により、会員が譲渡人に交付した預託金の返還義務を負う。

解説　営業・事業譲渡が行われたときに、譲受人が譲渡人の商号を続用する場合には、譲渡人の営業によって生じた債務について譲受人も弁済の責任を負うことになる（商一七条、会二二条）が、通説はこれを債務者同一性の外観、あるいは債権譲受けの外観に対する譲渡人の債権者の信頼を保護することを趣旨とすると解する。譲渡人の営業上の債権者は債務者の交替を知らないか、知っていたときでも譲受人による債務の引受けがあったと考えるのも無理はないから、債権者の信頼を保護するために営業の譲受人に弁済責任を負わせるのである。本件では譲受会社は譲渡会社の商号を続用しておらず、譲渡会社のゴルフクラブの名称を継続使用しているだけであり、このような場合に商法一七条一項、会社法二二条一項の類推適用を認めた最高裁判決である。本判決は商法一七条、会社法二二条を通説と同じく外観保護の規定であると解し、本件ゴルフクラブの名称は商号ではないが商号と同様に営業主体の表示機能を有することから、特段の事情がない限り、商号の続用の場合と同様に債権者の信頼が生じるとして類推適用を認めている。そして、類推適用を受ける譲受人が免責されるためには、債権者の信頼を生じさせないような方策をとることを要する。

▼**評釈**――岸田雅雄・商百選21

現物出資と商法一七条（会二二条）の適用

24 最1判昭和47・3・2民集二六巻二号一八三頁

関連条文　商一七条、会二二条

営業の現物出資を受けて設立された会社が出資者の商号を続用する場合に、商号の続用による営業譲受人の責任の規定は類推適用されるか。

事　実　「鉄玉組」という商号で運送業を営んでいたAは従業員が起こした交通事故によりXに対して民法七一五条に基づく損害賠償債務を負担した。その後、「株式会社鉄玉組」の商号でY社が設立され、Aは「鉄玉組」の営業をY社に対する現物出資し、Y社の株式のほぼ全てを取得した。そこで、XはY社に損害賠償金の支払を求めて本訴を提起した。

裁判所の見解　商法二六条は、現物出資をした者の商号を続用する場合に関する規定ではないが、営業を譲渡の目的とする場合と営業を現物出資の目的とする場合とでは、法律的性質を異にするとはいえ、営業の意味するところは全く同一に解されるだけでなく、いずれも法律行為による営業の移転である点においては同じ範疇に属するのであって、これを現物出資の目的とした者の債権者からみた場合には、その出資者の商号が現物出資によって設立された会社によって続用されているときは、営業の譲渡を受けた会社が譲渡人の商号を続用している場合と同じく、出資の目的たる営業に含まれる自己に対する債務もまたその会社がこれを引き受けたものと信頼するのが通常の事態と考えられる。したがって、同条は、営業が現物出資の目的となった場合にも類推適用され、出資者の商号を続用する会社は、出資者の営業によって生じた債務については、その出資者と並んで弁済の責めに任ずべきものと解する。

解　説　営業譲渡の場合、営業上の債権者に対する関係では、譲受人は債務の引受けなどをしない限り譲渡人の営業上の債務につき弁済義務を負わないが、営業の譲受人が譲渡人の商号を続用する場合には、債権者の外観への信頼を保護するため、譲渡人の営業によって生じた債務につき弁済の責任を負う（商一七条、会二二条）。営業の譲渡と営業の現物出資とはその法律的性質は異なるが、その営業の意味は同一に解され、いずれも法律行為による営業の移転であるという点においては共通する。このような営業譲渡と現物出資の経済的・実質的意義および手続上の共通性から、本判決は、商号を続用する営業譲受人の責任に関する規定を営業の現物出資について類推適用することを認め、営業譲渡プラス事後設立と現物出資が同じ目的のために用いられることから学説も支持する。また本判決が、商号の続用につき、従来の個人企業の商号に会社の種類を示す字句を付加して商号を使用する場合に、承継関係を示すものとして商号の続用に該当することを認めている点も、学説に支持されている。

▼**評釈**――山下眞弘・商百選22

挨拶状と債務引受の広告

25 最2判昭和36・10・13民集一五巻九号二三二〇頁

関連条文　商一八条、会二三条

A、B、C三社が営業を廃止し、新たにY会社を設立して旧三会社と同一の業務を開始するという趣旨の挨拶状の送付は、債務引受の広告に当たるか。

事実　Xは A社に金銭を貸し付けていたが、A社はB社、C社とともに、営業を廃止して、新たにY会社を設立し、Y社がこれら旧三会社の業務を引き継いだ。その際に、Y社は旧三会社の取引先に「御挨拶」と題する書面を配布したが、その書面には「新会社に業務を継承しました三社」という表現があり、Xはこれは商法二八条にいう債務引受の広告と解されるとして貸金の弁済を求め本訴を提起した。原審は、この書面は取引先に対する単なる挨拶状であり、不特定多数人になされたいわゆる広告ではなく、「新会社に業務を継承した三社の実績云々」の文言が使用されていても債務引受の趣旨とは解されないとしてXの請求を棄却した。

裁判所の見解　本件書面は旧三会社が営業を廃止し、新たにY社が設立されて旧三会社と同一の業務を開始するという趣旨の取引先に対する単なる挨拶状であって、旧三会社の債務をY社において引き受ける趣旨が含まれていないとする原審の認定判断は正当である。

解説　営業譲渡が行われたが営業の譲受人が譲渡人の商号を続用しない場合には、譲受人は当然には譲渡人の営業上の債務につき責任を負わない。この場合、第三者に対して外観信頼を生じるおそれはないから、譲渡人の債権者を保護する必要もないのである。しかし、譲受人が特に譲渡人の営業上の債務を引き受ける旨を広告したときは、禁反言の法理が働き、債権者は営業譲受人に対して弁済を請求できる（商一八条、会二三条）。債務引受の広告に当たるかが問題となるが、まず、「広告」とは、債務を引き受ける意思を有する旨を不特定多数人に認識されうる手段をもって表示することであり、新聞広告等だけでなく、相当多数の債権者に書状の送付などにより個別的に通知する場合も当たると解される。「債務を引き受ける旨」については、広告の中に債務引受の文字が用いられなくとも、広告の趣旨が、社会通念上債務を引き受けたものと債権者が一般に信じるようなものであれば債務引受の広告と判断できると解される。「事業を譲受け」たとの新聞広告が、営業上の債務をも引き受ける趣旨を含むとして譲受人の責任を認めた判例もあるが、営業譲受の広告は営業譲渡という事実の通知にすぎず、債務引受の意思は明白ではないとして批判されており、本判決は学説から支持されている。

▼**評釈**――鈴木隆元・商百選23

営業譲渡と労働契約関係の帰趨

26 大阪高判昭和38・3・26高民集一六巻二号九七頁

関連条文 民六二五条一項

使用者がその営業を譲渡した場合、その営業部門の従業員との労働契約は、当然に営業譲受人に承継されるか。

事実 Y社は運輸部門と商事部門を有していたが、運輸部門を分離独立させるために、A社を設立し運輸部門の営業全部を譲渡した。運輸部門の従業員と労働組合の同意を得て、運輸部門の従業員らは一旦Y社を退職してA社に雇用された。運輸部門の従業員であったXは、営業譲渡の前に解雇されたが、Xが解雇の無効を主張して従業員の地位を定める仮処分を申請したところ、原審はこの解雇は思想信条を理由とするものであり無効であるとした。Y社は、Xに対して原仮処分決定に基づく取扱いをしたものの、運輸部門の廃止を理由に第二の解雇の意思表示をした。これに対し、Xは職場がなくなったことを理由とする第二の解雇は、第一の解雇目的を達成するための一方法にすぎず、不当解雇であると主張した。

裁判所の見解 労働契約の組織法的性格を基底において労働問題の円満な解決という企業への社会的要請、船員法にみられる一つの前駆的法解決、包括承継の場合における商法の規定等を考察すると、企業譲渡の場合においては、その際に付随的措置として労働者の他の企業部内への配置転換がなされる等の新主体に承継させない合理的な措置がとられる等特段の事情のない限り、従前の労働契約関係は当然新企業主体に承継される。労働関係の当然承継がなされる場合には、集団的性質から労働者の個々的同意を必要とせず、直ちにその効力を生じる。

解説 営業の譲渡人は、営業譲渡契約に従って譲受人に対し、営業・事業を構成する各種の財産を移転する義務を負う。営業譲渡は包括承継ではなく、移転すべき財産の範囲は契約で定められるが、特約がなければ営業に属する一切の構成部分を移転すべきものと解される。また、継続的供給契約など相手方がある権利の移転については、営業譲渡当事者間の合意のほか、これらの契約の相手方の同意が必要となることから、営業譲渡人とその商業使用人等との雇用契約・労働契約については、商業使用人等の同意を必要とするか（民六二五条）という問題がある。他方で、本件で問題となるのは営業譲渡の当事者間において労働契約上の権利を移転するかどうかを自由に決定することができるかどうかである。営業譲渡契約の当事者間で、営業に属する個々の権利義務関係を対象から除外することはできると解されるため、労働契約関係を明示的に譲渡の対象から除外している場合に労働契約関係が当然に承継されると解することは難しく、従業員の保護は不当労働行為または不当解雇の問題として処理することが望ましい。

▼**評釈**——洲崎博史・商百選19

企業買収と表明保証条項

27 東京地判平成18・1・17判時一九二〇号一三六頁

企業買収における売主の表明保証違反を理由とする責任を追及する際に、デューディリジャンスを実施しながら問題が発見できなかった買主に重過失があるといえるか。

事実 X社は、消費者金融を営むZ社の株主であるYらとの間でZの買収の話を始め、平成一五年七月Zに対し、Zの全株式を取得するとの意向表明書を提出し、Zのデューディリジャンスを行った。Z社はX社に対し、加工する前の全取引データ（生データ）を交付した。全株式譲渡の合意の際、YはXに対して、Zの財務内容・業務内容に関する情報・資料等が正確であるとの表明保証を行った。このとき決算対策として行った処理を開示せず、後にこれが判明したため、表明保証に違反したとしてXはYに損害賠償を求めて本訴を提起した。

裁判所の見解 Xが、株式譲渡契約締結時において、Yが表明保証を行った事項に関して違反していることについて善意であることがXの重大な過失に基づくと認められる場合には、公平の見地に照らし、悪意の場合と同視し、Yは表明保証責任を免れると解する余地がある。しかし、企業買収におけるデューディリジャンスは、買主の権利であって義務ではなく、Xの重大な過失に基づくとは認められない。

解説 M＆Aには長い交渉の過程があり、株式譲渡等の契約書を作成する前に、買収者側が買収の是非や取引条件を決定するために対象会社を「相当な注意」を払った事前調査が行われることがある。この事前調査をデューディリジャンスと呼んでいる。この調査の結果を受けてM＆Aの取引条件を定めた契約書が作成されるが、この中にしばしば表明・保証条項が定められる。表明・保証条項とは、一定の時点における契約当事者に関する事実や契約目的物の内容等に関する事実について、当該事実が真実かつ正確である旨を、一方当事者が他方当事者に表明・保証するものである。M＆Aに際して売主側が情報提供義務を負うとしても開示された情報が正確とは限らないし、また開示された情報に関する評価が買主側と異なる可能性もある。そのため買主側がデューディリジャンスを行う必要があるが、デューディリジャンスを行うとしても売主側から提供される資料・情報やそれを検討する時間・能力が十分であるとは限らない。本判決では売主らが事実を秘匿したとの言及もある。このようにデューディリジャンスを実施しても限界があることから、その限界を補うために、表明・保証条項が利用されるのである。表明・保証条項の法的性質と効力については、アメリカ法における理論との関係で問題となるが、日本では損害担保契約と解する立場が有力である。

▼**評釈**――小林量・商百選24

関連条文　民四一五条

商業帳簿の証拠力

28　大判昭和17・9・8新聞四七九九号一〇頁

商業帳簿への記帳の遅延は証拠力を喪失させるか。

事　実　Yは昭和一四年一〇月一六日、X銀行に対して約束手形を振出し、X銀行より金一万七千円を受け取った。X銀行の手形金支払請求に対して、Yは定期預金の払出を受けたものとして本訴請求を拒否したが、原審は本件手形は支払確保のため振り出されたものであるので、Yに手形金の支払いを命じた。これに対して、Yは、証拠としてX銀行が提出した日記帳昭和一四年一〇月二五日借方の部分、本支店勘定元帳、手形貸付記入帳は、取引後九日目の記帳であるのに、明瞭にして真実に合することを前提にして事実認定の資料に供したのは違法であるとしてYは上告した。

裁判所の見解　上告棄却。X銀行提出の証拠である商業帳簿の記帳が遅れたものであっても、そのために右各証拠が証拠力がないということはできない。原審は自由な心証によりその記載によって事実の認定をなすことはなんら妨げられない。

解　説　商業帳簿とは、会社および外国会社を除く商人（以下、個人商人という）がその営業のために使用する財産について、適時に正確に作成しなければならない帳簿であり、会計帳簿と貸借対照表をさす（商一九条二項）。会社法においては商業帳簿という語は使われていない。合名会社と合資会社には会計帳簿と貸借対照表を、合同会社にはさらに損益計算書、社員資本等変動計算書および個別注記表を作成する義務を定め（会六一五条一項・六一七条二項、会計七一条一項二号）、株式会社には会計帳簿、貸借対照表、損益計算書、株主資本等変動計算書、個別注記表およびこれらの付属証明書（会四三二条一項・四三五条二項、会計五九条一項）の作成が義務づけられている。本判決のX銀行の日記帳、本店勘定元帳、手形貸付記入帳は、会計帳簿である（会四三二条一項）。本判決は、商業帳簿の証拠力は商法上定められていないので、自由心証主義（民訴二四七条）の一般原則によるとし、記帳の遅延があっても、証拠力が否定されるわけではないとした。

本判決時の商法では、会計帳簿を「整然且明瞭」に作成する義務（旧商三三条一項）であったが、現行法は、「適時に、正確な」商業帳簿（商一九条二項）、会計帳簿（会四三二条一項・六一五条一項）を作成しなければならず、本事案では「適時」に作成されていないことになる。さらに、現行法では、「一般に公正妥当と認められる（企業）会計の慣行」（商一九条一項、会四三一条・六一四条）とあり、企業会計原則に則って帳簿を作成している株式会社とそうではない個人商人とでは、証拠力の強弱が生じる。

関連条文　商一九条一項・二項、民訴二四七条

▼**評釈**——西山芳喜・商百選25

商業帳簿の提出命令の対象

29 東京高決昭和54・2・15下民集三〇巻一～四号二四頁

特別法上の義務として作成された帳簿は、商法・会社法上の商業帳簿等の提出命令の対象となるか。

事実　一般投資家であるXは、Y（証券会社）に対し、相場操縦の禁止（証取一二五条（金商一五九条））に違反する行為があるとして証券取引法一二六条（金商一六〇条）による損害賠償請求訴訟を提起し、Yの相場操縦を立証するため、有価証券売買日記帳（現、取引日記帳）、商品有価証券勘定元帳（現、顧客勘定元帳）について、民事訴訟法三一二条三号（二二〇条三号）または商法三五条（会四三四条）により文書提出命令を申し立てた。

裁判所の見解　抗告棄却。民事訴訟法三一二条三号（二二〇条三号）の文書提出命令の申立があった場合、申立人において申立人主張の違反事実がその文書に記載されているとの相当程度の蓋然性を証明することを要するが、有価証券売買日記帳等は具体的な紛争事故に関する報告書ではないから、証券取引法一二五条（金商一五九条）違反の各事実に関する記載がされていると認定することは困難である。商法三五条（会四三四条）にいう商業帳簿は商人が商法上の義務として作成したものをいい、他の法令上の義務として作成されたものはこれに該当しない。本件申立にかかる有価証券売買日記帳等は同法三二条（会四三二条）にいう会計帳簿であるとしても、これらの帳簿はYが証券取引法および大蔵省令に基いて作成されたものであるから、商法三五条（会四三四条）の提出命令の対象となる帳簿ではないものというべきである。

関連条文　商一九条四項等、民訴二二〇条

解説　旧商法三五条は、商法一九条四項、会社法四三四条・四四三条・六一六条・六一九条（以下、商法一九条四項等という）に引き継がれている。

商業帳簿等は、民事訴訟法二二〇条所定の要件の具備を要するものではなく、裁判所は、申立てによりまたは職権で、訴訟の当事者に対して、商業帳簿等の全部又は一部の提出を命じることができるとするものであり、民事訴訟法の特則である（東京高決昭和56・4・14東京高民事報三二巻四号八三頁）。しかし、本件は、民事訴訟法二二〇条三号の文書提出義務はないとした上で、有価証券売買日記帳等は会社法上の会計帳簿であるとしつつも、金融商品取引法に基づいて作成されたものであるから商法一九条四項等の提出命令の対象となる帳簿ではないとする。民事訴訟における商業帳簿等の提出義務は商法一九条四項等の適用ないしその準用によるものとし（東京高決昭和56・12・7下民集三二巻九～一二号一六〇六頁）、特別法上の帳簿についても商法一九条四項等の提出命令の対象になると解するべきではないだろうか。

▼**評釈**――上村達男・商百選26

表見支配人と営業所の実質

30 最3判昭和37・5・1民集一六巻五号一〇三一頁

関連条文　商二四条、会一三条（旧商四二条一項）、保険業二一条一項

生命保険会社の支社は会社法一三条の「支店」に当たるか。

事　実　Y生命保険相互会社の大阪中央支社長Aは、Y会社から手形振出の権限を与えられていないにもかかわらず、支社長名義で受取人をBとする約束手形を振り出した。この手形はCを経てXが所持するに至った。手形は満期の翌日に支払呈示されたが支払が拒絶されたため、XがY会社に対し手形金の支払を求めて訴えを提起した。

裁判所の見解　上告棄却。商法四二条（会一三条）にいう「本店又ハ支店」とは商法上の営業所としての実質を備えているもののみを指称すると解するのを相当とするから、右のような実質を欠き、ただ単に名称・設備などの点から営業所らしい外観を呈するにすぎない場所の使用人に対し支配人類似の名称を付したからといって、同条の適用があるものと解することはできない。保険業法により商法四二条が準用される相互会社の場合も、同様である。

解　説　表見支配人は、権利外観法理ないし禁反言を基礎とする規定である。要件としてまず本店または支店（商二四条では営業所）の営業の主任者であることを示す名称が付されていることが挙げられる。本件では、「支店」の意義が問題となっている。支店については、営業所の実質がなくても外観ないし表示を信頼した相手方に適用すべきであるという見解もあるが、通説は、支店という名称に限定されず営業所の実質、つまり本店から離れて一定の範囲において対外的に独自の事業活動をなすべき組織を有することが必要であると解する。通説は根拠として、まず文理解釈上、旧商法四二条の規定は、その場所が支配人を置けば置きうる営業所であることを前提としていること（会一三条・商二四条では、「支配人と同一の権限」という文言にかえて「一切の裁判外の行為をする権限」となっている）、次に同条は、支配人の権限に制限を設けても善意の第三者に対抗できないため、支配人という名称を避け支店長などの名称を付する例が多い実情を考慮して第三者保護のために立法されたものであること、最後に同条は民法の表見代理の無過失という主観的要件に代えて支店の実体の存在という客観的要件をおいて簡明化したものであることを挙げる。

生命保険相互会社では、通常支社は、主に本社との取次仕事を行っており、本件の支社においても新規保険契約の募集と第一回保険料徴収の取次がその業務の全てであって、保険業務を独立してなす権限を有していないため、本判決は支店の実質がないものと判断した。このように営業所の実質がない場合、通説は民法の表見代理規定（民一〇九条）により対処すべきとする。なお手形の第三取得者については、31判決参照。

▼**評釈**――山田廣己・商百選27

表見支配人の相手方である第三者

31 最1判昭和59・3・29判時一一三五号一二五頁

表見支配人の「相手方」に手形の第三取得者は含まれるか。

事実　Y社の福岡営業所長Aは、Y社の許諾のもとにY社と雇用関係のないBに対し、福岡営業所長の権限を包括的に委任し、Bは所長代理の肩書で福岡営業所長の権限に属する業務一切を処理していた。Bは、自分が経営の実権を握っていたC社に資金援助する必要に迫られ、C社振出の手形に第一裏書人欄にA名義で裏書を偽造し、第二裏書欄に自分名義の裏書をし（いずれも白地裏書）、Dに手渡し、DはXに割引を依頼して交付した。Xは第三裏書をし、手形をE社に交付し、E社は満期にこの手形を支払場所に呈示したが支払いを拒絶されたのでXは手形を受け戻し、主位的に手形金の支払を求め、予備的に民法七一五条の損害賠償を求めた。

裁判所の見解　破棄自判。予備的請求につき差戻。Bは、Y社と雇用関係がなく、また「所長代理」の肩書が付されていたにとどまるというのであるから、Y社の使用人ということはできないし、営業所の主任者たることを示す名称が付されていたともいえないから表見支配人であると解することもできない。さらに、商法四二条二項（会一三条）にいう相手方等いわゆる表見代理が成立しうる第三者は、当該取引の直接の相手方に限られるものであり、手形行為の場合には、この直接の相手方は、手形上の記載によって形式的に判断されるべきものではなく、実質的な取引の相手方をいうものと解すべきであり、本件ではDである。

関連条文　商二四条、会一三条（旧商四二条）

解説　本判決は、Bが雇用関係になく、また「所長代理」という名称から、表見支配人とはいえないとした。しかしながら判旨では表見支配人の相手方に言及している。民法一一〇条の表見代理における第三者については、判例と多数説が対立しているものの、判例は一貫して直接の相手方に限られ、転得者を含まないとしてきた（大判大正14・3・12民集四巻一二〇頁）。そして手形行為の場合、直接の相手方とは、実質的な相手方を含むとしており（最1判昭和45・3・26判時五八七号七五頁）、本判決は、民法一一〇条の表見代理の第三者につき判例において示された解釈が旧商法四二条（会一三条）の相手方についても及ぼされることを明らかにした点で注目される。本判決では、直接の相手方を手形上に記載のないDとした点とY社福岡営業所長A名義でBが偽造した裏書記載につき表見支配人、表見代理を問題とした点に特色がある。転得者については権利外観理論で保護するとする見解もあるが、本判決は使用者責任につき審理を原審に差し戻しており、従来の判例（最3判昭和32・7・16民集一一巻七号一二五四頁）の立場を踏襲するものといえよう。

▼**評釈**――柴崎暁・商百選28

信用金庫支店長と営業に関する行為：表見支配人の権限の範囲

32 最3判昭和54・5・1金判五七六号一九頁

関連条文　商二一条一項・二四条（旧商三八条一項・四二条一項）

支配人の営業に関する行為は、何を基準に判断すべきか。

事　実　Y信用金庫支店長Aは、多額の個人的な負債返済のため、Bと共謀し、その職務権限を越えて支店振出名義の自己宛先日付小切手二通を作成しBに交付した。Bは、これらの小切手をXに交付し、貸し付けを受けた。XはYに対し、小切手金の支払を求めて訴えを提起した。

裁判所の見解　破棄差戻。商法四二条一項・三八条一項（会一三条・一一条一項）の営業に関する行為は、営業の目的たる行為のほか、営業のため必要な行為を含むものであり、かつ、営業に関する行為に当たるかどうかは、当該行為につき、その行為の性質・種類等を勘案し、客観的・抽象的に観察して決すべきものである。資金の預入れがない自己宛小切手の振出しは、客観的・抽象的に観察するときは、Yの営業に関する行為であってY支店長Aの権限の範囲内の行為である。もっともAの背任的意図についてBが知情していれば民法九三条但書の類推適用によりYは本件小切手についての責任を免れることがありえ、Xに対しては、小切手法二二条但書により、XがBの知情につき悪意の取得者であることをYが主張立証した場合に初めて本件小切手上の責任を免れることができる（最1判昭和44・4・3民集二三巻四号七三七頁参照）。

解　説　本件では、まずY信用金庫の営業に関する行為が問題となる。営業に関する行為については、本判決が引用する最3判昭和32・3・5民集一一巻三号三九五頁の「取引の数量等」が本判決では「種類等」に変更され、「客観的」のほか「抽象的」という文言が付け加えられている。手形・小切手行為は、行為の客観的性質からいって、いかなる種類の営業にとっても常に営業に関する行為であると解されている。しかしながら原審は、金融機関の支配人は、小切手資金の預入れがない場合に先日付で自己宛小切手を振り出す権限を有しないことを理由にY信用金庫の営業に関する行為に当たらないとした。支配人の権限を内部的に制限することは善意の第三者に対抗しえないが（会一一条三項）、Aの権限濫用ということになれば、そのような背任的意図を知っていたB（直接の相手方）に対しては、民法九三条但書を類推適用するのが判例の確定した立場である。そして第三取得者Xに対する関係では、小切手の流通証券としての特質から小切手法二二条但書を用いるのが、判例の一貫して採用している立場である。権限濫用の手形行為について、直接の当事者間では民法九三条但書を類推適用しながら、第三取得者に対する関係では、民法九四条二項の類推適用ではなく、悪意の抗弁の問題として流通保護を図るという理論構成については、手形理論と絡んで議論が多い。

▼**評釈**――大杉謙一・商百選29

商法二五条（会一四条）と使用人が有する代理権の範囲

33 最1判平成2・2・22集民一五九号一六九頁

関連条文　商二五条、会一四条（旧商四三条）

商法二五条（会一四条）の使用人とは誰のことか。

事実　X会社のシャツユニフォーム資材部カジュアル課課長AとY会社物資部繊維課洋装品係長Bは、スラックス等を代金総額五〇二五万円でX会社からY会社に売渡す旨の売買契約を締結した。X会社からY会社にその代金の支払を求めたところ、Y会社はB係長には取引の勧誘、契約条件の交渉事務を担当させていたにすぎず、契約の締結等の代理権は全く与えていなかったと主張した。

裁判所の見解　上告棄却。商法四三条一項（会一四条一項）による代理権限を主張する者は、当該使用人が営業主からその営業に関するある種類または特定の事項の処理を委任された者であることおよび当該行為が客観的にみて右事項の範囲内に属することを主張・立証しなければならないが、右事項につき代理権を授与されたことまでを主張・立証することを要しないというべきである。そして、同条二項にいう「善意ノ第三者」には、代理権に加えられた制限を知らなかったことにつき過失のある第三者は含まれるが、重大な過失のある第三者は含まれないものと解するのが相当である。

解説　商法二五条（会一四条）の商業使用人の法的地位は、代理権の範囲等は異なるが、支配人のそれと同一と考えてよい。支配人の意義については見解が分かれており、通説的見解は、営業主から営業に関する包括的な代理権を与えられた商業使用人を支配人とする。一方、有力説は営業主によって本店または支店の営業の主任者たる地位に選任された商業使用人であるとする。商法二五条（会一四条）における商業使用人の意義については、ある種類または特定の事項に関し包括的な代理権が授与された者と考えるのが通説的見解であり、従来の下級審裁判例の立場である。しかしながら本判決は、商法二五条（会一四条）の商業使用人に該当するというためには「単に前記事項の委任を受けていれば足り、法律行為に関するなんらかの権限を与えられていることは必要でないと解するのが相当である」と判示した原審と同旨とするのである。

この判旨について学説は事実行為の準委任により使用人の代理権を擬制したものであるとする見解と事実行為の準委任があれば代理権が法律上推定され、代理権についての立証責任を転換するという見解がある。まず事実行為を委ねるという意思と代理権を授与するという意思は根本的に異なるし、また会社が立証責任を負った場合、立証は容易であるため取引相手方保護にはならない。したがっていずれの見解をとるにせよ本判決には疑義が残る。本判決が善意の第三者に重過失のある第三者は含まれないとすることにつき、19判決参照。

▼評釈――吉本健一・商百選30

保険料を保管する専用口座と預金債権の帰属

34 最2判平成15・2・21民集五七巻二号九五頁

関連条文 民六六六条、商二七条

保険代理店が集金した保険料を自己の財産と区別して保管するための保険料専用口座は保険代理店と保険会社のどちらに帰属するものか。

事実 Y社は損害保険会社であり、A株式会社はY社との間で損害保険代理店契約を締結したYの保険代理店であった。A社とY社の代理店契約には、Y社を代理してA社が保険契約の締結、保険料の収受等を行い、後日収受した保険料から代理店手数料を控除した額をYに送金するとの定めがあった。また、収受した保険料はY社に納付するまで、自己の財産と明確に区別して保管するとの定めがあるため、A社はX信用組合に「Y代理店A株式会社C」名義の普通預金口座を開設し、同口座で管理していた。A社は倒産状態に陥ったため、Y社の支社長に本件口座の通帳および届出印を交付した。Y社はその翌日Xに対して払戻しを請求したが、Xは、口座がA社に帰属することを前提にA社に対する貸付債権と本件口座の払戻債務を相殺して払戻しに応じなかったため、本件口座はYに帰属するものであるとして訴えたのが本件である。一審、原審ではXの主張を認めている。

裁判所の見解 破棄自判。「本件事実関係の下においては、本件預金債権は、〔Y社〕にではなく、〔A社〕に帰属するというべきである。」

解説 本件は、預金債権の帰属が問題になった事案であるが、ここでは代理商の法的性質に重点を置いて検討したい。代理商は本人（委託者）とは別個の商人であり、締約代理商の場合、本人から授権された範囲内の法律行為を代理し、その効果は直接本人に帰属する。代理商はその対価として手数料を本人から受け取ることで生計を立てており、その典型例は本件でも登場する保険代理店である。

預金債権の帰属は、無記名定期預金、記名定期預金について問題となってきた。預金者を金銭の出捐者と考える客観説、預入行為者と考える主観説などがあり、従来判例は客観説をとっているとされていた。しかし、本判決では、客観説に立って判断しているか明確でなく、解釈が変更された、普通預金という性質から結論が異なるなど評価が分かれている。

この点、代理商に着目しつつ本件をみてみると、前述したように代理商は本人とは異なる固有の商人であり、肩書きに代理店名を付けていても、それは名義上A社の口座であり、入金される金銭も代理商が収受した金銭を自身が入金している。代理商の独立性と預金口座の名義人、管理者の実態からは、右のどの説をとっても結論に影響はなく、そのために裁判所は法解釈に言及しなかったものと考えられ妥当な結論といえる。

▼評釈――岩原紳作・商百選32

製造と投機購買

35 大判昭和4・9・28民集八巻七六九頁

営利の目的で土を買い入れ瓦を製造し販売する行為は、商法五〇一条一号の投機購買とその実行売却に該当するか。

事　実　瓦の製造販売業を営むAは、Bから金銭を借り入れた。その返還請求権を譲り受けたXが、Y_1Y_2（Aの連帯保証人等）に返還を請求したところ、Y_1らは、Aが商人であり、その借入れは附属的商行為となり、返還請求権は五年の商事時効により消滅したと主張した（Y_1ら上告）。

裁判所の見解　破棄差戻。商法二六三条一号（五〇一条一号。同号という）は、その取得したものをそのまま譲渡することを要件としていないだけでなく、これをそのまま譲渡して利益を得る場合と、これに加工をなしまたはこれを原料として他の物品を製造し譲渡して利益を得る場合（加工の場合または製造の場合という）で商行為となるか否かを区別すべき理由はないから、同号はそれらの場合を包含する。

解　説　本件では、Aの商人性を判断するために製造の場合が同号に当たるかが問題にされた。同号は、その取得したものの譲渡と定めているため、加工の場合は格別、製造の場合までは含まないとも解される。加工が別異の物に変えない程度に労力を加えることをいうのに対し、製造は労力を加えて新たに別異の物を作り出すことをいうのであって、加工と異なり製造の場合は取得した物と譲渡する物が別個の物だからである。しかし、本判決は同号が製造の場合まで含むと解釈する。多数説も同様である。その理由は、結局のところ、製造の場合も取得した物と譲渡する物が別個の物であるのは形式上であり実質的には同一の物と見られることに求められていると解される。確かに、同号は強度の営利性が認められる点に着目し絶対的商行為とした規定であって、それが認められる点では製造の場合も加工の場合やそのまま譲渡する場合と異ならない。そのため、そのいずれの場合であるかにより同号に当たるか否かを区別すべき理由はない。それを区別すれば他人のためにする製造に関する行為が商行為とされること（商五〇二条二号）とも均衡を欠く。また、同号に相当する外国の規定では製造の場合まで含むことが定められている（末永・後掲）。確かに、わが国において同様の定めが設けられていないのは製造の場合まで含めないことを示しているとも解される。しかし、立法の際は外国の規定を参照しており（法務大臣官房司法法制調査部監修『日本近代立法資料叢書19』四綴二二頁）、それにもかかわらず同様の定めを設けなかったのは、製造の場合まで含めないためではなく、それを設けなくても製造の場合まで含まれるのであり（法典質疑会編『法典質疑問答第五編』一七四頁）、それが注意規定にとどまると考えたことによるといえよう。

関連条文　商五〇一条一号（昭和一三年改正前商二六三条一号）

▼**評釈**――末永敏和・商百選33

理髪業と場屋取引

36 大判昭和12・11・26民集一六巻一六八一頁

理髪契約は、商法五〇二条七号の場屋取引に該当するか。

事　実　自然人のYは、営んでいた理髪業をXに譲渡した後、同じ町内で理髪業を新たに開始した。そこで、Xは、商法二二条一項・二三条（一六条一項）に基づいて、Yに対し競業をしないよう請求した。原審がXの請求を認めたため、Yは上告した。

裁判所の見解　破棄差戻。商法二六四条七号（五〇二条七号）の客の来集を目的とする場屋における取引（場屋取引）とは、客に一定の設備を利用させることを目的とする取引をいうところ、理髪業者と客の間には、理髪という請負もしくは労務に関する契約が存するに止まり、設備の利用を目的とする契約は存しないから、これを場屋取引とみなすことはできない。理髪業者の設備は、理髪のための設備に止まり、客に利用させるものではないから、それがあることを理由として理髪業が場屋取引業（場屋営業）となることはない。

解　説　営業を譲渡した商人は、反対の特約をしない限り、競業避止義務を負う（商一六条一項）。そこで、Yの商人性が問題となり、その前提として営業目的行為（理髪契約）が場屋取引に該当するかが問題となる。本判決は、場屋取引につき、設備利用契約と捉え、理髪契約が含まれないと判示する。しかし、そうすると、理髪業は基本的に商法の規制（同一六条等の商人に関する規定や、同五二二条等の商行為に関する規定のほか、同五九四条以下の場屋営業の規定）に服さないことになる。そこで、学説上は、そのことの妥当性を疑問視して、本判決に反対する立場が強い。特に近時は、場屋取引につき、公衆の来集に適する設備を設けて客の需要に応じる諸種の契約と捉え、設備の利用までは要求しない見解が有力である（大隅健一郎『商法総則』一〇六頁）。しかし、そのような見解によると、店舗を設けて当該店舗において契約の履行を行うようなものであれば、場屋取引に含まれることになりかねず、その範囲を画するのが困難となる。それを画するためには、場屋取引につき、本判決と同様、設備の利用を要求するほかなかろう。ただ、それでも、その具体的な意味内容（物的設備に限るか、それとも人的設備まで含むか。客による能動的な利用に限るか否か）が問題となる。本判決と異なり、その意味を広く解すれば、理髪契約も含まれうるからである。付言すると、立法過程では、場屋取引につき、どのように捉えられていたかは明らかではないが、理髪契約も含まれること自体は認められていたと解される（岡野敬次郎・志林四一号五〇頁参照）。理髪契約については場屋取引以外の商行為に該当するかも問題となるが、その問題は37判決解説を参照。

関連条文　商五〇二条七号（昭和一三年改正前商二六四条七号）

▼**評釈**——山下眞弘・商百選（三版）25

美容院の営業の商行為性

37 東京地判平成2・6・14判時一三七八号八五頁

関連条文　商五〇二条二号・五号・七号

美容契約は商行為となるか。

事　実　Xは、自然人のYが実質的に経営する美容院において、パーマの最中にパーマ液をかけられ皮膚炎を生じた。そこで、Yが美容契約の履行に際し皮膚障害が生じないよう配慮すべき注意義務に違反したとして債務不履行責任を負うと主張し、Yに対し損害賠償を請求した。これに対して、Yは、その責任が美容契約という商行為によって生じたものであり五年の経過により時効消滅したと主張した（商五二二条）。

裁判所の見解　請求一部認容。商法五〇二条七号の場屋取引とは、客に一定の設備を利用させることを目的とする取引をいうところ、美容院では客に設備を利用させるという関係にはないから、その業務行為（美容契約）を場屋取引に含めることはできない。それにつき、他に商行為性を認めるべき根拠も存在しない。

解　説　場屋取引につき、36判決は、設備利用契約と捉え、理髪契約が含まれないと理解する。本判決も、それと同様に理解して美容契約が含まれないと判示している。もっとも、そのように理解しても、美容契約が場屋取引以外の商行為に該当すれば、商法五二二条は適用される。本判決は、それも否定するが、学説上は、それを肯定する解釈も主張されている。具体的には、美容契約につき、加工に関する行為（商五〇二条二号）または作業の請負（同五号）に該当するという解釈が主張されている（田中誠二『全訂商法総則詳論』一八二頁）。

しかし、加工に関する行為に該当すると解釈するのは、加工という語の一般的な用語法と相容れない。加工は、製造と並べて定められていること（同二号）からしても、物（そのうち動産）を対象とするものに限定され、人体を対象とするものは含まないと解すべきである。また、作業の請負も、不動産を対象とするものに限定され、人体を対象とするものは含まないと解すべきである。仮にそのように限定せず文言どおりに作業の請負一般を意味すると解釈すれば、製造または加工に関する行為（同二号）まで含むことになり、同二号の存在意義を失わせる。それを失わせないためには、作業の請負は、不動産を対象とする点で、動産を対象とする同二号とは区別されると解するほかなかろう。

付言すると、本件では、美容契約の当事者がY個人であるか、それともYが経営する会社であるかも問題にされた。本判決は、XとYの合理的意思解釈を理由にYを当事者と認定するが、美容院が会社組織であること（会社により経営されていたこと）は認めている以上、会社を当事者と認定する余地もあったように思える。仮にそのように認定すれば、美容契約は商行為となる（会五条。当時は旧商五二三条の準商行為となろう）。

貸金業と銀行取引

38 最3判昭和50・6・27判時七八五号一〇〇頁

関連条文 商五〇二条八号

質屋営業者が行う自己資金のみの貸付行為は、商法五〇二条八号の両替その他の銀行取引に該当するか。

事実 本件土地につき、Xが所有権移転登記を得る前に、前所有者のAが、自然人の質屋営業者であるYに対する借入金債務を担保するために抵当権を設定し、その登記をした。Xは、Aの借入金債務がYの貸付行為という商行為によって生じたものであり五年の経過により時効消滅したと主張し（商五二二条）、抵当権設定登記の抹消登記手続を請求した。原審がXの請求を棄却したため、Xは上告した。

裁判所の見解 上告棄却。質屋営業者の貸付行為は、銀行取引に該当せず、商行為ではない。

解説 多数説は、銀行が金銭または有価証券の転換の媒介者をいうから、銀行取引につき、それらの転換を媒介する行為と捉え、これに該当するためには、それらを不特定多数の者から収受する行為（預金取引のような受信行為）と他人に融通する行為（貸付行為のような与信行為）が併せて行われることが必要であるとする。そこで、貸金業者や質屋営業者が行う自己資金のみの貸付行為は、そのうち受信行為を欠くから（出資取締二条参照）、銀行取引に該当しないと解釈する。そのように解釈すると、それらの業者が会社であれば格別（会五条参照）、そうでなければ、その貸付行為は商行為とならず、それらの業者は商人とならない。判例も、以前から、そのように解釈する（大判明治41・6・25民録一四輯七八〇頁等）。しかし、銀行取引につき、そのように解釈すれば、その多くは商法五〇一条一号に含まれる。すなわち、受信行為は、同号が定める利益を得て譲渡する意思をもってする動産もしくは有価証券の有償取得を目的とする行為に含まれ、与信行為は、その取得したものの譲渡を目的とする行為に含まれうる。その結果、商法五〇二条八号の存在意義が失われる。そのため、少数説がいうように自己資金のみの貸付行為（受信行為を伴わない与信行為）は銀行取引に該当すると解釈すべきである。このように解釈すると、貸金業者や質屋営業者が会社でなくても、その貸付行為は商行為となり、それらの業者は商人となる。このように解釈することは、銀行取引の法文上の例示として両替が挙げられていることとも符合する。両替は自己資金のみをもって行うことがありうるからである。立法過程でも、銀行取引につき「銀行ノ取引」という意味ではなく「銀行ノ為ス可キ個々ノ取引ヲ云フ」のであって「故ニ営業トシテ個々ノ取引中其一ヲ為セシトキハ其取引ハ即チ銀行取引ナリ」と説明されている。決して、受信行為と与信行為が併せて行われることが必要であるとは解されていない（北居＝高田編三八頁）。

▼**評釈**――松井秀征・商百選35

商人の雇用と附属的商行為の推定

39 最1判昭和30・9・29民集九巻一〇号一四八四頁

関連条文 商五〇三条

商人が締結した雇用契約は、附属的商行為と推定されるか。

事実 Xは、個人商人のYに雇用されていたが、給料の一部が支払われなかった。そこで、Yに対し、その額のほか、雇用が商行為であるとして年六分の遅延損害金の支払を請求した（商五一四条）。原審がXの請求を認めたため、Yは上告した。

裁判所の見解 上告棄却。原判決が前記雇用はYが営業のためにする行為と認められると判示しているのは、その証拠を掲げていない点で違法の嫌いがないでもない。しかし、商人の行為は営業のためにするものと推定され、この点について反証のあげられていない本件では商行為となるから、原判決は結局正当である。

解説 商人が営業のためにする行為は、商行為となる（商五〇三条一項）。それは、附属的商行為と呼ばれ、特に営業に関連してその維持便益のためにする行為を意味する。そして、商人の行為は、（附属的）商行為と推定される。それを確認すると、商人には営業以外の活動領域がある。個人商人であれば、個人としての生活領域がある。そのため、その行為は、商行為となるものとならないものに分かれ、そのいずれに該当するかが明瞭でない場合が少なくない。そこで、商法五〇三条二項は、商人の行為につき、営業のためにするもの（商行為）と推定している（そのうち会社の行為については5判決を参照）。そのため、本判決がいうように、前記雇用も、商行為と推定され、この点について反証があげられていない以上、商行為となる。ただし、学説上は、雇用のような不平等者間の行為は民法または労働法の支配に属すべきであるとして商行為とすることに反対する見解も主張されている。そして、そのような見解によると、雇用は、商行為とならず、商行為の推定も受けないことになろう。というのも、婚姻等の身分法上の行為は、商人が主観的に営業のためにしても、性質上、商行為とならない。そこで、商人の行為も、全てが商行為と推定されるわけではなく、商法五〇三条二項は、営業のためにするものか否かが疑わしい場合に適用される規定であって、身分法上の行為のように行為自体から営業のためにするものでないことが明瞭な場合にまで適用される規定ではないと解されている（大判大正4・5・10民録二一輯六八一頁等）。そして、前記見解によると、雇用も、身分法上の行為と同様、そのことが明瞭な場合に該当すると考えられるからである。しかし、商人が商業使用人を雇用することは、まさに営業に関連してその維持便益のためにする行為にほかならない。そのため、それを商行為から除外する前記見解には批判が多い。

▼**評釈**——相原隆・商百選（四版）39

商法五〇四条の法理

40 最大判昭和43・4・24民集二二巻四号一〇四三頁

関連条文 商五〇四条

商法五〇四条の本文とただし書はどのように解釈すべきか。

事実 X社は、A社に対する債権の担保としてA社所有の毛糸を譲渡担保に取っていたが、A社が倒産したため、同毛糸の処分をA社の代表者Bに依頼し、Bは同じ代表者のCに依頼して、CとY社の代表者Dとの間で売買契約が締結された。この売買契約締結時にBとCは、同毛糸がX社の譲渡担保であったことを知っていて、CはX社のためにする意思で同契約を締結したが、Cは、締結時にX社の代理人であることをYに示すことなく、また、Y社も当該代理の存在について知らず、知ることができるような事情もなかったという状況下で、X社がY社に対して代金支払請求をしたのが本訴である。

裁判所の見解 「相手方において、代理人が本人のためにすることを知らなかったとき（過失により知らなかったときを除く）は、相手方保護のため、相手方と代理人との間にも右と同一の法律関係が生じるものとし、相手方は、その選択に従い、本人との法律関係を否定し、代理人との法律関係を主張することを許容したものと解するのが相当であり、相手方が代理人との法律関係を主張したときは、本人は、もはや相手方に対し、右本人相手方間の法律関係の存在を主張することはできないものと解すべきである。」

解説 本判決は、民法の顕名主義の原則の例外として、「営業主が商業使用人を使用して大量的、継続的取引をするのを通常とする商取引において、いちいち、本人の名を示すことは煩雑であり、取引の敏活を害する虞れがある一方、相手方においても、その取引が営業主のためされたものであることを知っている場合が多い等の事由により、簡易、迅速を期する便宜のために、とくに商行為の代理について認められた例外」として、商法五〇四条本文の定める非顕名主義について判示した上で、同条ただし書の解釈について、相手方が善意無過失である場合に限定して、いわゆる選択説をとることを明らかにしている。条文の文言からは離れた解釈ではあるが、相手方が債務者である場合にも民法四七八条によって補完的に保護することなく同条のみの解釈で保護が図れるためバランスのとれた解釈であるといえよう。相手方が一旦代理人を選択したとしても、債権を回収できない場合には本人に対する請求権も不真正連帯債務として残るとする学説もあるが、商取引において、債務者を選択する権利まで与えられているのに、一方の資力しか調査しない債権者をそこまで保護する必要があるのか疑問である。同様に、相手方に過失があった場合でも代理人を選択して履行請求ができるとするのはいきすぎた保護であるように思われる。

▼**評釈**――神谷高保・商百選37

商法五〇四条ただし書と消滅時効

41 最3判昭和48・10・30民集二七巻九号一二五八頁

関連条文 商五〇四条

相手方の選択権を認めた場合に時効中断の効果は発生するか。

事実 BとCが結成したA組合の代理人BがA名義で輸出入業を始め、B個人が賃借人であると信じていたYと締結した事務所の賃貸借契約の終了後、敷金返還債務を負ったYに対して、Cの債権者Xが、Bの営業がCに譲渡されたとして、敷金返還訴訟を提起し、AおよびBCの債権者Zも、債権保全のため、Aに代位し、Yに対して、前記契約がBの代理によりAが賃借人であったとして、同訴訟に独立当事者参加した。一審ではXZが敗訴。Zが控訴した控訴審は、一審判決を支持し、仮に敷金返還請求権を有するのがAではなくBであるとしても、ZはBに対する債権を有するからBに代位して返還請求するというZの予備的請求についてもYの消滅時効の抗弁を認めたため、Zが上告。第一次上告審は破棄差戻。第二次控訴審は、前記請求権がCに帰属するとした上で、Yが一審の口頭弁論期日に代理人との法律関係を選択したとしてZの主位的請求は退けたが、予備的請求について、相手方が当事者を選択しうる場合、相手方が同選択以前に、本人が相手方に対して債務履行の裁判上の請求をしたときには、同請求訴訟係属中は代理人の相手方に対する債権の時効は進行しないとして、Z勝訴としたため、Yが上告。

裁判所の見解 「本人が相手方に対し右債務の履行を求める訴を提起し、その訴訟の係属中に相手方が債権者として代理人を選択したときは、本人の請求は、右訴訟が係属している間代理人の債権につき催告に準じた時効中断の効力を及ぼすものと解するのが相当である。」

解説 商法五〇四条ただし書について判例は選択説をとるが（40判決参照）、その立場に立つことを前提にしたとき、相手方が代理人との法律関係を選択したのが、本人が相手方に対して債務の履行を求めて提起した訴訟の係属中であった場合に、代理人との関係でどのような効果を生ぜしめるかが問題となるが、本判決は、本人の請求はその間、代理人の債権につき催告に準じた時効中断の効力を及ぼすと判示した。その理由として、本判決は、相手方の選択以前に本人の債権と代理人の債権が併存しているとしても両者が別個独立の債権ではなく、後者が選択されれば前者がその主張ができなくなるという関係において単に権利の帰属者の点においてのみ択一的な債権として併存しているにすぎず、債権の実体は単一であるとみることができるということを掲げているが、このように解すると、この問題は債権者の確定が問題となる場合一般に当てはまることになり、選択説をとるかどうかには必ずしも結びつかないことになる。

▼**評釈**――明田川昌幸・商百選38

商人の諾否の通知義務

42　最2判昭和28・10・9民集七巻一〇号一〇七二頁

関連条文　商五〇九条

商法五〇九条の趣旨と適用範囲をどう考えるか。

事実　X_1X_2は、訴外A所有の土地を賃借し、同地上に建物を所有していたところ、同建物が空襲により焼失し、Aから同土地を購入したYが所有権移転登記をして、同地上に建物を建築したため、同地を自己の借地であると主張して、同地上のYの建物の収去と当該土地の明渡しを求めて、訴訟を提起した。Yは、XらとYはいずれも商人であるから、Xらは借地権放棄の申込みを受けたのに対して直ちに諾否を明らかにする義務があるにもかかわらずこれを怠ったから、商法五〇九条に基づき承諾したものとみなされると主張した。原審は、商法五〇九条は商人が平常取引をする者からその営業の部類に属する契約の申込みを受けた場合に関するものであるが、YがXらと平常取引をする者でもなく、借地権放棄の申込みがXらの営業の部類に属するものと認めるべき事由もないとして、Yの控訴を棄却したため、Yが上告。

裁判所の見解　「商法五〇九条に関する原判決の判断は正当であって、論旨は理由がない。」

解説　民法の原則では、契約の申込みを受けた者は、この申込みに対して、明示または黙示の意思表示によって承諾をしない限り、契約は成立しないが、承諾または拒否の意思表示をなす義務はない。これに対して、商法五〇九条は、商人が営業の部類に属する契約の申込みを平常取引をなす者から受けたときは、遅滞なく諾否の通知を発することを要し、これを怠ったときは申込みを承諾したものとみなすと定めているが、申込者は商人である必要はない。この承諾擬制は、黙示の承諾をも要せず、反証によって覆ることもない。承諾期間の定めのない隔地者間における商行為たる契約の申込みの場合（五〇八条）に対する特則である。平常取引をなす者が相手方でなければならないとはいえ、商人の専門性からくる決定の容易性、商行為の迅速性を理由として、相手方の期待を保護するため、必ずしも申込事項につき過去に取引があったことは要しないと解されている（内燃機関等の製造販売および修繕等を業として営む会社が、かねてから船舶の修繕等につき取引関係のある海上物品運送業者から陸用ディーゼルエンジンの修繕を依頼されたときは、遅滞なく諾否の通知を発しなければ、申込みを承諾したものとみなされるとした札幌高判昭和33・4・15判時一五〇号三〇頁参照）。営業の部類に属する契約については、それが基本的商行為か否かにかかわらず、約定されている契約条件等に鑑みて、申込みに対する沈黙が承諾を意味すると当然に予想される類型の取引であれば附属的商行為であっても適用が認められるべきであるとする見解が最近では有力である。

▼**評釈**――遠山聡・商百選39

共同企業体の事業上の債務と構成員についての商法五一一条の適用

43 最3判平成10・4・14民集五二巻三号八一三頁

関連条文　商五一一条

共同企業体の構成員の債務に商法五一一条は適用できるか。

事実　建築工事請負業を営む会社のXとYは、Aから発注された工事の請負を目的として共同企業体を結成し、Yを代表者とし、工事の費用負担が各二分の一の損益割合に基づく旨を合意し、Aと請負契約を締結したが、翌年、Xが企業体から脱退し、和議開始の申立直後にYが当該事実を知り、数ヶ月後に和議開始が決定された。Xの脱退前に前記工事の請負代金について、YがAから月末の出来高相当の代金を受領したら二分の一をXに支払う旨が合意され、YはAから一億円余の支払を受けたが、同企業体は下請業者等に対して計二〇〇〇万円余の債務も負担していて、Yは同債務の二分の一相当額を弁済した上に九〇〇万円余を弁済した。Xが前記工事の請負代金の未払分を請求する訴えを提起し、Yが、Xに対する貸金債権、下請業者への弁済に基づくXに対する求償権を自働債権とする相殺の抗弁を主張した。原審はYの貸金債権については全額認めたが、求償権は、和議開始申立を知った後の弁済部分については和議法五条の準用する破産法一〇四条四号本文により相殺は許されないとして、和議を知る前の弁済に基づく六万円余のみを認めたため、Yが上告。

裁判所の見解　「会社が共同企業体を結成してその構成員として共同企業体の事業を行う行為は、会社の営業のためにする行為（付属的商行為）にほかならず、共同企業体がその事業のために第三者に対して負担した債務につき構成員が負う債務は、構成員である会社にとって自らの商行為により負担した債務というべきものである。したがって、……共同企業体の各構成員は、共同企業体がその事業のために第三者に対して負担した債務につき、商法五一一条一項により連帯債務を負うと解」される。

解説　共同企業体は、基本的には民法上の組合の性質を有するものと解するのが通説・判例であるが、組合員個人の無限責任の負担割合については分割債務となるとすると債権者にとって著しく不利になる場合があるため、連帯債務となる場合を拡大して解釈しようとする見解が有力となり、下級審では、組合の債務が組合員の商行為によるものであれば、商法五一一条の適用により連帯債務を認めるものがあった（東京地判平成9・2・27判タ九四四号二四三頁）。商人や会社によって共同企業体が構成されている場合や、営業・事業目的が商行為である商事組合であれば、当然に商法五一一条一項の適用が認められるべきである。なお、和議法はすでに廃止されているが、本判決の射程は破産法等その他の倒産手続に及ぶものと解される。

▼**評釈**――吉田直・商百選40

宅地建物取引業者の報酬請求権

44 最1判昭和44・6・26民集二三巻七号一二六四頁

関連条文　商五〇二条一一号・五一二条・五五〇条二項

宅建業者の非委託者への報酬請求権は認められるか。

事実　宅地建物取引業者Xは、兵庫県から県営住宅団地造成用地確保のため土地の買収の斡旋その他必要な手段を講ずることを委託され、その一環としてYの所有地につき代理人であるAと折衝を重ね、本件土地の売買契約を締結するに至った。そこでXは、Yに対して、仲介報酬として一一万円余の支払を求めて訴えを提起した。一審では六万円の限度でXの請求を認めたが、Yが控訴した原審では、本件仲介が民事仲介であるから依頼者たる県に対しては相当の報酬を請求できるが、委託をしていないYには請求できないとして、Xの請求を全面的に棄却したため、Xが上告。

裁判所の見解　「一般に、宅地建物取引業者は、商法五四三条にいう『他人間ノ商行為ノ媒介』を業とする者ではないから、いわゆる商事仲立人ではなく、民事仲立人ではあるが、同法五〇二条一一号にいう『仲立ニ関スル行為』を営業とする者であるから同法四条一項の定めるところにより商人であることはいうまでもなく、他に特段の事情のない本件においては、Xもその例外となるものではない。」「しかしながら、〔X〕は、……〔Y〕の委託により、または同人のためにする意思をもって、本件売買の媒介をしたものではないのであるから、〔Y〕に対し同法五一二条の規定により右媒介につき報酬請求権を取得できるものではなく、また同法五五〇条の規定の適用をみる余地はないものといわなければならない。」

解説　民法では、他人のために委任・準委任・寄託・事務管理等の行為をしても、特約がなければ報酬を請求することができない（民六四八条・六五六条・六六五条・七〇一条）が、商法では、商人がその営業の範囲内で他人のために行為をしたときには、特約がなくても相当の報酬を請求できる（五一二条）。当該行為が法律行為か事実行為であるかに関係なく、結果的に本人の利益とはならない場合でも、商人は相当の報酬を請求でき、当該行為は、履行行為そのものでなくとも営業のために行われた行為であればよい。相手方は商人であることを要せず、他人のためにとは、他人から委託された場合だけでなく、事務管理であってもよいが、単に他人のためにするという意思があればよいというものではなく、客観的に他人の利益のためにするという意思が必要であると解するのが判例である（最2判昭和50・12・26民集二九巻一一号一八九〇頁）。民事仲立において商法五五〇条二項に基づく報酬請求権を認めると非委託者にとって不意打ちになること、民事仲立人に商法上の特別の義務が課されていないこと等から、判例は本判決以降一貫して同条の類推適用を否定する立場をとっている。

▼**評釈**――神作裕之・商百選41

商法五一四条にいう「商行為によって生じた債務」の意味

45 最1判昭和30・9・8民集九巻一〇号一二二二頁

関連条文　商五一四条

商法五一四条の適用要件は何か。

事実　Xは、昭和二六年一月、Yから屑鉄を買い付ける契約を締結し、その前渡代金として二〇万円をYに交付したところ、Yの屑鉄の入手が一部を除いてできなくなり、XはYと協議して売買契約を合意解除し、前渡代金のうち残金の返還を受けることになった。しかし、Xは、一部の返還しか受けられなかったため、Yに対して未払の残金と訴状送達の翌日以降年六分の割合による遅延損害金の支払を求めて訴えを提起した。一審および原審ともにXの請求を全部認容したので、Yが①本件取引が自己にとって商行為でない、②契約解除による原状回復請求義務が直ちに商行為であるとするのはあたらないとして、民事法定利率の適用を主張して上告。

裁判所の見解　「本訴債権が〔X〕にとり商行為に因って生じたものであることは明らかである。そして所論商法五一四条にいわゆる『商行為ニ因リテ生シタル債務』とは、単に債務者にとり商行為たる行為によって生じた債務に限らず、債権者にとり商行為たる行為によって生じた債権をも含むものと解するを相当とする。」「売買契約が商行為であるときは、その解除による前渡代金返還債務にも商法五一四条の適用があると解するを相当とする。」

解説　民事法定利率は年五分（民四〇四条）であるが、商事法定利率は、商取引においては営利目的から資金需要が多く、かつ元本の利用による収益が多いことから、商行為によって生じた債務についてのみ年六分としている（五一四条）と従来説明されてきた。この商行為には何ら制限がないから、債務の発生原因となる行為が商行為であればよく、当事者の双方または一方が商人であることを要しない。また、債務者にとって商行為である場合にだけ適用されるとする学説もあるが、債務者または債権者の一方にとって商行為であれば適用されると解するのが通説・判例である。「商行為によって生じた債務」とは、債務の発生原因が商行為であるものに限られるが、現存の債務は必ずしも直接に商行為によって生じたことを要しない。商行為たる契約上の債務の不履行や、その債務の不履行による解除に基づく損害賠償債務、または本件のように合意解除に基づく原状回復義務については、商行為によって生じた債務が変形したもので、実質的に同一性を有すると認められるとするのが判例である。しかし、例えば否認権（破一六〇条）の行使に基づく返還義務について、破産者が非商人で、否認された行為が商行為である場合でも、商事法定利率を適用すべきかは問題となろう。なお、商法五一四条は民法の改正要綱案で削除が予定されている。

▼**評釈**――青竹正一・商百選42

不当利得返還請求権の利息の利率

46 最3判平成19・2・13民集六一巻一号一八二頁

関連条文　商五一四条、民七〇四条・四〇四条

不当利得の悪意の受益者が付すべき利息の利率はいくらか。

事　実　貸金業者Yは、平成五年、Xに対して四〇%超の年利で三〇〇万円を貸し付け、Xは、同年から平成一五年にわたってその弁済をしたが、利息制限法による制限を超えて支払われた部分を元本に充当すると、平成八年以降、過払金が発生している。また、Xは、平成一〇年、Yから、同じく四〇%超の年利で一〇〇万円の貸付を受けている。そこで、XがYに対して、制限超過利息部分を元本に充当した後の過払金を平成一〇年の貸付による債務の弁済に充当した残額を不当利得として、民法七〇四条所定の悪意の受益者が付すべき利息を商事法定利率として加えて請求する訴えを提起した。原審が、過払金の平成一〇年貸付への充当を認めた上で、本件の不当利得返還請求権をYの商行為によって生じた債権と実質的に同一性を有するものとして、商事法定利率の適用を認めたため、Yが上告。

裁判所の見解　「商行為である貸付けに係る債務の弁済金のうち利息の制限額を超えて利息として支払われた部分を元本に充当することにより発生する過払金を不当利得として返還する場合において、悪意の受益者が付すべき民法七〇四条前段所定の利息の利率は、民法所定の年五分と解するのが相当である。なぜなら、商法五一四条の適用又は類推適用されるべき債権は、商行為によって生じたもの又はこれに準ずるものでなければならないところ、上記過払金についての不当利得返還請求権は、高利を制限して借主を保護する目的で設けられた利息制限法の規定によって発生する債権であって、営利性を考慮すべき債権ではないので、商行為によって生じたもの又はこれに準ずるものと解することはできないからである。」

解　説　元の貸付が商行為である場合に制限利息超過分についての不当利得返還請求権は、その消滅時効についてではあるが、すでに最1判昭和55・1・24民集三四巻一号六一頁（53判決）によって、商行為によって生じた債権に準ずるものではないと判示されていた。しかし、同判決の多数意見が三対二という形でのものであったため、その後も下級審では解釈に争いがあったところ、最高裁は、質権者に直接支払われた保険金について不当利得返還請求権の時効が争われた事案（最2判平成3・4・26判時一三八九号一四五頁）において、全員一致で民事上の一般債権と解して一〇年の民事消滅時効の適用を認めたので、同じく全員一致である本判決をその延長線上のものとして捉え、学説や下級審裁判例には批判的立場をとるものもあるが、最高裁判例においては、少なくとも不当利得返還請求権に関する時効および利率については民法が適用されるとする立場が確立されたものと理解すべきであろう。

▼**評釈**――伊沢和平・商百選43

自賠法による直接請求権と商法五一四条

47　最3判昭和57・1・19民集三六巻一号一頁

関連条文　商五一四条、自賠一六条一項

自賠法に基づく直接請求権に対する債務の利率はいくらか。

事　実　訴外Aが、訴外B所有および運転のダンプカーと訴外C運転のブルドーザーに挟まれて死亡したため、Aの妻子X_1～X_6が、自賠法一六条一項に基づき、Bの自賠責保険の保険者であるYに対して、保険金を直接請求する訴訟を提起した。一審が、Xの保険金および弁護士費用の請求を認めた上で、保険金については商事利率、弁護士費用については民事利率による遅延損害金の支払を命じたため、Yが控訴したが棄却されたので、直接請求権は特別の法定の請求権であり、商事利率の適用はない等と主張して上告。

裁判所の見解　「自動車損害賠償保障法一六条一項に基づく被害者の保険会社に対する直接請求権は、被害者が保険会社に対して有する損害賠償請求権であって、保有者の保険金請求権の変形ないしはそれに準ずる権利ではないのであるから、保険会社の被害者に対する損害賠償債務は商法五一四条所定の『商行為ニ因リテ生ジタル債務』には当らないと解すべきである。」

解　説　商法五一四条の立法制定当時と異なり、現代社会においては商取引は、商人間・企業間に限らず、商人と非商人の間、企業と消費者との間で行われるものが相当の比率を占めるのであるから、商行為一般の営利性を理由として年六分の利率を正当化するのは無理があるが、判例は、商行為によって生じた債務だけでなく、債務不履行による損害賠償債務や契約の解除による原状回復義務といった、商行為によって生じた債務の変形したもの、または実質的に同一視できるものにも適用されると解してきた（45判決）。本件判旨は、被害者の直接請求権が保有者の保険金請求権の変形ないしはそれに準ずる権利ではないとしており、単なる損害賠償額の支払請求権として捉えているが、たとえ保険金請求権に準ずるものとして捉えても、自賠責保険は営利事業である任意の自動車保険とは異なるため、必ずしも商行為から生じた債務とはいえない。本判決以降は自賠責保険における被害者の直接請求権に関する遅延損害金の利率については民事利率をとることが確立されたと思われる（東京地判平成6・1・25交民集二七巻一号一一九頁等）が、任意自動車保険、とりわけ無保険者傷害保険の保険金支払義務に関する遅延損害金の利率については、裁判例は商事利率とするもの（大阪地判平成8・11・26自保一二〇六号二頁等）と民事利率とするもの（東京高判平成14・6・26判時一八〇八号一一七頁等）とが対立している。なお、商法五一四条は民法の改正要綱案で削除が予定されており、この争いについては終止符が打たれる。

▼**評釈**——笹本幸祐・商百選44

ゴルフクラブ入会証書と公示催告申立の可否

48 東京高決昭和52・6・16判時八五八号一〇一頁

関連条文 非訟九九条以下、民施五七条

ゴルフクラブ入会証書は公示催告手続の対象となるか。

事実 Xは、A会社発行のBカントリー倶楽部入会証書について公示催告を申し立てたが、一審も原審も申立を退けたので、本件証書は有価証券であり公示催告手続により無効とすることができるとして再抗告した。証書の表面には、金額欄記載の入会保証金を預かった旨、同証書がBカントリー倶楽部正会員の資格を有することを証する旨、預り金の返還や会員資格の譲渡、同譲渡の効力発生の要件について不動文字の記載があり、裏面には譲渡年月日、譲受人氏名、譲渡人欄、譲渡人印、譲受人氏名の各欄が印刷されていて、譲受人氏名欄には最終譲受人としてXの氏名が明記されていた。

裁判所の見解 「有価証券とは一般に財産権を表彰する証券であって権利の移転行使が証券をもってなされることを要するものとされており、従って権利者がこれを喪失した場合権利の移転行使が不可能になるので……民訴法は……有価証券たる証書についてその場合の救済手続を定めているのであるが……本件証書は……その表彰された権利はいわゆる預託金会員組織のゴルフ会員権であって……その権利の行使に本件証書が必要であるとは解されない。」「本件証書上の権利の移転には一連の承認手続が必要であり……他の有価証券のように転々流通させなければならない必要性もみられない。」「右証書は……高度の流通を予定しておらず、右移転には会社、倶楽部理事長の承認が必要であるから……通常有価証券にみられる善意取得の制度も本件証書には認められていないものと解すべきである。」「本件証書は所論のような有価証券であると解することはできず、〔B〕カントリー倶楽部の会員であり、預託金返還請求権者であることを証する証拠証券であるというべきである。」

解説 預託金会員制ゴルフクラブに入会金と入会資格保証金（預託金）を支払って取得する会員権は、ゴルフ場施設の優先的利用権、預託金返還請求権、会費納入義務を内容とする、ゴルフ場経営会社との契約上の地位であると解するのが判例である（最3判昭和50・7・25民集二九巻六号一一四七頁）が、交付を受ける預託証書が指図証券類似の外観を有し、譲渡や担保権設定の際に用いられるために、公示催告手続（非訟一一四条以下）の対象となる有価証券かが問題となる。裁判例では、有価証券性を認めて公示催告手続を許したもの（東京高決昭和54・1・25判時九一七号一〇九頁）以外は全て有価証券性を否定し、単なる証拠証券にすぎないとしている。流通性を殊更に強調せずにむしろ善意取得制度を認めなければ預託金の返還についての救済が図れないか等から考えると有価証券性を積極的に認める必要はないと思われる。

▼**評釈**――出口正義・商百選45

建築請負人が占有していた敷地に対する商事留置権の成否

49 東京高決平成11・7・23判時一六八九号八二頁

関連条文 商五二一条

商法五二一条の「物」に不動産が含まれるか。

事実 Y所有の土地の抵当権について発行された抵当証券の所持人Xの申立により開始された土地の競売事件において、Yからビル建築を請け負って一部軀体のみを完成させた建築請負人Aが、請負代金残金と遅延損害金との合計四三億七六六〇万円余の債権をYに対して有しており、右債権について前記土地上に商事留置権が生じている旨を主張する上申書を提出したところ、執行裁判所が同土地について商事留置権が生じるとの判断から土地の最低売却価格を〇円と決定して、Xに配当されるべき剰余がないとして、競売手続を取り消す旨の決定をしたため、Xが執行抗告を申し立てた事件である。

裁判所の見解 商事留置権は、事案によっては不動産を目的としても成立しうるとした上で、①工事施工という一時的な事実行為目的による土地使用は、「商行為ニ因リ自己ノ占有ニ帰シタル」債務者所有の土地に対する占有とはいえない、②建物工事請負人に施工土地に対する商事留置権を認めるとすると、担保権制度の秩序を乱す危険がある、③法定地上権の成立が見込めない完成建物の商品価値の下落の危険を誰に負担させて利害関係者の法律関係を処理するのが公平かという問題であり、建物工事請負人の工事代金債権を保護するために、短絡的にその施工土地に商事留置権を認めることが、その問題の公平な解決をもたらすものでもない、等と判示した。

解説 本決定は、不動産について商事留置権が成立しうることは認めながらも、建築請負人の土地に対する占有を否定し、さらに土地所有者が抵当権等担保権の対象となっている土地の上に建物を建築し、意図的にその請負代金を弁済せずに工事請負人に土地に対する商事留置権を実行させて、抵当権の実効性を害するような操作の可能性や、無剰余のため土地に対する抵当権等の実行手続を事実上不可能にしてしまう可能性を指摘して、建築請負人に商事留置権を認めなかった。商法五二一条の物に不動産が含まれるかについては、従来から裁判例は肯定説・否定説が鋭く対立しているものの、学説は肯定説が多数説である。そして、不動産に対する商事留置権を認めた場合に、本件のような建築請負人について、土地を占有しているといえるかに関しては、学説は、占有肯定説と占有否定説に分かれ、さらには、商事留置権自体はその成立を認めつつ、抵当権との関係から、抵当権の設定登記と請負人の占有開始時や商事留置権成立時の先後で優劣を決する説や先取特権には優先するものの抵当権者には劣後すると解する説など、商事留置権の効力を制限的に解する多岐の説に分かれているが、裁判例は総じて占有を否定するものが多い。

▼**評釈**――泉田栄一・商百選46

約束手形の取立金に対する商事留置権の可否

50 最1判平成23・12・15民集六五巻九号三五一一頁

約束手形の商事留置権者による再生手続後の取立ての可否。

事　実　X社は、Y銀行と「XがYに対する債務を履行しなかった場合には、Yは、担保及びその占有している Xの動産、手形その他の有価証券について、かならずしも法定の手続によらず一般に適当と認められる方法、時期、価格等により取立又は処分の上、その取得金……を法定の順序にかかわらずXの債務の弁済に充当できる」との条項およびXについて倒産処理手続の開始申立があったときには「XはYに対する一切の債務について当然に機嫌の利益を喪失し、直ちに債務を弁済する」旨の条項を含む銀行取引約定を締結し、Yに約束手形の取立委任裏書をした。その後Xが民事再生手続の開始申立をしたことにより、YのXに対する当座貸越債権の履行期が到来し、Yはこれを被担保債権として手形上に商事留置権を取得し、同手形を取り立て、取立金を当座貸越債権に充当した。そこで、Xが、Yに対して、取立金相当額が不当利得であるとしてその返還と遅延損害金の支払を求めたところ、一審および原審がXの請求を認めたため、Yが上告。

裁判所の見解　「取立委任を受けた約束手形につき商事留置権を有する者は、当該約束手形の取立てに係る取立金を留置することができるものと解するのが相当である。」「取立金を法定の手続によらず債務の弁済に充当できる旨定める銀行取引約定は、別除権の行使に付随する合意として、民事再生法上も有効であると解するのが相当である。」「したがって、会社から取立委任を受けた約束手形につき商事留置権を有する銀行は、同会社の再生手続開始後の取立てに係る取立金を、法定の手続によらず同会社の債務の弁済に充当し得る旨を定める銀行取引約定に基づき、同会社の債務の弁済に充当することができる。」

解　説　約束手形に対する商事留置権については、51判決が破産手続開始後でもその留置的効力を認めたが、民事再生手続開始後でも同様に解することができるかに関しては、本判決によって判例の立場は肯定で確立されたとみてよいが、商事留置権者が銀行取引約定に基づき取立金を債務の弁済に優先充当することの可否が問題となる。民事再生法では商事留置権は別除権として優先弁済権がないため、一審および原審は否定したが、本判決は商事留置権者が競売による換価金を留置できることから、手形の取立金についても銀行の計算上明らかになっていれば留置でき、銀行取引約定も別除権の行使に付随する合意として民事再生法上も有効であるとして優先充当を認めたが、信用金庫等の商人性を有しない協同組織金融機関ではどうかという問題が依然として残る。

関連条文　商五二一条、民執一九五条、民再五三条二項

▼**評釈**――田中秀幸・曹時六五巻一一号

債務者の破産手続開始と商事留置権

51 最3判平成10・7・14民集五二巻五号一二六一頁

関連条文 商五二一条、破六六条一項・同三項

商事留置権の留置的効力は破産手続後も存続するか。

事実 A社から手形割引を申し込まれたY銀行は、信用照会の結果を見てから割引を実行するべく、手形を一旦預かった。その後Aは銀行取引停止処分を受け、破産手続が開始されたため、Yに対する貸付金債務については銀行取引約定により期限の利益を喪失した。Aの破産管財人XはYに同手形の返還を求めたが、Yはこれを拒絶し、同手形の支払期日に手形交換によって取り立て、Aに対する貸付金債権の弁済に充当したため、XがYに対して不法行為に基づく損害賠償を求めて訴えを提起した。一審がXの請求を棄却したため、Xが控訴した原審では、Yが手形の返還義務を負うにもかかわらずXからの返還請求に応じなかったのは違法であるとしてXの請求を認めたため、Yが上告したのが本訴である。

裁判所の見解 破産財団に属する手形の上に存在する商事留置権を有する者は、破産宣告後においても、右手形を留置する権能を有し、破産管財人からの手形の返還請求を拒むことができるものと解するのが相当である。そうすると、商事留置権を有するYはAに対する破産手続開始決定後においても、Xによる本件手形の返還請求を拒絶することができ、本件手形の占有を適法に継続しうるものというべきである。本件事実関係の下においては、Yは、銀行取引約定書四条四項による合意に基づき、本件手形を手形交換制度によって取り立ててAに対する債権の弁済に充当することができる。

解説 本判決は破産後の商事留置権について、破産法九三条一項前段（現破六六条一項）が、他に破産宣告によって右留置権能を消滅させる旨の明文の規定が存在しないこと、および、同条項が商事留置権を特別の先取特権とみなして優先弁済権を付与した趣旨に照らせば、破産管財人に対する関係においては、商事留置権者が適法に有していた手形に対する留置権能を破産手続開始決定によって消滅させ、これにより特別の先取特権の実行が困難となる事態に陥ることを法が予想しているものとは考えられないことを理由として、留置的効力を認めて、最高裁としていわゆる留置的効力存続説をとることを明確にし、さらに占有を継続するだけでなく、銀行取引約定書四条四項を、銀行が満期が未到来の手形について適法な占有権原を有し、かつ特別の先取特権を有するという、担保物権がある場合における、銀行が手形の取立てを行い、自己の債権の弁済に優先充当しうる旨の合意と捉えており、この解釈が本件のように破産手続開始決定後だけでなく、民事再生手続開始決定後の手形の取立金に対する商事留置権についても同様に解する判例（50判決）の基礎となっている。

▼**評釈**――伊藤靖史・商百選47

非商人たる保証人の求償権と商事消滅時効

52 最2判昭和42・10・6民集二一巻八号二〇五一頁

信用保証協会の求償権の消滅時効期間は何年か。

事実　X信用保証協会は、A社がB銀行から一〇〇万円を借り受けるにあたり、連帯保証人Y_1 Y_2らの委託を受けて、前記債務の保証をしたが、A社が弁済期経過後も前記債務を弁済しなかったため、B銀行の請求に対して、元本および利息を弁済し、求償権を取得して、それに基づきY_1 Y_2に対して未償還額の支払を求めて訴えを提起した。一審はXの請求を認容したが、原審が求償金債務が商法五二二条の適用により時効消滅したとしてXの請求を棄却したため、Xが上告。

裁判所の見解　Xは商人の性質を有しないが、本件保証は商人である主債務者Aの委託に基づくのであるから、保証人自身は商人でなくても、その保証委託行為が主債務者の営業のためにするものと推定される結果、保証委託契約の当事者双方に商法の規定が適用されることになり、本件求償権がXにおいて前記保証委託契約の履行として、保証人である立場において、主債務者等に代わって弁済したことによって発生するものであることおよび商法五二二条の「商行為ニ因リテ生シタル債権」が迅速結了を尊重する商取引の要請によって設けられたことを考えれば、商人でないXのした弁済行為自体は商行為に当たらないとしても、本件求償権は、商法五二二条のいわゆる商事債権として短期消滅時効の適用を受けるものと解するのが相当である。

解説　信用保証協会は、中小企業等が金融機関から融資を受ける際に、その債務を保証することを主たる業として、信用保証協会法によって設立される公益法人で、営利性がなく、法定業務も基本的商行為ではないことから一般に商人性を有しないものと解されている。商法五二二条の商行為は、双方的商行為や一方的商行為だけでなく、当事者の一方にとって絶対的商行為であってもよく、商行為によって生じた債権とは意思表示に基づく商行為によって直接生じた債権だけでなく、商事取引関係の迅速解決を図ることを立法趣旨とすることに鑑みて、その変形したもの、またはこれと実質上同一視すべきものも含むと解するのが通説である。判例も、商行為によって生じた債務の不履行による損害賠償請求権（大判明治41・1・21民録一四輯一三頁）から、商行為たる契約の解除権（大判大正5・5・10民録二二輯九三六頁）、解除による原状回復請求権（最3判昭和35・11・1民集一四巻一三号二七八一頁）といった、商行為によって生じた債権に準ずる債権まで商法五二二条の適用を拡張してきたが、不当利得返還請求権についてはその拡張を否定している（53判決）。なお民法の改正要綱案では商法五二二条の削除が予定されている。

▼**評釈**――北村雅史・商百選48

関連条文　商五二二条

利息制限法違反による返還請求権と消滅時効

53 最1判昭和55・1・24民集三四巻一号六一頁

関連条文 商五二二条、民七〇三条

不当利得返還請求権の消滅時効は何年か。

事実　遊技場を営むXは、Yから昭和三九年四月三〇日、店舗購入資金として七〇〇〇万円を利息月七分、弁済期昭和四〇年四月三〇日とする旨の約定で借り入れた。翌月から、Xは、毎月末に利息四九万円を支払い、弁済期日に元本分として七〇〇〇万円を支払った。昭和五〇年一月三〇日、Xは、Yに対して、利息制限法所定の利率を超過する部分の支払利息を元本に充当した結果生じた五七〇〇万円を超える金額の過払金を不当利得として、返還を求める訴えを提起した。一審がXの請求を全面的に認めたため、YがXの不当利得返還請求権は商法五二二条の消滅時効にかかると主張して控訴したところ、原審が民法一六七条一項により消滅時効期間は一〇年であるとして時効の完成を否定したので、Yが上告。

裁判所の見解　「商法五二二条の適用又は類推適用されるべき債権は商行為に属する法律行為から生じたもの又はこれに準ずるものでなければならないところ、利息制限法所定の制限をこえて支払われた利息・損害金についての不当利得返還請求権は、法律の規定によって発生する債権であり、しかも、商事取引関係の迅速な解決のため短期消滅時効を定めた立法趣旨からみて、商行為によって生じた債権に準ずるものと解することもできないから、その消滅時効の期間は民事上の一般債権として民法一六七条一項により一〇年と解するのが相当である。」

解説　本判決には、商事契約の解除による原状回復義務が商事消滅時効にかかるとするのが判例であり、法律上の原因によらない利得の返還という点では本質的に不当利得返還義務にほかならない等として、本件事案は商事消滅時効によるべきとする二名の裁判官の反対意見があり、本判決の先例としての位置づけに疑問を示す学説もあったが、その後、不当利得返還請求権の消滅時効が争われた事案において、最高裁は全員一致で本判決と同様の判断を下しており（最2判平成3・4・26判時一三八九号一四五頁）、さらに利息の利率についても民事法定利率によるべきとしている（46判決）ことからも、判例は商行為によって生じた債権に準ずる債権という基準の修正を図ったものと解される。なお、民法の改正要綱案で商法五二二条の削除が予定されており、改正民法施行後はこのような問題は生じなくなるようにも一見思われるが、前掲平成3年判決は不当利得の成立自体が疑わしい事案であり、不当利得を類型的に捉え、矯正法的不当利得類型においては表見的法律関係にかかる時効を不当利得的清算関係へも適用すべきという考え方に立てば保険法の消滅時効の適用可能性が残る。

▼**評釈**——丸山秀平・商百選49

確定期売買……尼崎特殊社交飲食業組合事件

54 最2判昭和44・8・29判時五七〇号四九頁

関連条文 商五二五条、民五四二条

売買契約が「確定期売買」とされ、所定の時期の経過により解除されたとみなされるのはどのような場合か。

事実 土地の転売を業とするYは、同業者で特殊社交飲食業組合の理事長でもあったAに特飲街の用地を昭和三〇年二月九日に売却した。特飲街をつくるという事情があったために相場を相当に下回る価格でその土地を売却することにYは応じたのであるが、いつまでも安価な土地の提供に拘束されるのは不本意であったために、代金全額を同年三月一〇日までに支払うことをAに約束させた。しかし、Aはその日までに代金を支払わずにその土地をXに転売した。

Xは、その土地の所有権移転登記手続をYに求めて本訴を提起した。原審はYA間の売買契約は「確定期売買」であり、Aが支払期日に未払いであったためにその契約は解除されたとしてXの請求を斥けた。そのためにXが上告した。

裁判所の見解 上告棄却。「商人間の売買において、当事者の意思表示により、一定の日時または一定の期間内に履行をなさなければ、契約をなした目的を達することができないときは、その売買は確定期売買と解すべき」である。

解説 売買などの双務契約において当事者の一方が履行遅滞に陥ると、相手方は相当の期間を定めて履行を催告し、その期間内に履行がなければ契約を解除することができる（民五四一条）。ただし、一定の時期までに履行されないと目的が達せられない契約（いわゆる「定期行為」）では、当事者の一方が履行せずにその時期を経過した場合には、相手方は履行を催告せずに直ちに契約を解除することができる（民五四二条）。すなわちその場合には、相手方は履行の請求か契約の解除かを選択することができる。しかし、その定期行為が商事売買（いわゆる「確定期売買」）であれば、直ちに相手方がその履行を請求しない限り相手方による解除の意思表示を待たずに契約は解除されたものとみなされる（商五二五条）。

確定期売買は「売買の性質」による場合（絶対的定期行為）と「当事者の意思表示」による場合（相対的定期行為）がある（商五二五条）。ただし、後者の当事者の意思表示の判断は場合により微妙である。本判決でも本件の売買は当事者の意思表示による「確定期売買」であるとされているが、それは支払期日の設定だけを理由にしたのではなく、その支払期日が安価な売却の前提であったことを理由にしたものと解される。

なお、「確定期売買」は商人間の売買に限定されるのか、それとも当事者の一方が商人であれば足りるのかについて学説は分かれている。Xは上告理由でこの点も問題にしたが、本判決はYAとも商人と認定しこの問題について判断しなかった。

▼**評釈**——尾崎安央・商百選50

商人間における売主の担保責任と買主の検査・通知義務

55 最2判昭和29・1・22民集八巻一号一九八頁

関連条文 商五二六条、民五六六条・五七〇条

商人間の売買において目的物に瑕疵があった場合に、買主による代金の減額請求は認められるか。

事実 運送業者Yは、昭和二三年九月一七日に自動車の修理・売買仲介業者Xから中古のトラック一台を購入した。Yはその代金二五万円のうち一五万円を即時に支払った。しかし、そのトラックにはタイヤの焼けつき、ラジエータその他の部分品の破損があり、Yは昭和二四年二月二〇日頃にXにそれらの瑕疵があることを通知して、代金を一〇万円減額すべき旨の意思表示をした。その後、Xは残代金の支払を求めて本訴を提起した。それに対しYは、すでに代金減額の意思表示をしており残代金の支払義務はないと抗弁した。

原審は、民法上、売買の目的物に瑕疵がある場合に買主による代金減額の請求は認められないことを理由にYの抗弁を斥けた。Yは、民法の特別法である商法五二六条の規定により、目的物に瑕疵がある場合にも買主による代金減額の請求が認められると主張して上告した。

裁判所の見解 上告棄却。「商法五二六条は以上民法で認められた売買の担保責任に基く請求権を保存するための要件に関する規定であって、民法の規定するところ以外に新な請求権をみとめたものではない」。

解説 売買の目的物に瑕疵または数量不足がある場合には、売主は買主に対し担保責任を負う（民五六三条-五六六条・五七〇条）。しかし、商人間の売買では、売主が不安定な地位に置かれることを回避し、商取引の迅速性を確保するために買主に検査・通知義務が課されている。すなわち、買主は目的物の受領後に遅滞なくそれを検査しなければならず（商五二六条一項）、目的物の瑕疵または数量不足を発見した場合には直ちに売主にその旨を通知し、直ちに発見できない瑕疵も六ヶ月以内には売主に通知しないと、売主が悪意の場合を除いてその瑕疵または数量不足を理由にした契約解除、代金減額請求または損害賠償請求はできなくなる（同条二項・三項）。この商法五二六条の規定が売主の担保責任にかかる民法規定の補充規定であることを確認した点に本判決の意義がある。

民法は確かに、数量不足の場合（民五六五条・五六三条）とは異なり、目的物に瑕疵がある場合には、買主に契約解除と損害賠償請求だけを認めており、代金減額の請求は認めていない（民五七〇条・五六六条）。しかし、売主による代金支払の請求に対する買主による減額の主張は、損害賠償請求権との相殺の主張であると解することもできるのであり、「損害賠償」の主張がないという理由だけでYの主張を否定した本判決は学説により批判されている。

▼**評釈**――後藤紀一・商百選（三版）54

商人間における売主の債務不履行責任と買主の検査・通知義務……光工業株式会社事件

56 最3判昭和47・1・25判時六六二号八五頁

関連条文　商五二六条

商人間の売買で買主が売主に完全履行を請求する場合に、買主は検査・通知義務（商五二六条）を負うのか。

事実　暖房機器の製造販売業者であるX（光工業）は、種苗卸売業者であるYにビニールハウス内に設置して使用する暖房機ライトバーナーを売却した。しかし、この暖房機はタンクに亀裂が生じる不良品であり、Yの転売先から多数の返品がYにあった。Xによる代金支払の請求に対し、Yは一審では損害賠償請求権との相殺の抗弁を主張した。原審ではその抗弁をYは撤回し、目的物に隠れた瑕疵がありXに債務の本旨に従った履行がないことを理由に支払義務を負わないと主張した。原審は、解除権の行使その他の代金債務の消滅原因になるべき権利抗弁または事実関係の主張がYにはないことを理由にXの請求を認めた。そのために、Yが上告した。

裁判所の見解　上告棄却。商人間の売買において目的物に瑕疵があったとしても、買主は商法五二六条一項（現五二六条一項・二項）の規定が定める検査・通知義務を履行しないときには売主に対し完全な給付を請求することはできない。

解説　売買の目的物に瑕疵があった場合には、売主の「債務不履行責任」に基づく損害賠償請求（民四一五条）、完全履行請求または契約解除（民五四一条）と、売主の「担保責任」（民五六一条以下）に基づく契約解除、損害賠償請求または代金減額請求とが問題になりうる。ただし、目的物が不特定物である場合に買主が追及できる責任が債務不履行責任であるのか担保責任であるのかについて民法学説の見解は対立している。とりわけ、債務不履行責任には、担保責任における責任追及の短期の期間制限（民五六四条・五六六条三項）がない点が問題にされた。ただし、その場合の売主の責任は債務不履行責任であると解する学説も、信義則または民法五六六条三項の規定の類推適用などによる期間制限により売主の保護を図っている。判例は、一定の条件の下で買主が売主の債務不履行責任を追及できないことになる場合を認めている（最2判昭和36・12・15民集一五巻一一号二八五二頁）。

他方で、商人間の売買において目的物に瑕疵があった場合には、商法五二六条の規定が買主に検査・通知義務を課して売主の保護を図っている（55判決の解説参照）。最高裁は55判決では、同条は担保責任にかかる民法規定の補充規定であるとした。本判決は、売主の債務不履行責任が追及される場合にも同条が適用されることを最高裁が確認した点に意義がある。債務不履行責任についても売主を保護する必要はあり、学説も一般に本判決の結論を支持している。

▼**評釈**——山手正史・商百選52

商人間の不特定物売買と買主の検査・通知義務……紋珠岳炭鉱株式会社事件

57 最2判昭和35・12・2民集一四巻一三号二八九三頁

関連条文　商五二六条

商人間の不特定物売買において、買主は検査・通知義務（商五二六条）を負うのか。

事実　石炭の採掘・販売を業とするX（紋珠岳炭鉱）は昭和二八年八月一二日にYとの間で、品質紋珠洗粉炭の三三〇トンの石炭を一三五万三〇〇〇円の価格でYに売り渡す旨の契約を締結し、同月二五日に三三〇トンの石炭をYに引き渡した。Yはその石炭を転売先であるAに納入する際に、Aの指摘によりその石炭の品質が粗悪であることに気づいた。そこでYはその事実を同年九月初旬にXに指摘し、Xには石炭代金のうち六八万八〇〇〇円だけを支払った。

そのためにXは、代金残額と遅延損害金の支払を求めて本訴を提起した。Yは、本件石炭が粗悪品であったために転売代金の値引きにより損害を被ったとして、それによる損害賠償請求権とXの残代金債権との相殺を主張した。しかし、原審は商法五二六条一項（現五二六条一項・二項）の規定を適用し、石炭の品質は分析により容易に検査できる以上、その瑕疵は受領後直ちに売主に通知しなければならず、Yの通知は時機を失していたとしてYの相殺の抗弁を認めなかった。そのために、Yは、商法五二六条の規定の適用は特定物の売買の場合に限定されると主張して上告した。

裁判所の見解　上告棄却。「商法五二六条の規定は、不特定物の売買の場合にも、適用がある」。

解説　売買の目的物に瑕疵がある場合には、売主の債務不履行責任と担保責任とが問題になりうる（56判決の解説を参照）。ただし、そのような場合でも、商人間の売買については商法五二六条の規定が買主に検査・通知義務を課して売主の保護を図っている（55判決の解説を参照）。しかし、民法の従来の通説に従って担保責任の成立を特定物の売買の場合に限定し、さらに55判決に従って商法五二六条はこの担保責任にかかる民法規定の補充規定であると解すると、同条の適用は特定物の売買の場合に限定されることになる（Yの上告理由）。本判決は同条の適用がそのようには限定されないことを、大判昭和2・4・15民集六巻二四九頁に次いで最高裁としても確認した点に意義がある。不特定物の売主である商人も同条により保護する必要はあるため、学説もこの結論を支持している。

もっとも本判決は、Yが主張した損害賠償請求を担保責任の追及と捉えて不特定物の売買の場合にも担保責任の成立を認めたのか、それとも、債務不履行責任の追及と捉えてその場合にも商法五二六条の規定の適用を認めたのかは明らかではない。後に56判決が、債務不履行責任の追及にも商法五二六条の規定が適用されることを確認している。

▼**評釈**――黒沼悦郎・商百選51

目的物に関する瑕疵の通知義務を履行した買主の権利……野村祐株式会社事件

58 最3判平成4・10・20民集四六巻七号一一二九頁

関連条文　商五二六条、民五七〇条・五六六条三項

通知義務を履行した買主の損害賠償請求は、いつまでにどのようになされるべきか。

事　実　X_1株式会社は、昭和五四年九月二七日にY_1株式会社からパンティー・ストッキングを購入した。同年末から翌五五年初めにかけて転売先から苦情を受けたため、転売先から取り寄せて検査をした結果、本件商品に瑕疵のあることが判明した。X_1社はその旨を直ちにY_1社に通知した。X_1社は、転売先からの値引きの要求に応じざるをえず損害を被った。

X_1社の破産管財人X_2は、昭和五八年一二月七日にY_1社およびその親会社Y_2株式会社に対して本訴を提起し、本件商品に関する瑕疵担保責任に基づき損害賠償を求めるなどした。Y_1社はX_1社の検査・通知義務違反を主張したが、一審、原審はその主張を退け、X_2の請求を一部認容した。Y_1社による上告後、X_1社の破産廃止決定がなされ、X_1社がX_2の地位を承継した。

裁判所の見解　破棄差戻。商法五二六条は買主の権利行使の前提要件を規定したにとどまり、買主の権利の内容およびその消長については、民法の一般原則による。

解　説　商人間の売買では、買主は、目的物の受領後遅滞なく検査し（商五二六条一項）、瑕疵を発見した場合（直ちに発見できない瑕疵は六か月以内に発見した場合）には直ちに売主に通知しないと、損害賠償の請求ができなくなる（同条二項）。この通知は、瑕疵の種類、大体の範囲を明らかにすることで足りる（大判大正11・4・1日民集一巻一五五頁）。

商法五二六条は民法の瑕疵担保責任の特則である（本件のような不特定物売買にも適用がある。57判決）。本判決は、同条は民法の瑕疵担保責任に基づく請求権を保存するための前提要件にすぎないとするそれまでの判例（55判決）・学説を踏襲した上で、検査・通知義務を履行した買主の権利の内容およびその消長は民法の一般原則によることを確認した。

民法の一般原則によれば、買主は事実を知ったときから一年以内に損害賠償を請求しなければならない（民五七〇条・五六六条三項）。この期間の性質および請求権の保存方法につき学説に対立があった。本判決は、一年の期間制限は除斥期間であり、請求権の保存のためには売主の担保責任を問う意思を裁判外で明確に告げることをもって足りるとし、後者の点につき、少なくとも具体的な瑕疵の内容、損害賠償請求の意思、損害額の算定根拠等を示す必要があるという判断基準を示した。

民法（債権関係）改正の議論では、買主は契約不適合を知ったときから一年以内に売主にその旨を「通知」することで足りるとして、請求権の保存の要件が緩和されている（法律案五六六条）。商法五二六条との関係が今後整理される必要がある。

▼**評釈**――道野真弘・商百選53

介入取引の性質

59 大阪地判平成1・3・10判時一三四五号一〇〇頁

関連条文　民一条

介入取引の法的性質とは何か。

事実　商社であるY株式会社は、A株式会社およびB株式会社から介入取引の依頼を受け、A社から綿布等を購入しそれをB社に転売するという継続的供給取引を開始した。本件取引では、綿布等がA社からB社に直接送付されることになっていた。そのためY社は、B社が作成した貨物受領証に基づき、A社に対し約束手形を振り出し売買代金債務の支払いを行った。しかし実際には、A社・B社間で綿布等の引渡しは行われておらず、Y社の担当者は後にそのことを知った。

Xは、Y社に対するB社の売買代金債務につきY社と連帯保証契約を締結していたが、保証債務の支払いのため、約束手形・小切手をY社に振り出した。その後Xは、本件取引は架空売買でありB社はY社に対し売買代金債務を負っていなかったとして、不当利得返還請求権に基づきY社が所持するX振出しの約束手形の引渡しなどを求めて、本訴を提起した。Y社は残代金等の支払いを求め、反訴した。

裁判所の見解　Xの請求一部認容・Y社の反訴認容。本件取引は、経済的実質においては商社による売主・買主への金融の便宜の供与を目的とするものであるが、法的形式においては売主・商社間および商社・買主間でそれぞれ売買契約が締結されているものとするのが相当である。

解説　介入取引とは、すでに成立した売買契約に商社が介入し、商社が売主から商品を買い上げてこれを買主に転売する形式をとるものであり、売主としては商社の手形を取得して資金繰りの便宜を得、商社としてはそれにより口銭を得る等の利益を受ける（大阪地判昭和47・3・27判時六八四号七六頁）。このように介入取引は金融取引としての性格も有するが、本判決を含め多くの裁判例は、介入取引を売主・商社間、商社・買主間の売買契約として法律構成してきた。

こうした介入取引では、商社は通常、商品の引渡しには関与せず、商品は売主から買主に直接引き渡される。しかし売買の形式をとる以上、商社は買主に対して商品の引渡義務を負う（民五五五条）。本判決もそうした理解を前提としつつ、商社が買主の貨物受領証を信頼してこれに基づき経済的出捐をしたという点を採り上げて、買主（およびその保証人）が同時履行の抗弁権を主張して代金の支払いを拒むことは信義則上許されない（民一条）と判示した。他の裁判例も同様の構成をとる。

介入取引が、買主から売主に商品が売り戻される循環取引や、商品の引渡しを伴わない架空取引に発展することも多い。商社としては、売買契約の成否を争うか信義則違反を主張するかして売主・買主の請求を退けることが考えられる。

▼**評釈**——宮廻美明・商百選55

荷渡指図書による寄託台帳の書換え……丸和畜産工業株式会社事件

60 最3判昭和57・9・7民集三六巻八号一五二七頁

関連条文 民一八四条・一九二条、商五九七条

荷渡指図書に基づく寄託者台帳の書換えが指図による占有移転にあたり、その占有移転に民法一九二条が適用されるか。

事実　A株式会社はB社から豚肉を輸入するに際し、代金決済後に船荷証券を取得し豚肉の所有権を取得する旨の約定をしていた。しかしA社は、運送人Y社から保証渡しによりその引渡しを受け、倉庫業者C株式会社に寄託した。

豚肉はA社からD有限会社、D社からX株式会社に転売された。その引渡しのため、A社およびD社はそれぞれC社宛に、この豚肉を買受人に引き渡すことを依頼する旨を記載した荷渡指図書を発行し、その正本をC社に、副本を買受人に交付した。C社は売主の意思を確認したうえで、寄託者台帳上の寄託者名義をA社からD社、D社からX社に変更した。

Y社はB社から保証渡しに基づく責任を追及され、損害金を支払い船荷証券を回収した。豚肉の所有権を主張するY社に対し、X社は、即時取得により所有権を取得したとして、豚肉（換価後は換価代金）の所有権を有することの確認訴訟を提起した。一審、原審がX社の請求を認容したため、Y社上告。

裁判所の見解　上告棄却。X社が寄託者台帳上の寄託者名義の変更によりD社から豚肉につき占有代理人をC社とする指図による占有移転を受けることによって民法一九二条にいう占有を取得したとする原審の判断は正当である。

解説　荷渡指図書は、発行者が物品保管者に宛て、所持人に対し証券記載の物品を引き渡すことを委託する内容の証券である。①自己宛（倉庫営業者が履行補助者に宛てたもの）と他人宛（寄託者が倉庫営業者に宛てたもの）があり、他人宛には受寄者の②副署のあるものと③ないものがある。

本件の荷渡指図書は③である。原審は、本件当時（昭和四八年）の京浜地区の冷蔵倉庫業界では、倉庫業者は売主が発行する正副二通の荷渡指図書のうち一通の呈示・送付を受けると、売主の意思を確認して寄託者台帳上の寄託者名義を変更し、売買当事者間ではこの名義変更により目的物の引渡しが完了したものとすることが広く行われていたと認定した。本判決はこうした名義変更に指図による占有移転の効力を認め、この占有移転に民法一九二条の適用があるとした原審判決を是認した。

判例・通説はこれまで、荷渡指図書に物権的効力はなく、その交付・呈示には指図による占有移転の効力はないと解してきた（最1判昭和48・3・29判時七〇五号一〇三頁）。本判決はその立場に立った上で、本件のような荷渡指図書に基づく寄託者台帳の名義変更に指図による占有移転の効力を認めたにすぎない。また、民法一九二条の適用についても、本判決の射程が指図による占有移転全般に及ぶとは解されていない。

▼**評釈**――栗田和彦・商百選56

動産売買の先取特権……株式会社桑原商店事件

61 最1判昭和62・4・2判時一二四八号六一頁

関連条文　民三〇四条・三一一条、民執一九三条

動産売買の先取特権に基づく物上代位権を有する債権者は、強制執行としての差押えにより優先弁済を受けられるか。

事　実　A株式会社は取引先B株式会社に商品を売り渡し、B社はそれをC株式会社に転売した。A社の破産管財人Xは、B社との間でこの商品の売買代金について公正証書を作成して、それを債務名義としてB社のC社に対する転売代金債権を差し押さえた。その後、B社に対して貸付金債権を有するY_1・Y_2・Y_3銀行も、B社のC社に対するこの転売代金債権を差し押さえた。そこで、C社は差押えの競合を理由として、差押えに係る転売代金全額を供託した。執行裁判所は、供託金残金をXとYらの間で比例按分する配当表を作成した。

しかし、XはYらに優先して弁済を受けることができると主張して、配当表に異議を申し立てるとともに、残金全額の自己への配当を求めて本件配当異議の訴えを提起した。一審、原審ともXの請求を退けたため、X上告。

裁判所の見解　上告棄却。動産売買の先取特権に基づく物上代位権を有する債権者は、代位目的債権を自ら強制執行によって差し押さえた場合でも、競合する差押債権者等があるときは、配当要求の終期までに、担保権の存在を証する文書を提出して先取特権に基づく配当要求その他の先取特権行使の申出をしないと、優先弁済を受けることはできない。

解　説　動産売買の売主は買主に引き渡した目的物につき売買代金債権を被担保債権とする先取特権を取得する（民三一一条五号・三二二条）。買主が目的物を第三者に転売すると売主は目的物につき先取特権を行使できないが（民三三三条）、転売代金債権に対し先取特権を行使できる（物上代位）。売主は目的物の払渡し・引渡し前に差押えをする必要があり（民三〇四条一項但書）、差押えは担保権の存在を証する文書を裁判所に提出する方法による（民執一九三条一項後段）。

売主が物上代位権に基づく同条の差押えをしていれば、その後、買主の一般債権者が同一債権につき差押えまたは配当要求をしたとしても、売主は優先弁済権を主張できる。しかし本件では、先行する売主（破産管財人）の差押えは、同条による差押えではなく、債務名義に基づく強制執行としての差押えであった。そこで本判決は、売主が優先弁済を受けるためには、配当要求の終期までに担保権の存在を証する文書を裁判所に提出する必要があると判示した。配当要求の終期までとしたのは、競合債権者の按分弁済への期待を保護するためである。

なお、買主の一般債権者による差押えが先行する場合でも、売主は、同条による差押えをして優先弁済権を主張することができる（最2判昭和60・7・19民集三九巻五号一三二六頁）。

▼**評釈**――山本弘・商百選57

売買契約における解除特約の効力……新東亜交易株式会社事件

62 最3判昭和57・3・30民集三六巻三号四八四頁

関連条文　会更一条・三九条

売買契約における倒産解除特約は有効か。

事実　X株式会社はA株式会社との間で機械一台の売買契約を締結してそれを引き渡した。その売買契約では、代金は三〇回の分割払いとし、目的物の所有権は代金完済までX社に留保し、A社に手形不渡り、支払停止、破産・和議・会社更生の申立等の原因となる事実が発生したときはX社は無催告で契約を解除できる旨（倒産解除特約）約定されていた。

その後、A社は会社更生手続開始の申立てをし、裁判所はA社に弁済禁止の保全処分（会更三九条）を命じた。そのため、X社が代金支払のためにA社から交付を受けていた約束手形の支払も満期に拒絶された。そこで、X社は倒産解除特約を援用して、A社の手形不渡りおよび更生申立を理由とする解除の意思表示をA社に行った。X社は取戻権の行使として、A社の更生管財人Yに機械の引渡しを求めて本訴を提起した。

一審、原審ともX社の請求を棄却したため、X社上告。本判決は、①弁済禁止の保全処分が命じられた後に弁済期が到来しても、X社はA社の履行遅滞を理由として契約を解除することはできないとしたほか、次のように判示した。

裁判所の見解　上告棄却。②買主である株式会社に更生手続開始の申立の原因となるべき事実が生じたことを売買契約の解除事由とする旨の特約は、無効である。買主の倒産により生じる売主の損害を防止する手段として、倒産手続開始の申立等の事由が生じたことをもって売買契約の解除原因とする特約（倒産解除特約）が置かれることが多い。この特約は当初、契約自由の観点から有効とされていた。しかし、特定の債権者が倒産手続の基礎となる財産を奪取することのないように、無効説が有力に主張されるようになった。本判決もそれに従い、会社更生手続開始申立てを解除原因とする特約のある所有権留保売買につき、利害関係人間の利害の調整、会社の事業の維持更生という会社更生手続の趣旨・目的に照らして（会更一条）特約の効力を否定した。

解説　本判決の射程は、解除特約が用いられる他の取引、他の倒産手続との関係で議論されている。民事再生手続・破産手続では担保権が別除権とされているが（民再五三条、破六五条）、最高裁は近時、フルペイアウト方式のファイナンス・リース契約（所有権留保売買と同様に非典型担保の一つである）に関して、民事再生手続開始の申立を解除原因とする特約は、民事再生手続の趣旨・目的に照らし（民再一条）無効であると判示した（最3判平成20・12・16民集六二巻一〇号二五六一頁）。また、双方未履行双務契約の場合は、管財人等が有する解除権（会更六一条一項など）の保障の観点から無効と解されている。

▼**評釈**——三木浩一・倒産百選75

所有権留保売買の売主による目的物取戻しと権利濫用……尼崎日産自動車株式会社事件

63 最2判昭和50・2・28民集二九巻二号一九三頁

関連条文　民一条

所有権留保売買の売主はその契約を解除したときに、目的物の第三取得者に対してその引渡しを請求できるか。

事実　自動車のディーラーであるX株式会社は、そのサブディーラーであるA株式会社と協力して自動車を販売していた。Yへの販売でも、X社は自社のセールスマンの派遣、諸手続の代行などの協力をした。こうして、YはA社から自動車を購入し、A社に代金を支払ってその引渡しを受けた。ところがX社・A社間の自動車の売買契約はその後締結され、そこでは、自動車の所有権は代金完済までX社に留保される旨が約定された。A社が代金の支払を怠ったため、X社はA社との契約を解除し、留保された所有権に基づきYに自動車の引渡しを求めて本訴を提起した。一審、原審とも権利の濫用に当たるとしてX社の請求を退けたため、X社上告。

裁判所の見解　上告棄却。X社の引渡請求は、本来自らA社との関係で負担すべき代金回収不能の危険をYに転嫁しようとするものであり、代金を完済したYに不測の損害を被らせるものであって権利の濫用として許されない。

解説　割賦販売などでしばしば用いられる所有権留保売買は、信用売買において売主が代金債権の回収を確保するための一手段である。そこでは、買主による代金の完済まで、売主は目的物の所有権を自己に留保するという約定がなされる。買主に代金債務の不履行があると、売主は自己の留保した所有権に基づき目的物を取り戻し、そこから代金債権を優先的に回収できる。ただし、所有権留保について適切な公示手段はなく、買主が目的物を転売してその第三取得者に即時取得（民一九二条）が成立すると、売主による目的物の取戻しは不可能になる。もっとも自動車には登録制度があり、即時取得は適用されない（最2判昭和62・4・24判時一二四三号二四頁）。本件ではこのためにX社の引渡請求の可否が問題になった。

本判決は、X社がA社の販売に協力し、他方Yは代金を完済していることなどを考慮して、X社の引渡請求を権利の濫用として否定した。本判決後も同趣旨の最高裁判決がある。本判決の結論に異論はみられないが、権利濫用という理由づけについては、X社（ディーラー）に目的物の所有権があることを認めるものであり、Y（ユーザー）の保護に十分でないと指摘されている。そのため、多数説はX社からA社に転売の授権があり、YはX社から直接に所有権を取得すると解している。このほか、自動車について即時取得の成立を認める立場、あるいは、X社が転売を容認していることから、信義則に基づきまたは民法三三三条の趣旨を類推して、留保された所有権の追及効が制限されると解する立場もみられる。

▼**評釈**――道垣内弘人・商百選59

交互計算に組み入れられた債権の差押え

64 大判昭和11・3・11民集一五巻三二〇頁

関連条文 商五二九条以下、民四六六条

交互計算に組み入れられた債権は差し押さえうるか。

事実 Y社はA所有の建物内で百貨店業を営み、Aはその洋服部門の業務を担当していた。AY間では、洋服部門の売上高の分配、Yの仕入れとAへの原価による提供等の約定と共に、半月ごとに両者間の債権債務を相殺して残高を支払う旨の交互計算契約が締結された。Aの債権者Xは、AのYに対する債権を差し押さえて転付命令を受け、Yに支払を求めたところ、Yは交互計算に組み入れた債権は譲渡性を有せず、これを差し押さえることはできないから、転付命令は無効であると抗弁した。

裁判所の見解 交互計算は、商人間または商人と商人でない者との間で平常取引をする場合において一定の期間内の取引より生ずる債権および債務の総額について相殺をし、その残額の支払をすることを約する契約であるから、当該契約が存続する限り、その当事者間における当該取引より生ずる債権債務は右の方法によってのみ決済されるべき運命にある。その当然の結果として、当事者は、商法に別段の規定あるもののほか、交互計算に組み入れた債権を個別に他人に譲渡し、当該項目を交互計算より除去する結果を生じさせることはできない。これは当該債権につき当事者間で特に譲渡禁止の契約をなしたことによるものではなく、したがって善意の第三者にも対抗することができる（民四六六条二項但書の不適用）。

解説 商人間または商人と商人ではない者で継続的に取引をなす場合、各当事者が個別の債権をいちいち弁済・相殺することは煩雑である上、互いの債権を継続的な取引の担保とすることができない。そこで、当事者間で個々の債権債務の支払を一定の期間据え置きとし（原則は六ヶ月。商五三一条）、その期間は相互に信用を与え合い、期末に債権債務の総額を一括相殺した上でその残額を支払うことにすればよい。これを交互計算（商五二九条）という。交互計算に組み入れられた債権を個別に行使または譲渡することは認められない（交互計算不可分の原則）。相互に信用を与え合う交互計算の基礎が失われるからである。しかし問題は組み入れ債権と知らずに譲渡を受けた第三者の保護である。判旨は、その債権が交互計算の下における取引により生じたことの当然の結果として善意の第三者にも譲渡の無効を対抗することができるとする。この立場では第三者の保護は、債権者代位権の行使により交互計算契約を解除する程度となる。これに対し、有力説は、交互計算には公示手段がなく、また、当事者が任意に差押禁止財産を作ることは許されるべきではないとして、当事者間には譲渡禁止の特約があるにすぎず、善意の第三者には対抗しえないとする。

▼**評釈**――高田晴仁・商百選80

スワップ契約の解除と顧客の損害賠償義務

65　東京高判平成9・5・28判タ九八二号一六六頁

関連条文　民四一六条・四二〇条

スワップ契約の中途解約によって生ずる損害賠償額はどのように算定するか。

事実　X銀行と顧客Yは、Yは日本円（想定元本一〇億円。年利二五・五％）により、Xはスペイン・ペセタ（同六・六億ペセタ、年利二六・五％）により、二年間、半年ごとに四回金利を相互に支払うことを約した。しかしYが二回目の支払期日に支払をしなかったため、Xは、契約解除の通知をした上で損害賠償の支払を求めた。原審は、二回目の決済金額のみを損害賠償額として認めたため、Xは、三・四回目の決済金につき、解約日当時の現在価値も損害であると主張して控訴した。

裁判所の見解　本件契約がYの債務不履行により解除されると、Xは、解除後に到来する各決済日において日本円とペセタの金利の交換を受ける地位を失い、右金利交換に伴う利益を受けることができないことになる。このような利益は、本件契約の履行によってXが将来得べかりし利益であり、その喪失による損害は、債務不履行に伴う通常の損害であって、特別の損害ということはできない。したがって、Yは、本件契約の解除によってXに生じた右の得べかりし利益の喪失による損害を賠償すべき義務がある。

解説　スワップ契約は、リスクヘッジなどを目的として、将来の一定期間にわたるキャッシュフローを交換する契約である。本件では、日本円とスペイン・ペセタの将来の金利を交換するスワップ契約が問題となったが、これは単純な交換契約などではなく、たとえ契約時の現在価値を等しく設定したとしても、約定の一定期間中、為替レートや金利の変動により、当事者に損得が生じる点に特色がある。いいかえれば、一方が将来得るべき「差額」がスワップ契約の現在の価値ということになる。

本件では、こうした継続的契約が解除された場合、未履行部分の損害額をどのように把握するかが争われた。判旨は、民法四一六条の損害賠償の一般的な理論に従い、当事者の将来得べかりし利益の喪失が通常損害として損害賠償の対象になるものとし、情報会社が公表する先物為替レートに基づいて、契約解除の時点でのスワップ契約の価値を算出し、これをXの損害として認めた。継続的契約においては、契約の目的物は、一定の時に複数回（本件では半年に一度で計四回）にわたって給付されるものの総体である。したがって、通常損害は、不履行となった一回の給付だけではなく、将来にわたる約定給付の全体額を算出し、契約時の価格との差額を損害として把握することが当事者の意思にかなうものと解される。

▼**評釈**――森田果・商百選81

匿名組合と民法上の組合の区別

66 大判大正6・5・23民録二三輯九一七頁

組合の事業を組合員のうち特定の者の名義で行う場合は、匿名組合か、民法上の組合か。他の組合員は事業上の債務につき責任を負うか。

事実 XYら五名は、名古屋米穀取引所において仲買事業を営む組合契約を締結し、仲買業を所管官庁の免許を受けたY名義で営んでいた。右の組合契約には、各組合員が出資義務を負い、営業財産については組合員が出資額に応じて権利義務を分担し、組合員の互選により業務執行員等の役員を置くなどの定めがあった。Xが組合の債権者から責任を追及されたため、XからYに対し、本件組合は匿名組合であり、Yのみが対外的に取引上の責任を負うと主張して損害賠償を請求したところ、Yは、右組合は民法上の組合であり、Xら他の組合員も責任を分担すべきであると抗弁した。

裁判所の見解 匿名組合の営業が当事者の一方の営業であって、相手方である匿名組合員は単にこれに出資して利益の分配を受けるにすぎないのとは異なり、本件組合の営業は、組合員の共同事業に属するものである。本件の組合契約は、仲買営業が組合事業であること、および、営業上の財産が組合員の共有に属することを前提とするが、この二点は匿名組合の性質と相容れない。ただし、本件組合では組合員の一人であるYに仲買営業をその名をもってなすことを委任しており、民法上の組合の業務執行者が自己の名をもって第三者と取引した場合には、業務執行者が単独で第三者に対し取引上の責任を負い、他の組合員は委任の法則に従って業務執行者に対し権利を有し義務を負うにすぎない。

関連条文 商五三五条・五三六条四項、民六六七条・六六八条・六七〇条二項

解説 匿名組合とは、当事者の一方（匿名組合員）が相手方の営業のために出資をし、その営業から生ずる利益を分配することを約する契約である（商五三五条）。匿名組合員の出資は営業者の財産に帰属し（商五三六条一項）、営業者のなす取引について匿名組合員は権利義務を有しない（同条四項）。これに対して、民法上の組合は、各組合員が出資をして共同の事業を営むことを約し（民六六七条）、債権債務を含む組合財産は、総組合員の共有に属する（民六六八条）。前者が営業者とその出資者との契約関係であるのに対して、後者は出資者みなが営業者となる契約である点で、同じ「組合」といっても大いに異なる。特に対外的な取引上の責任については、本件のYのように、単独の名義で組合の営業を遂行した場合、匿名組合ならば営業者として責任を負い、民法上の組合では、原則として組合員全員が責任を負う。しかし判旨は、民法上の組合においても、業務執行者に自己名義で営業をなすことを委任した場合には、その者が対外的責任を単独で負うとした。

▼**評釈**——菅原菊志・商百選（二版）63

匿名組合と消費貸借の区別

67 最2判昭和36・10・27民集一五巻九号二三五七頁

関連条文 商五三五条・五三九条・五四二条、民五八七条

匿名組合として認められるためには、当事者にいかなる意思があることが必要か。

事実　国際貿易等を目的とするA株式会社は、破産に至るまで、有利かつ確実な利殖方法であるとして新聞・ラジオ広告を用いて事業資金を一般大衆から集めていた。税務署長Yは、A社が資金提供者へ支払った金員が当時の所得税法に規定する匿名契約等に基づく利益の分配金に該当するとして、A社の破産管財人Xに対して、右金員に関する源泉徴収所得税等を徴収する決定・通知を行った。Xは一般大衆と結んだ契約は匿名組合等に該当しないとして決定処分の取消しを求めて出訴した。

裁判所の見解　所得税法が「匿名組合に準ずる契約」としている以上、その契約は、商法上の匿名組合契約に類似するものがあることを必要とするものと解すべく、出資者が隠れた事業者として事業に参加しその利益の配当を受ける意思を有することを必要とする。本件の場合、出資者は金銭を会社に利用させ、その対価として利息を享受する意思を持っていたにすぎない。このような出資者の内心の意図のみならず、X社においても短期借入金と利息の支払として扱われていたのであって、客観的にも匿名組合に類似する点はない。

解説　匿名組合は、匿名組合員が営業者の営業のために出資し、その営業から生ずる利益を分配することを約する契約である（商五三五条）。これに対して、消費貸借契約は同種・同等・同量の物の返還をすることを約して借主が貸主から金銭その他の物を受け取ることによって成立する（民五八七条）。匿名組合員は、営業者の成績次第では利益の分配にあずかり、損失の負担を約束した場合には、出資の減少・全損のリスクを負う（商五四二条）のに対して、消費貸借契約の貸主は、借主に利息分も含めて確定的に債権を有し、ただ借主の支払不能のリスクを負うだけである。その反面、匿名組合員には消費貸借の借主と異なって監視権（商五三九条）を有する。したがって、両者の区別の基準としては、契約の趣旨からみて、単に元本の利用にとどまる場合は消費貸借と解し、ある程度企業参加の実質がある場合、殊に契約上出資者に監視権を認めている場合は、匿名組合と解すべきものとされる。本件は、所得税法の解釈適用として、匿名組合ではなく、消費貸借にとどまるものと判断された税務訴訟であるが、判旨のいう「出資者が隠れた事業者として事業に参加しその利益の配当を受ける意思」は匿名組合員の契約上の効果意思の内容を表しており、これと相手方の意思との客観的な合致が必要と明言された点で、商法上もリーディング・ケースというべきである。

▼**評釈**――濱田洋・租税百選16

航空機リース事業への投資を目的とする匿名組合

68 東京地判平成7・3・28判時一五五七号一〇四頁

関連条文　商三条・三五五条、民三四条

航空機リース事業への投資を目的とする匿名組合とは何か。

事実　不動産会社のX社は、航空機のリース事業を営むA社に出資する匿名組合契約を締結した。A社はY銀行の孫会社であって、本匿名組合のために設立されたペーパーカンパニーである。A社は長期借入金と出資金を元手に航空機を購入してこれを航空会社にリースし、長期借入金を返済するとともに、匿名組合員に利益・損失を分配するが、右の匿名組合の契約期間の前半は赤字となることが予定され、後半から収益を得る仕組みとなっている。これにより匿名組合員には、期間の前半に、本業の利益とリース事業への出資の損失とを損益通算して節税するメリットが生じる。X社はA社に中途解約を申し入れたが解除事由に該当しないとして拒否されたため、A社は法人格否認の法理を適用されるべきであるとして、Y銀行に対し、錯誤による契約の無効に基づく出資金の返還を求めた。

裁判所の見解　A社は、航空機一機を所有し、これを第三者に賃貸して収益を上げ、長期借入金を返済するとともに、損失を匿名組合員に分配するという経済的活動を行っている。したがって、そこには他と明瞭に区分されて独立した財産と、それによる営業とが存在する。確かにA社は、資本金も少額で、従業員も独自の事務所も存在せず、役員はY銀行の子会社の役員が兼務している状態で、会社の組織としては、全くのペーパーカンパニーである。しかしながら、本契約においては、このようなペーパーカンパニーがリース事業者となることは、法技術的に当初から予定されており、節税効果も、このようなペーパーカンパニーがリース事業者となるからこそ可能となるものである。その意味で、匿名組合員の都合で、A社の法人格を否認することは、本契約の大前提を揺がすものといわなければならない。

解説　匿名組合をめぐる紛争は税務関係のものが多数にのぼる（67判決）。というのは、当事者が匿名組合を利用する動機が、契約上の利益の分配であるよりは、税務上のメリットにあることが多いからである。本件は、八割の長期借入金を梃子（レバレッジ）として、二割にすぎない匿名組合員の出資の節税効果を大きくする方法（レバレッジド・リース）に基づく契約の構造が問題となった。一般の取引関係であれば、債務者であるペーパーカンパニーに法人格否認の法理を適用して債権者保護をはかる要請が強いといえる。しかし右リース契約では、当事者が狙いとする節税効果を実現するために、損益の帰属主体としてペーパーカンパニーを営業者とすることが合意されていたのであり、法人格否認の法理の適用はかえって右の契約内容と矛盾し、衡平に反する結果となる。

▼**評釈**――遠藤美光・商百選82

排除された仲介業者の報酬請求権

69 最1判昭和45・10・22民集二四巻一一号一五九九頁

仲介業者を中途で排除して当事者が直接に取引を成立させた場合、仲介業者は報酬を請求できるか。

事実　Y_1は、宅地建物取引業者Xに、Y_2らの所有する土地の所有権等の譲受けの仲介を依頼し、契約成立時の報酬の支払を約した。Xは、仲介の結果、Y_1Y_2の双方から売買価額の合意を取り付けたが、Y_1はその頃すでに自己の使用人にY_2らと折衝させ、Y_2らとの間で本件土地を買い受ける旨の契約を結んだ。そこで、Xは、自らの仲介による契約成立または民法一三〇条を根拠として、約定報酬の支払を求めて提訴した。

裁判所の見解　Y_1とY_2との間で成立した本件の土地売買契約は、Xの仲介活動と時期を接しており、その売買価額もXの仲介により間もなく合意に達すべき状態であったところ、XがY_1と下相談した価額を上回る価額で成立しているから、Y_1Y_2らは、Xの仲介による契約の成立を避けるため、Xを排除して直接当事者間で契約を成立させたものである。このようにY_1は契約成立という停止条件の成就を妨げたから、Xは停止条件が成就したものとみなして報酬を請求できる。

解説　商行為の媒介を業とする商人を仲立人という（商五四三条）。仲立人は、その媒介によって当事者間に契約が有効に成立し、当事者に結約書を交付した後でなければ、報酬を請求することができない（商五五〇条一項）。しかし、当事者が報酬の支払を免れるために、委任契約たる仲立契約を解除するなどして当事者が直接に取引を成立させた場合、仲立人の救済が問題となる。宅地建物取引業者は、商行為でない土地・建物の売買契約・賃貸借契約を媒介することが多いため、仲立人には当たらないが、媒介による契約成立をもって報酬請求権発生の条件とする場合には、同様の問題が生ずる。

判例・学説上、民法六四一条・六四八条三項・六五一条二項、商法五一二条などに、仲介業者の報酬（または損害賠償）請求権の根拠を求める見解も主張されてきたが、多くの下級審判例は民法一三〇条を援用してきた。媒介により契約成立が目前になっても当事者は個人的な事情で契約を締結しない自由があるから、媒介契約の解除に伴う損害賠償責任は認めるべきではないし、成功報酬としてその全額の支払が約定されている以上、寄与の程度に応じた相当額の報酬請求権を認めることは、当事者の意思に適合しない。報酬請求権発生の条件は実質的には媒介契約の目的の達成を意味し、必ずしも仲介業者による当事者間での契約書の手交である必要はないと解する余地もあるから、仲介業者の媒介により成立直前に至った契約と仲介業者を排除して締結された契約とに同一性が認められれば、端的に条件が成就したものと評価してよいのではないか。

▼評釈——齊藤真紀・商百選83

関連条文　民一三〇条、商五五〇条

委託者の指示に基づかない問屋の取引

70 最3判昭和49・10・15集民一一三号五頁

関連条文　商五五一条・五五二条

問屋が委託者の指示に基づかずに取引をした場合、その取引は有効か。

事実　Xは、商品取引所の取引員A会社に対してその外務員Yを介して小豆株の買建玉を依頼し、証拠金を差し入れたが、Yは、Xの承諾があったと偽ってA社に報告し、売買取引を繰り返した。そこで、XはYに対して、買建玉の売却により得べかりし利益金と証拠金の合計に相当する金額の損害賠償を求めて訴えを提起した。

原審は、A社がXに無断で取引をしても、その取引はXに対する関係では効力を有せず、Xとしては買建玉が依然として存在するものとしてA社に対して取引ないし清算を請求することができるので、Xに損害はないとして請求を棄却した。

裁判所の見解　破棄差戻。商品取引所の取引員が取引所において自己の名で売買取引をしたときは、委託者の指図に基づかない場合でも、取引自体は法律上の効力を生じ、委託者は取引員との関係でその取引による計算が自己に帰属することを否認できるにすぎない。したがって、取引員が、委託者の指図に基づかないで買建玉の反対売買をしたときは、買建玉は決済され、取引員が委託者の指図に基づく買建玉の売却に応じない限り、委託者としては、指図による買建玉の反対売買により得べかりし利益を喪失し、これと同額の損害を被ることがありうる。そして、その反対売買がその外務員の虚偽の報告により行われたときは、委託者は外務員に対してその不法行為に基づく損害賠償を請求することができる。

解説　問屋とは、自己の名をもって他人のために物品の販売または買入をなすことを業とする商人をいう（商五五一条）。証券取引所の会員たる証券会社や商品取引所の取引員は、問屋に当たる。問屋は、委託者の代理人としてではなく、自らが直接当事者となって物品の売買契約を締結するから、その法律効果（権利義務）は全て問屋に帰属する（商五五二条一項）。したがって、委託者は取引の相手方と直接法律関係を持たない。他方で、問屋による物品の売買契約は委託者の計算においてなされるから、その取引の経済的効果（損益）は委託者に帰属し、終局的な財産の変動は委託者に生ずる。受任者たる問屋は、善管注意義務をもって委託を実行しなければならず、委託者の指示があれば当然にそれに従うことを要するため、問屋が指示に反して委託を実行すれば、委託者はその経済的効果が自己に帰属することを否認できる（問屋が指値に反して売買をした場合につき、商五五四条参照）。しかし、経済的効果の帰属関係は取引の効力には影響を及ぼさないため、取引自体は有効であり、本判決もそれを確認した。71判決も参照。

▼**評釈**――森田章・商百選（三版）68

委託者の指示に基づかない信用取引と委託者の救済

71　最2判平成4・2・28判時一四一七号六四頁

関連条文　商五五一条・五五二条

証券会社の従業員の無断売買による差損・手数料を顧客の信用取引口座から引き落とすことは、顧客の損害となるか。

事実　Xは、Y証券会社の従業員Aの勧誘により株式信用取引口座を開設し、この口座を通じて約一年間にわたり頻繁に信用取引を行った。Xは、Y社に対して、その一部はAがXからの注文を受けずに行った無断売買であると主張し、手数料・売買差損として口座から引き落とされた金額につき損害賠償を求めて訴えを提起した。

一審は、Y社は、この口座をXの注文による取引の決済にのみ用いる義務を負い、これに違反した場合、債務不履行責任を負うとした。原審は、損害を否定して控訴を棄却した。

裁判所の見解　上告棄却。「証券会社の従業員が顧客の注文に基づかずに顧客の信用取引口座を利用して有価証券の売買をし、その結果生じた手数料、利息、売買差損などに相当する金員を顧客の信用取引口座から引き落とす旨の会計上の処理がされたとしても、右無断売買の効果は顧客に帰属せず、右処理は顧客が証券会社に対してする委託証拠金、売買差益金などの返還請求権に何らの影響を及ぼすものではないから、顧客に右金員相当の損害が生じたものということはできない。」

解説　問屋たる証券会社は、顧客からの委託に基づき顧客（委託者）の計算において証券取引を行うため、無断売買の経済的効果（損益）は顧客に帰属しない。したがって、証券会社は顧客に対して、売付証券の引渡しまたは買付代金の支払および売買手数料の支払を請求できない。その結果、無断売買による差損・手数料を顧客の信用取引口座から引き落としても、顧客は無断売買がなかった場合の残高について返還請求権を有し、引き落とし分は損害を構成しないことになる。

70判決では、商品先物取引における買建玉（決済未了の売買契約の数量を「建玉」といい、価格の上昇を狙って信用買いしている状態を「買建玉」、価格の下落を狙って空売りしている状態を「売建玉」という）の無断売却につき顧客の損害賠償請求が認められているが、これは、買付けは委託に基づくが売却は無断であった場合について、反対売買による清算が履行不能になったものとして、買建玉の適時の売却による逸失利益の賠償を認めたものである。これに対して、本件は、株式信用取引（顧客が委託証拠金または代用証券を担保に差し入れた上で、株式や資金を証券会社から借り入れて行う売買取引）において買付けと売却がともに無断であった場合について、口座残高の原状回復を求めるものであるが、それは無断売買による残高の変動自体を否定すれば足り、70判決とは事案が異なる。

▼**評釈**――森田章・商百選85

問屋が破産した場合の委託者の取戻権

72 最1判昭和43・7・11民集二二巻七号一四六二頁

関連条文　商五五二条、破六二条

問屋が破産した場合、委託者は買入物品について取戻権を行使できるか。

事実　XはA証券会社に対し、B会社株式の買付けを委託し、その代金を預託した。A社は株式を買い付けたが、その引渡しをしないまま破産宣告を受け、株券は破産財団に組み入れられた。そこで、Xは、A社の破産管財人Yに対して、株券の所有者として取戻権（破六二条）に基づき株券の引渡しまたは株券の時価相当額の賠償を求めて訴えを提起した。

原審は、委託者は破産宣告前に株式譲渡を受けていない限り取戻権を行使しえず、すでに交付した資金について一般債権者として権利を行使しうるにすぎないとした。

裁判所の見解　破棄差戻。問屋が委託の実行により取得した権利につき実質的利益を有する者は委託者であり、問屋の債権者はそのような権利までも一般的担保として期待すべきではないから、問屋が権利取得後これを委託者に移転しない間に破産した場合、委託者は取戻権を行使しうる。

解説　問屋契約は委任契約（民六四三条）であるから、商法に特別の規定がない限り、問屋と委託者との間には委任に関する民法の規定が適用される（商五五二条二項）。同項によれば代理に関する規定も準用されるが、これはいかなる意味かが問題となる。判例（大判大正12・12・1刑集二巻八九五頁）・通説は、問屋関係の経済的実質を考慮して、問屋と委託者との関係においては、問屋のなした売買の効果は当然に委託者に帰属すると解している。すなわち、委託者は問屋に対して、問屋のなした売買契約によって生じた権利が自己に帰属することを主張することができる。しかし、委託者は権利の帰属を第三者にも主張できなければ実際上意味がない場合がある。本件のように、問屋が買い入れた物品を委託者に引き渡す前に問屋が破産した場合、その目的物は破産財団に組み入れられるが、委託者は第三者たる破産管財人に対してその目的物の所有権が自己に帰属することを主張できなければ、委託者は目的物を取り戻すことができない。そこで、本判決・多数説は、問屋と委託者間の内部関係を第三者にも拡張し、第三者への対抗を肯定する。しかし、本判決は利益衡量に終始して理論構成が欠如しており、文理解釈としても無理がある。買入委託に基づき問屋が買い入れた物品の所有権は格別の移転行為なしに委託者に移転すると解する以上は、委託者が目的物の所有権の取得を第三者に主張できるか否かは対抗要件を具備しているか否かによって決まるはずであるから、問屋・委託者間の内部関係の拡張という不自然な構成によるべきではない。そこで、学説では様々な理論構成が試みられている。

▼**評釈**――大塚龍児・商百選86

73 投資者保護基金の補償対象債権

最1判平成18・7・13民集六〇巻六号二三三六頁

関連条文 金商七九条の二〇・七九条の五六

仮装の社債募集に応じて証券会社に払い込んだ金銭の返還債権は、投資者保護基金の補償の対象となるか。

事実 A証券会社は、B社らを発行会社とする社債を募集し、Xらがこれを引き受け、払込を行ったが、これらの社債発行会社は実体のない会社であり、社債募集は仮装されたものであった。その後A社が破産したため、Xらは投資者保護基金Yに補償金の支払を請求した。投資者保護基金は、証券業に係る取引に関して顧客が業者に預託した金銭・有価証券（顧客資産）の返還に係る債権について、破綻した業者に代わって補償金を支払うことになっているところ、Yは、Xらの払込金はB社らの計算に属し、A社に預託した金銭ではないとして、Xらの請求を拒んだため、Xらが提訴した。

裁判所の見解 本件各社債取引は、A社とXらとの間の取引であり、Xらが関与しないB社らとA社との間の社債募集取扱契約とは別個の取引であるから、同契約が不成立または無効であったとしても、そのことから当然に本件各社債取引が証券業に係る取引の該当性を有しないことにはならない。基金が設けられた趣旨に鑑みれば、証券業に係る取引には、証券会社が、証券業に係る取引の実体を有しないのに、同取引のように仮装して行った取引も含まれる。もっとも、上記趣旨からして、当該証券会社と取引をする者が、取引の際、仮装の事実を知っていたか、知らなかったことにつき重大な過失があるときには、証券業に係る取引の該当性が否定される。

解説 投資者保護基金制度は、会員たる証券会社が破綻した場合、証券会社が顧客資産の分別管理（金商四三条の二）を怠り、その返還が困難となりうることに鑑み、証券会社に債権を有する一般顧客に対する支払その他の業務を行うことにより、投資者の保護を図り、もって証券取引に対する信頼性を維持することを目的とする（金商七九条の二〇以下）。基金の補償対象債権は顧客資産（金商七九条の二〇第三項）の返還に係る債権であるが（金商七九条の五六第一項）、本判決は、基金制度の趣旨を徹底して、業者の仮装取引に関して払い込まれた金銭の返還債権もこれに当たるとした。その理論構成としては、使用者責任（民七一五条）における「事業の執行について」の解釈に関する外形理論を援用し、金融商品取引業（証券業）としての外観を基準としたものと評価されるが、これに対しては、基金と破綻証券会社の間には実質的監督関係は存しないし、社債取引の仮装につき基金に帰責性はないから、権利外観法理も援用できないと批判される。また、顧客資産の分別管理の補完としての基金制度は、分別管理とは無関係な詐欺的取引の被害者保護に親しむかという問題点も指摘される。

▼**評釈**――川口恭弘・商百選87

ワラントの投資勧誘と証券会社の説明義務違反による責任

74 東京高判平成9・7・10判タ九八四号二〇一頁

関連条文 金商三七条の三、金販三条・五条

証券会社は、どのような場合に顧客（投資者）に対する説明義務違反による損害賠償責任を負うか。

事実 Xは、Y証券会社からの勧誘により、ワラント（新株予約権）取引を約四年間に数百回にわたって継続的に行ってきたが、権利行使期間経過による権利消滅等によって合計二億円余の損失を出した。これは、Y社の従業員Aがワラント取引を勧誘するにあたって、ワラント取引の危険性を十分に説明しないで取引を強引に取り仕切った結果であるとして、Y社に対し、債務不履行責任または不法行為責任に基づく損害賠償を求めて提訴した。原審は、必要な説明がなかったとしても、Xは、ハイリターンの裏には常にハイリスクが潜んでいることを熟知できたとして、請求を棄却した。

裁判所の見解 「証券会社及びその使用人は、投資家に対し、証券取引の勧誘をするに当たっては、投資家の職業、年齢、証券取引に関する知識、経験、資力等に照らして、当該証券取引による利益や危険性に関する的確な情報の提供や説明を行い、投資家がこれについての正しい理解を形成した上で、その自主的な判断に基づいて当該証券取引を行うか否かを決することができるように十分説明する信義則上の義務を負うものというべきであり、証券会社及びその使用人が、右義務に違反して取引勧誘を行ったために投資家が損害を被ったときは、不法行為を構成し、右損害を賠償する責任がある」。

解説 リスクを伴う投資取引は、顧客（投資者）の自己責任で行うべきであるが、顧客と証券会社（金融商品販売業者）との間には情報格差があるため、証券会社は顧客に対して投資に関する十分な情報を提供し、顧客の適正な自己決定を担保することが必要となる。そこで、金融商品取引法が、金融商品取引契約の概要やリスク等を記載した契約締結前書面の顧客への交付を要求する（金商三七条の三）ほか、金融商品販売法は、業者の顧客に対する説明義務とその違反に関する損害賠償責任を定めている（金販三条・五条）。バブル崩壊後ハイリスクの投資取引（特に外貨建てワラント取引）をめぐって業者の責任が争われた下級審裁判例が数多く現われたが、本判決は、説明義務が法律上明文化される前の事案について、説明義務違反に基づく業者の不法行為責任を認めたものである。顧客の投資判断は業者の勧誘に多分に依存しているため、具体的なリスクにまで言及しないと説明義務違反が問われることになる。もっとも、説明義務違反があるからといって全損害を証券会社に転嫁できるとは限らない。本件でも、Xは、Aの判断に大きく依存し、投資家としての役割を十分に果たさなかったことが損害を拡大させたとして、五割の過失相殺を認めた。

▼**評釈**――梅本剛正・商百選88

適合性原則違反の投資勧誘と不法行為責任の成否

75 最1判平成17・7・14民集五九巻六号一二二三頁

関連条文　金商四〇条一号、金販三条二項

適合性の原則に違反する投資勧誘は不法行為を構成するか。

事実　X会社は、Y証券会社との間で、証券取引による余剰資金の運用を開始した。X社は取引証券の種類と金額を順次拡大し、Y社の担当者の勧誘により、買い取引を中心に日経平均株価オプション取引を始め、約定の損失発生により一旦取引を中断したが、その後再開した売り取引の結果、二億円以上の損失を被った。原審は、売り取引の特性に着目して、そのリスクを限定・回避するための知識・経験・能力を有しない顧客に対する勧誘は特段の事情がない限り適合性原則違反の違法行為となるとして、Y社の不法行為責任を肯定した。

裁判所の見解　本判決は、以下のように判示し、売り取引が高いリスクを伴うからといって当然に一般投資家の適合性が否定されるわけではないとした上で、X社には自己責任で取引を行う適性があったとして、Y社の不法行為責任を否定した。適合性の原則は、直接には公法上の業務規制であるが、証券会社の担当者が、顧客の意向と実情に反して、明らかに過大な危険を伴う取引を積極的に勧誘するなど、適合性の原則から著しく逸脱した証券取引の勧誘をして行わせたときは、当該行為は不法行為法上も違法となる。オプションの売り取引における顧客の適合性を判断するにあたっては、単にオプションの売り取引という取引類型における一般的抽象的なリスクのみを考慮するのではなく、具体的な商品特性との相関関係において、顧客の投資経験、証券取引の知識、投資意向、財産状態等の諸要素を総合的に考慮する必要がある。

解説　適合性の原則とは、証券会社等は顧客の知識・経験・財産の状況・投資目的等に照らして不適当な勧誘を行ってはならないという原則であり（金商四〇条一号）、自己責任原則の妥当しない分不相応な投資のリスクから投資者を保護するとともに、市場参加適格者のみによる公正な価格形成機能を担保するものである。この原則は、広義には、業者が顧客の属性に応じて必要な方法・程度の説明・注意喚起をする義務を意味するが（金販三条二項参照）、狭義には、ある特定の利用者に対してはどんなに説明を尽くしても一定の金融商品の販売・勧誘を行ってはならないことを意味する。適合性原則違反の私法上の効果は明らかでなかったところ、これに違反する勧誘により不法行為が成立すると判示する下級審裁判例が蓄積されてきており、本判決はその判断基準を明示した。本判決は狭義の適合性原則を前提としていると思われるが、適合性原則違反により顧客に自己責任を問えない投資の勧誘は直ちに不法行為となるはずであり、適合性原則から著しく逸脱した場合に限定することには疑問が残る。

▼**評釈**——川島いづみ・商百選89

運送人の責任の消滅と「悪意アリタル場合」の意義

76 最3判昭和41・12・20民集二〇巻一〇号二一〇六頁

関連条文 商五八八条・五八九条・五六六条

商法五八八条二項および五六六条三項における「悪意アリタル場合」とはどのような状態を意味するか。

事実　Aは荷送人Bとの間で、羊毛屑八五包をサンフランシスコから名古屋港まで運送する契約を締結した（海上運送契約）。昭和二六年四月四日、運送品を積載したC号が神戸港に入港し、AはY_1に対して運送品をD号に積み替える作業を依頼した（港湾運送契約）。Y_1が帆船の船主であるY_2に積替作業を行わせていたところ、Y_2の不注意により運送品のうち二九包が海中に落下した。Y_2が回収し洗浄したが、名古屋港到着後、荷受人Eの検査によって海水による浸損が確認された。同三〇年四月、AはEに対して約一八五万円を賠償し、合併によってAの権利義務を承継したXが、Y_1に対しては債務不履行、Y_2に対しては不法行為を理由として、Eへの賠償額と同額の賠償を求める訴えを提起した。これに対してY_1は、Aの現地代理店Fが、同二七年四月十六日、Y_1に対し運送賃等をなんら留保なく支払ったこと、損害発生日である同二六年四月五日から一年以上経過して請求が行われたことから、商法五八八条一項および五八九条に基づく責任の消滅を主張した。

裁判所の見解　商法五八八条二項および五六六条三項の「悪意アリタル場合」とは、運送人が運送品に損傷または一部滅失のあることを知って引き渡した場合をいう。

解説　商法五八八条一項によれば、荷受人が留保なく運送品を受け取り運賃等を支払った場合は、運送人の責任は消滅する。さらに、商法五八九条が準用する五六六条一項により、運送人の責任は運送品の受取りから一年で時効にかかる。ただし、例外的に運送人に「悪意」がある場合には、このような利益を得ることはできない（商五八八条二項・五六六条三項）。多数説によれば、この場合の「悪意」とは、滅失等を単に認識するだけでなく、故意にそれを生じさせ、または故意に隠蔽する意図をいうものと解される（モントリオール条約三一条四項は、詐欺による場合に責任消滅を認めない。また、倉庫業者の責任につき、宮崎地延岡支判昭和50・3・11判時七八二号八九頁）。これは、紛争の早期確定という制度趣旨を強調し、例外が認められる場面を限定するものである。実際、商法五六六条三項の「悪意」を本判決のように解すると、損害発生が明らかである全部滅失の場合、運送人は常に悪意となり、短期消滅時効を認めた意義が乏しくなる。これに対して近時では、商法五八八条は証拠保全の困難さを救済する規定であって、商法五六六条とは趣旨が異なるとする見解も有力である。この見解によれば、商法五八八条三項の「悪意」のみを本判決と同様に解すべきことになる。

▼**評釈**——小島孝・商百選（三版）71

貨物引換証の効力

77 大判昭和13・12・27民集一七巻二八四八頁

関連条文　商五七二条・五八四条

運送品の受取前に発行された貨物引換証は有効か。

事　実　X銀行は、A社を振出人、B等を支払人とする為替手形一〇通の割引を行うにあたり、手形金の支払を担保するため、運送業者C社からA社に対して交付された貨物引換証一〇通の裏書譲渡を受けた。ところが、到着地運送取扱人であるY社の従業員Dは、本件運送品につき貨物引換証が発行されていることを知りながら、これと引き換えることなく荷受人に引き渡した。そこでX銀行は、Dの行為により担保権が侵害されたとして、Y社の使用者責任を追及した。原審は、本件貨物引換証は、荷送人A社の代表社員と運送業者C社の専務取締役とを兼ねていたEが、その地位を利用して運送品の受取前に発行させたものであり、その後に運送品の受取りがあったとしても、法律上は無効なものであるとして、これと引き換えずに運送品を引き渡したDの不法行為責任を否定した。

裁判所の見解　貨物引換証は、運送人が荷送人から運送品を受け取ることにより、運送品引渡債務を負担した場合に作成されるものであり、運送品の受取前に作成された貨物引換証は、原因を具備していないのと同時に目的物を欠くため無効である。発行の当時無効であり、すでに第三者に移転した証券が、運送品が運送人に引き渡されることによって突然有効になるとの解釈は、貨物引換証の本質に反する。

解　説　荷送人の請求により貨物引換証（商五七一条）が発行される場合、運送人はこれと引換えでなければ運送品を引き渡してはならない（受戻証券性。商五八四条）。そこで、本件のように、記載に対応した運送品が存在しない段階で証券が作成された場合（空券の場合）にも、有効な貨物引換証として上記の効力が認められるのかが問題となる。学説では、①貨物引換証は運送契約上の運送品引渡請求権を表彰する要因証券であり、引き渡すべき運送品がない以上、当該証券は無効であるとの見解が主張されている（大判大正3・7・16新聞二八九一号一五頁ほかも同旨）。この場合、不実の事項を記載した運送人は不法行為責任（論者によっては不実記載責任）を負うこととなる。その一方で、②運送人と所持人との関係では、運送に関する事項は運送契約ではなく貨物引換証に準拠して定められると規定する商法五七二条（いわゆる債権的効力）を根拠に、空券の場合であっても、所持人との関係では記載通りの運送品の引渡請求権が設権的に成立するとの理解がある（①によれば、空券の場合には商五七二条は適用されない）。また、③原則として無効な証券であるが、禁反言則または抗弁切断効により、運送人の側から記載が事実と異なる旨の主張をすることを制限する見解もある。

▼**評釈**――福瀧博之・商百選91

貨物引換証の要式証券性

78 大判大正5・7・4民録二二輯一三二四頁

運送品に関する記載の一部を欠く貨物引換証は有効か。

事実　Aは、X銀行に対して振り出した為替手形上の債務を担保するため、AがBに対して送付した運送品につき運送人Yが発行した貨物引換証をX銀行に差し入れた。ところが、本件運送品は貨物引換証と引き換えられることなくYにより処分されてしまった。X銀行がYに対して損害の賠償を請求したところ、Yは、本件貨物引換証は必要な記載を欠いているため無効であると主張した（貨物引換証の「運送品名および荷造りの種類、個数、記号」欄には、「花筵無地二本入り」各何個といった記載のみがあり、荷造りの種類等は示されていなかった）。これに対して原審は、花莚の取引に関わる者であれば、本件の記載によって運送品の種類、容積、個数を明確に知ることができるとし、さらに、商法五七一条二項一号が荷造りの種類、記号、重量に関する記載を要求する趣旨は、荷造り等が当該商品の取引において標準的でないような場合に取引上の紛争を防止するためのものであるから、これを欠いたとしても貨物引換証は無効とはならないとした。

裁判所の見解　商法五七一条二項所定の事項につき必要な記載を欠く貨物引換証は無効である。当該事業者間で荷造りの種類等を省略する事例があったとしても、貨物引換証は性質上一般人にも流通するから、一般人にとって了知できる程度の記載が必要となる。荷造りの種類等に関する記載は一般人が運送品を特定するために必要な記載である。

関連条文　商五七一条

解説　貨物引換証には、商法五七一条二項各号に列挙される事項の記載と運送人の署名が必要となる。法定の記載事項を欠く証券の効力につき、①一律に無効とする立場（厳格な要式証券性）と、②一定の記載事項を欠く場合のみを無効とする立場（緩やかな要式証券性）がある。本判決のほか大判明治39・6・20民録一二輯九九九頁（署名を欠く場合）は、①によるものと評される。その一方、②を前提とするもの（大判昭和7・5・13民集一一巻九四三頁。運送賃の記載を欠く場合）もあり、学説の大多数も②をとる。その根拠として、商法五七一条二項各号は、貨物引換証を取得する第三者に取引内容を通知するために通常必要となる事項を列挙したにすぎない点、一部を欠くだけで証券が無効となると、第三者を害する点が指摘される。今日では①②の対立はすでに解消されており、次に、ⓐ必要的記載事項の範囲、ⓑ当該記載があったかどうかの判断基準が問題となっている。本判決において、記載が十分かどうかは事業者ではなく一般人を基準に判断すべき旨、荷造りの種類等は運送品の特定のために必要な記載である旨が示されている部分は、ⓐⓑに関し先例的意義があるだろう。

▼**評釈**――境一郎・商百選（二版）71

貨物引換証と運送品の滅失

79　大判昭和6・11・13民集一〇巻一〇一三頁

運送品の滅失後に貨物引換証の裏書譲渡を受けた者は、運送人に対する損害賠償請求権を取得するか。

事　実　荷送人Aは運送人Yに対し、富士絹三五疋を荷受人Bまで運送することを委託し、Yから貨物引換証の交付を受けた。貨物引換証はAからXに裏書譲渡されたが、すでに運送品は、到着地運送取扱人Cの故意または過失によって貨物引換証を所持しないBに引き渡され滅失していた（裏面には、荷送人指定の到着地運送取扱人の行為につき運送人を免責する旨の条項があった。Cは荷送人Aが指定した業者ではあるが、貨物引換証には記載されていなかった）。そこでXは、貨物引換証に基づき、Yに対して運送品の到達時価格相当額の賠償を請求した。これに対してYは、運送品の滅失により運送品引渡請求権は消滅したこと、損害賠償請求権につき債権譲渡手続が行われていないことから、Xには運送契約上の債務不履行に基づく損害賠償請求権は帰属しないと主張した。

裁判所の見解　貨物引換証には、運送人の故意または過失によって運送品が滅失した場合の損害賠償請求権も化体されており、証券から離れて損害賠償請求権を行使し得ないことは商法の規定から明らかである。運送品引渡請求権が変じて損害賠償請求権となった後であっても、貨物引換証の裏書譲渡を受けた者は有効にその権利を取得する。

関連条文　商五七七条・五八四条

解　説　貨物引換証は運送品引渡請求権を表章する有価証券であり、発行の当時、引渡しの対象となる運送品が存在しない場合は証券を無効とするのが判例の立場である（77判決）。そこで、①発行後に運送品が滅失した場合における証券の有効性、②証券に表章される権利の性質が問題となる。空券を無効とする見解（いわゆる要因説。77判決①）であっても、一旦有効に成立した証券が目的物の滅失によって無効になるとは考えていない。一方、77判決②③によれば、発行の前後にかかわらず五七二条の効果によっていずれも有効（または無効を対抗できない）となる。このとき証券に表章される権利は、運送品引渡請求権が変容した運送契約上の損害賠償請求権である。これに対して、大判昭和7・2・10法学一巻㊦二三四頁は、貨物引換証に損害賠償請求権は表章されないとする。貨物引換証が発行される場合、荷受人の権利取得について定める商法五八三条一項・五八二条二項は適用されない（商五八四条参照）。しかし、貨物引換証の所持人の権利は、証券が発行されない場合の荷受人の権利に準じて取り扱われるべきであり、運送品の到達後に荷受人が取得する運送契約上の権利には運送品引渡請求権だけではなく（一部滅失、延着の場合の）損害賠償請求権も含まれることは明らかである。

▼評釈――原茂太一・商百選（二版）72

貨物引換証の処分証券性

80 大判大正13・7・18民集三巻三九九頁

貨物引換証の交付によって弁済提供を行う債務者は適法な所持人である必要があるか。

事実 売主Xは、一級青豌豆一袋二〇〇ポンド入り一〇〇〇袋を買主Yに売却し、北海道から名古屋に向けて発送した。売買代金は引渡場所への貨物の到着と同時に支払われる旨が約定されていたが、到着後、XがYに対して目的物の受取りを請求したところ、売買代金の調達が間に合わないとの理由で引渡日は延期された。その後もYによる受取りがないため、Xは期限を定めて履行を催告した後、本件売買契約を解除し、約定の売却価格と実際に売却できた価格との差額の賠償を請求した。Yは、本件貨物は名古屋到着後現地の倉庫に保管されており、約定の引渡場所において現実の提供が行われていないことから履行遅滞責任を負わない旨を主張した。これに対してXは、本件貨物につき発行された貨物引換証を保持し、貨物を自由に処分できる状態でYに催告をしているため、有効な弁済提供があったとする。原審はX側の主張を認容した。

裁判所の見解 貨物引換証により貨物を自由に処分できるのは、貨物引換証の適法な所持人に限られる。

解説 双務契約の両当事者間には同時履行の抗弁権が成立し（民五三三条）、相手方から弁済の提供があるまでは、履行期が到来しても履行遅滞責任を負わない。物の引渡債務に関しては、現物ではなく貨物引換証のみを交付する方法による弁済提供も可能と解されている。しかし、その根拠は必ずしも明らかではない。理論的には三つの構成が考えられる。①貨物引換証の引渡しは運送品の引渡しと同一の効力を有するため（商五七五条）、その交付を現物（運送品かつ売買目的物）の提供と同視する構成、②貨物引換証の所持人でなければ運送品を処分できないので（商五七三条）、相手方を運送品が処分できる地位に置くためにその交付を要するとする構成、③所持人でなければ運送品を受け取ることができないので（商五八四条）、貨物を受け取ることができる地位に相手方を置くためにその交付を要するとの構成である。本判決は、①または②を前提に、交付主体が適法な所持人であることを要求しているもののように解されるが（ただし、仮に②であれば、交付する者が適法な所持人である必要はない）、大判大正9・3・29民録二六輯四一一頁（荷為替の場合には、手形金を支払わない限り運送品を受け取ることはできないため、貨物引換証の交付だけでは弁済提供には当たらないとする）は、③を前提とする。なお、本件に関しては、Yが受取りを拒んだ段階で、目的物の引渡場所はこれを保管する倉庫に変更されており、口頭の提供（民四九三条ただし書）で足りるとの理解もありえただろう。

関連条文 商五七三条・五七五条、民四九三条

▼**評釈**――志津田氏治・商百選（二版）73

貨物引換証の物権的効力

81 大判昭和7・2・23民集一一巻一四八頁

関連条文　商七五七条、民一九二条

第三者に引き渡された運送品につき、貨物引換証の所持人は物権を主張できるか。

事実　運送人Xは、荷送人Aとの間で鰯粕一五貫入り二三〇俵につきBを荷受人とする運送契約を締結し、Aに対して貨物引換証を交付した。しかし、到着地運送取扱人Cは、貨物引換証の発行があることを知りながら、これと引き換えることなく運送品をBに引き渡した。Bは自己の所有物としてD倉庫に寄託し、Dから倉荷証券の交付を受けた上で、Y銀行に対する債務を担保するため、当該倉荷証券に質権を設定した。その後、Y銀行は担保権の実行のためにD倉庫で保管中の貨物につき競売を申し立てた。一方、運送人Xは、Cの過失によってAに生じた損害を賠償し、Aが所持していた貨物引換証の裏書譲渡を受けその所持人となっていた。そこでXは、貨物引換証の正当な所持人として、競売手続の取下げを求めて訴えを提起した（競売実行後は、供託中の売得金につき受領権を主張している）。原審は、Cの不当引渡しにより運送品はすでに滅失したため、貨物引換証の所持人は運送品の上に所有権等の物権を有することはないとしてXの訴えを認めなかった。

裁判所の見解　運送品が貨物引換証との引換えなく引き渡された場合であっても、引渡しを受けた者が自己の所有物としてこれに質権を設定し、さらに即時取得の要件を満たすときは、質権者は有効に質権を取得する。

解説　貨物引換証の引渡しは、運送品上の物権の取得に関し運送品の引渡しと同一の効力を有する（物権的効力。商五七五条）。理論的には、①貨物引換証の移転という新たな占有移転方法を認めたものと解する見解（絶対説）と、②指図による占有移転（民一八四条）の特則と解する見解（代表説）が対立してきた（証券の移転に加えて民法上の占有移転を必要とする見解〔厳正相対説〕、物権的効力自体を否定する見解もある）。①②の差異は、本件のように運送品の誤渡しにより運送人が運送品の占有を喪失する場合になお証券の移転による占有移転が認められるのかという点にある（①であれば可。ただし②を前提としつつも、運送人による占有回収の訴えが可能である以上、証券の移転による占有移転を認めるものもある）。これに対して、運送品が物理的に滅失した場合または即時取得が成立した場合には（本判決は、運送品の滅失時期について明確に述べていないが、原審は誤引渡しの時と解している）、占有移転の対象となる運送品を欠くこととなるため、いずれにしても物権的効力は認められず、債権的効力の問題として処理される（本件では、運送品の滅失後に貨物引換証がXに裏書譲渡されているため、問題の状況は79判決と同じである）。

▼**評釈**――浅木愼一・商百選93

引渡場所以外の場所における運送品の引渡し

82 最1判昭和35・3・17民集一四巻三号四五一頁

関連条文 商五七七条

契約上の引渡場所ではない場所で運送品を引き渡した運送人に過失はあるか。

事実 荷送人Xは、運送人Yに対し、「天草郡本渡町A社」を荷受人としてドラゴンミシン五台の運送を委託した。Yの使用人Bは、本件運送品を同地まで運送し、「A社C」名義の注文書写しを所持していたCの指図に応じて同町内のC宅において引き渡した。A社は、同町D医院内に事務所を設けて有限会社として設立準備を行っていたものであり、Cはその設立準備委員の一人であったが、すでに事実上無関係となっていた。運送品は、Cによって転売され取り戻すことができなくなったため、XはYに対し、債務不履行に基づく損害賠償を請求した。原審は、①設立準備委員であるCへの引渡しはA社への引渡しとなること、②(a)A社事務所には看板等の表示がなかったこと、(b)荷受人の記載が不十分であったこと、(c)AはCによって偽造された注文書写しに基づいて引渡しを行ったことを理由として、Yには債務不履行に基づく責任は成立しないと判断した。これに対してXは、荷受人の所在地と異なる場所へ配送する場合には確認を取るべきであったと主張して上告した。

裁判所の見解 A社が設立中の会社であっても、本件運送契約における引渡場所は、A社設立事務所である。原審②の事情がある場合には運送品を供託等することも可能であるため（商五八五条）、引渡場所以外の場所で引き渡したことにつき過失がないと解することはできない。

解説 本件では、①Cの運送品受領権限および②約定の引渡場所以外の場所で運送品を引き渡したことについての運送人の過失の有無が問題となっている。本判決は、①には触れず、②の過失を認定し、運送人の責任を認めた。物品運送契約における運送人の債務は、運送品を指定された場所まで物理的に移動させ、これを荷受人に引き渡すことである（商五七七条）。したがって、仮に運送品を受け取った者が「荷受人」として指定された者または荷受人のために運送品を受領する権限を有する者であっても、運送契約により定められた場所以外で引き渡された場合は、運送行為が完了したものとはいえない（例えば、荷受人の本店に運送する義務を負いながら、支店に配送した場合、運送は完了しない）。設立中の会社におけるCの運送品受領権限を根拠に、本件の引渡しを有効とみる理解もあるが、受領権限と運送契約上の債務不履行の成否は別問題である。本件では、契約上指定された引渡場所はD医院内にある「A社事務所」であり、A社のためにCが指図権（商五八二条）を行使した場合は別として、これと異なる場所で引き渡したことは、運送人Yの債務不履行となるべきである。

▼**評釈**――村田治美・商百選（二版）75

商法五八〇条一項の趣旨

83 最1判昭和53・4・20民集三二巻三号六七〇頁

運送品がその所有者に誤渡しされた場合、運送人は荷送人に対し損害賠償責任を負うか。

事実 運送人Yは、荷送人Xの委託により、Y社岡山支店で保管していた物品（テレビ拡大レンズ）を、福岡市に所在するA社宛に運送することを引き受けた。ところがYは、同じく福岡市に所在するB社にこれを引き渡し、その返還を受けることができなかった。そこで、XはYに対し、運送契約上の債務不履行に基づき、物品の価格および転売利益の賠償を求めて訴えを提起した。その一方で、別訴において本件物品の所有権の所在が争われ、その所有権は、誤渡しを受けたBに帰属する旨の判決が確定した。YはXに対して、物品の所有者が確定するまでの暫定的措置として、損害保証金一六八万円を交付していたため、その返還を求めて反訴を提起した。原審は、所有権の所在と運送契約上の損害賠償請求権とは関係しないとして、商法五八〇条により運送品の価格の賠償を認めた。

裁判所の見解 商法五八〇条一項が運送品の価格による損害賠償責任を認める趣旨は、運送人の損害賠償責任を一定限度にとどめて大量の物品の運送にあたる運送人を保護し、あわせて賠償すべき損害の範囲を画一化して紛争を防止することにある。したがって、実際に生じた損害が同項所定の運送品の価格を下回る場合にも運送人は右価格相当の損害賠償責任を負う。しかしながら、同項は、運送品が全部滅失したにもかかわらず荷送人または荷受人に全く損害が生じない場合にまで運送人に損害賠償責任を負わせるものではない。

物品運送契約に基づき運送される物品が荷受人以外の者に誤渡しされた場合であって、その返還を受けることができないとき、運送品は全部滅失したものと取り扱われる。このとき、運送人は商法五七七条に基づいて荷送人または荷受人に対して損害賠償責任を負うが（82判決参照）、その額は、引渡しがあるべき日における運送品の到達地価格によって定まる（商五八〇条一項・五八一条）。商法五八〇条一項は、①損害の算定基準時および地を特定するとともに、②賠償額を実損害の額ではなく物の価格に限定する点（いわゆる抽象的損害算定）において、民法四一六条の特則である。そこで、②を前提として、(a)実損害が運送品の価格を下回った場合に、運送人側がこれを証明して一部の賠償を免れることができるか、(b)さらに、損害が全く発生しない場合には全部の賠償を免れることができるかが問題となる。本判決は、(a)に関しては、画一的処理による紛争防止という趣旨から、実損害の証明を認めないこととする一方、(b)は例外的な場面であるとして、責任の成立を否定している（加茂紀久男・最判解民昭和五三年度参照）。

関連条文 商五七七条・五八〇条

▼**評釈**――落合誠一・昭和53年重判（商3）

84 高価品特則と商法五八一条の「重過失」

最3判昭和55・3・25判時九六七号六一頁

関連条文 商五七八条・五八一条

商法五七八条は、重過失の場合にも適用されるか。

事実　X社は、運送業者Y社に貨物（時価一八一四万円相当の宝石類）の運送を委託し、集荷に来たYの従業員Aに、本件貨物を梱包したダンボール箱を引き渡した。トラックの荷台はすでに満載状態であったため、本件貨物は、後部扉付近の箱の上に積載された。後部扉は、力を加えて閉じた場合はボタンを押して持ち上げない限り容易に開かない構造をしていたため、Aは日常的に施錠を行っていなかった。さらに、扉を下ろしただけで扉が確実に閉まったことを確認せずに発進した。走行中、後部扉が開放されていることに気づいたAが確認したところ、X社から受け取ったダンボール一個が紛失していた。そこでXは、Yに対して民法七一五条に基づき損害賠償を求めた。運送人Yは、本件貨物は明告のない高価品であるため、商法五七八条により運送人は責任を負わない旨を主張したところ、原審は、請求権の競合を前提に、明告を欠いたことをX側の過失として四割の過失相殺を認めている。加えて、Aの重過失を認定し、仮に請求権が競合しない場合でも、「五八一条の規定からして」Yの免責は認められないとした。

裁判所の見解　Aに重過失があったとする原審の認定判断は正当である。

解説　重過失の意義については、①「殆ト故意ニ近似スル注意欽如ノ状態」をいう場合（大判大正2・12・20民録一九輯一〇三六頁ほか）と、②注意義務違反の程度が著しい状態をいう場合とが区別されている（道垣内弘人・法教二九〇号）。いずれの基準によるべきかは、各制度の趣旨に応じて相対的に判断される。商法五八一条は、五八〇条の定額賠償による利益を与えるべきではない場面に適用されるものであるから、故意と同様の心理状態を証明できなくても、②の注意義務違反の程度が著しい場合には適用されてよいだろう。一方、本件で問題となる商法五七八条には五八一条に相当する条文がないため（ただし、原審は特に留保なく商五八一条を引用する）、そもそも運送人の故意または重過失によって高価品が滅失した場合にも免責が認められるのかは明らかでない（高価品特則については、85判決参照）。学説では、明告があれば注意の程度が変わり得たこと、賠償額が高額となりすぎることを考慮して、少なくとも重過失の場合には高価品特則の例外を認めないとする見解（倉澤康一郎・判評二五八号）も有力である。もっとも近年の裁判例では、運送人の重過失を認定する一方で、過失相殺によって割合的な処理を行うことが定着している（東京地判平成2・3・28判時一三五三号一一九頁ほか）。

▼**評釈**——神田秀樹・商百選96

商法五七八条にいう「高価品」の意義

85 最3判昭和45・4・21判時五九三号八七頁

関連条文　商五七八条

研磨機は商五七八条の「高価品」に該当するか。

事実　荷送人Aは、運送人Yに対し研磨機一台（価額五〇〇万円）の陸上運送を委託したところ、本件貨物は運転手の過失により運送中に大破し、その価額は八三万円まで下落した。本件貨物の運送にあたり、AはX保険会社との間で損害保険契約を締結しており、本件事故によりXから八三万円の保険金が支払われた。そこで、XはAの権利を代位取得した上で、Yに対して損害賠償を請求した（旧商六六二条、保険二五条）。本件は差戻上告審であり、差戻前までは、YとAとの間で締結されていた賠償請求権の放棄特約（いわゆる保険利益享受約款）の解釈が問題となっていた（Aが一切の請求権を放棄した場合は、XはAに対する保険金支払義務を免れるため、保険代位は成立しない可能性がある。差戻前上告審では、Aによる請求権の放棄は、Xから保険給付を受けることを前提としたものと判断された）。差戻審では、Aによる価額四〇〇万円との申告が高価品の明告に該当し、これを賠償額の基準とすべきなのかが主たる争点となった。

裁判所の見解　商法五七八条にいう高価品とは、容積または重量の割に著しく高価な物品をいう。本件研磨機は容積重量ともに相当巨大であって、高価なことも一見明瞭な品種であるから、同条の高価品には当たらない。

解説　商法五七八条によれば、高価品については、運送委託時に種類および価額の明告がなければ、運送人は普通品としての賠償責任も負わない（旅客の託送手荷物につき、商五九一条。92判決も参照）。その趣旨は、運送人が高価品との認識なく普通品として貨物を取り扱った結果、滅失等が生じた場合に高額な賠償責任を負うのは酷であるためと説明される（大判大正15・2・23民集五巻一〇四頁）。さらに、高価品の運送であれば警備・保険等のための追加費用が必要となるにもかかわらず、普通品の運賃によって運送利益を享受しようとした荷送人に対する非難としての側面もある（86判決参照）。五七八条は、高価品の例として貨幣、有価証券を挙げるだけで、具体的な判断基準を示していない。しかし、判例（京都地判昭和30・11・25下民集六巻一一号二四五七頁ほか）・学説ともに、容積・重量に比して高価な物をいうとの点は確定しており、本判決もこれを踏襲した。裁判例では、宝石類、美術品、調度品だけでなく、データ入りフロッピーディスク、キャッシュカード等も高価品と判断されている。なお、約款において賠償額の上限につき定めがある場合は、高価品の明告があったとしても約款の定める額が上限となる（最2判昭和63・3・25判時一二九六号五二頁参照）。

▼**評釈**——石田清彦・商百選98

約款上の責任制限条項と荷受人からの請求

86 最1判平成10・4・30判時一六四六号一六二頁

関連条文 商五七七条、国際海上二〇条の二

運送品到達前の荷受人は、約款上の責任限度額を超える損害の賠償を請求することができるか。

事　実　貴金属の販売・加工等を目的とするX社は、Aから預かった宝石の加工をBに委託した。Bは、加工を終えた宝石を梱包し、Y社が提供する宅配便サービスを利用してX宛にこれを返送したが、到達前に原因不明のまま紛失してしまった。Aらに宝石の価格の全額（約三九四万円）を賠償したXは、不法行為に基づき、Yに対して相当額の賠償を求めた。Y社の約款によれば、①三〇万円を超える高価な物品は引き受けないこと、②①の物品が運送され滅失等が生じたとしても運送人は損害賠償責任を負わないこと、③運送品の滅失等による賠償額の上限を三〇万円とすることが定められていた。なお、荷送人Bは運送委託に際して運送品の価格を告げていなかった。原審は、Xは荷送人Bと実質的に同視できる者であったとして、③の責任限度額である三〇万円の賠償を認めた。

裁判所の見解　低運賃による大量の小口荷物の配達を目的とする宅配便において、利用者が責任制限等の制約を受けることはやむを得ず、この趣旨は不法行為に基づく請求にも及ぶと解するのが当事者の合理的意思に合致する。荷受人であっても、宅配便によって荷物が運送されることを容認していた等の事情があるときは、信義則上、責任限度額を超えて運送人に対して損害の賠償を求めることは許されない。

解　説　運送人の過失により運送中に運送品が滅失する場合、契約上の債務不履行のほか不法行為に基づく損害賠償請求権の要件事実を満たす可能性がある。両請求権の関係につき、判例は伝統的に完全な請求権の競合を認めてきた（最3判昭和38・11・5民集一七巻一一号一五一〇頁ほか）。これに対して本判決は、宅配便という低額輸送サービスの特殊性を根拠として、契約規範である約款が不法行為に基づく損害賠償請求権にも影響する旨を示した。本判決の射程は運送契約一般に及ぶものではないが、同様の利益調整は国際海上物品運送法二〇条の二第一項でも採用されており（同法上の免責等は不法行為請求にも準用される）、約款内容が合理的である以上は他の運送においても妥当するだろう。本件におけるXは契約上の荷受人に該当するが、運送品の到達がないため運送契約上の権利は行使できず（商五八三条一項）、賠償者代位（民四二二条）によって所有者の権利を取得した者であった。このような契約外の第三者に契約規範を対抗できるかについて、学説では、当事者と同視できる場合や利益処分がある場合等にこれを認める見解が主張されてきた。本判決は、荷受人Xの具体的な行為態様に鑑みて、信義則によってその権利行使を制限した。

▼**評釈**――落合誠一・商百選99

回数乗車券の性質

87 大判大正6・2・3民録二三輯三五頁

回数乗車券の購入後に運送条件の変更があった場合、購入者は変更後の条件に拘束されるか。

事実　東京市電を経営するY市（東京市）は、大正五年七月、「東京市電気軌道乗車料条例」を改正し、乗車料金の値上げを行った。さらに、同条例の施行前に購入された回数乗車券および往復乗車券の復券に関して「東京市電気軌道乗車条例施行前に発行したる乗車券に関する条例」を定め、同年一〇月一日以降の乗車につき一定の追加料金を支払うべき旨を告示した。Xは、条例施行前に東京市電の回数乗車券（使用期限および金額の記載なし。ただし、当時は全区間一律料金であった）五〇回分を購入した者であり、本件回数乗車券は、Y市と乗客との間に成立する運送契約上の権利義務を明示する有価証券であって、乗客の承諾なしに一方的な条件の変更は認められないとして、一〇月一日以降も追加料金を支払うことなく東京市電に乗車できる権利の確認を求めて訴えを提起した。

裁判所の見解　Y市が発行する回数乗車券は、他日に運送契約が締結されることを前提に乗車時の運賃に代用できる一種の票券であって、その授受により所持人に対し運送義務を負うものではない。運賃が増額された場合、所持人は乗車時にその差額を支払う義務を負う。

解説　旅客運送においては、通常、運賃相当額の支払と同時に乗車券等の紙片が発行される。そこで、この紙片と具体的な運送契約との関係が問題となる。学説では、⑴乗車券の発行により契約またはその予約が成立し、契約内容が確定するとの見解（この場合、乗車券は運送債権を表彰する有価証券）と、⑵契約内容は実際の乗車時に確定するとの見解がある。⑵によれば、乗車券は、ⓐ後に運送施設を利用する際、その対価支払のため現金に代えて用いることのできる金銭代用証券、またはⓑ運賃相当額の前払を証明する証券と理解される（大判昭和14・2・1民集一八巻七七頁）。同様の議論は、回数乗車券の場合にも妥当する。ただし、仮に⑴のように有価証券と構成するとしても、事後的な契約条件の変更に当事者が拘束されるかは、当該証券を作成・発行した当事者の意思に従って判断すべきである。この点、本件回数乗車券のように使用期限および金額の記載を欠いている場合に、増額時には追加料金を支払う旨の当事者の意思を読み取ることは、通常の意思解釈として無理があるだろう。本件回数乗車券は、普通地方公共団体の事業に関して発行され、条例によってその取扱いが定められた特殊なものであり、本判決が、両当事者の関係を私法上の契約関係と性質決定しながら、なお公的な認可等を考慮していることからも、先例としての射程は限られたものといえる。

▼**評釈**——柴田和史・商百選102

関連条文　商五六九条

回数乗車券の事後的な失効と公序良俗違反

88 名古屋地判平成3・3・15判タ七六四号二四五頁

関連条文　民一条二項・九〇条

通用期間の定めのない回数乗車券につき、事後的に有効期限を定めることは公序良俗に反するか。

事実　Xは、昭和六三年一月から二月頃、Y市が発行する市営地下鉄の回数券を購入した。本回数券には「一区一四〇円区間」との記載のみがあり、通用期間、区間の定めはなかった。同六三年四月一日、Y市は市営地下鉄の乗車料金変更に伴い回数券の様式を変更し、Y市高速電車乗車料条例（①乗車券の様式変更の場合は、変更から三ヶ月以内に請求によって旧乗車券と新乗車券とを引き換え、②上記期間内に引き換えられない旧乗車券は、一定期間経過後に無効となる旨を定める）および同施行規程に基づき、旧回数券については、様式変更から六ヶ月後の同年九月末日に失効するものとした。これに対してXは、これらの条項は、未使用回数券につき認められる料金の還付請求権を不当に制限するため無効であるとし、また回数券の失効は、単に乗車できないことを意味するものであり、料金の還付請求権を害するものではないとして既納料金の還付を求めた。さらに予備的に、通用期間のない回数券につき、事後的に有効期限を定める旨の条項は、いわゆる「不意打ち条項」であること、金券に近い性質の回数券を短期間で失効させる条項は、公序良俗に反し無効であると主張した。

裁判所の見解　本件回数乗車券は、後日運送契約が成立した場合に乗車料の支払に代えることができる一種の票券にすぎない。条例は、変更前の回数券は様式変更から六ヶ月を経過して無効となる旨を規定しているから、購入した利用者との間でも本件回数券はそのような性質を有するものとして取り扱われるべきであり、不意打ちではない。不特定多数の乗客を迅速に処理する必要のある鉄道事業において、新様式の回数乗車券に統一するために旧乗車券を無効とすることとの合理性や必要性、六ヶ月の期間の相当性、さらに利用者に対してとられた措置等に照らせば、本件条例および施行規程の定めは公序良俗および信義誠実の原則に反するものではない。

解説　有効期間の定めのない回数乗車券に運送人が一方的に期限を設けることは、当初合意にその旨の留保がある等の事情がない限り（この場合でも消費者契約法の適用対象となりうる）、契約の一般法理に照らして認められない。本件の両当事者は契約関係にあるため、理論上は一般契約法の適用があるものといえる。しかしながら、本件における有効期限の設定は、普通地方公共団体がその立法裁量の範囲内で条例を制定して行ったものであり、事案の解決としては本件措置の効力を否定することは困難であった。なお本判決は、回数乗車券の性質について、大審院判例（87判決）を踏襲している。

▼**評釈**——浅井岩根・消費者法ニュース7号

募集型企画旅行契約と旅行業者の責任

89 東京地判平成1・6・20判時一三四一号二〇頁

募集型企画旅行を企画・実施する旅行業者は、旅客運送人としての責任を負うか。

事実　Xらは、旅行業者であるY社が企画・募集した「台湾全周五日間」と題する旅行に応募し、Yとの間で旅行業約款（標準旅行業約款（当時）と同一内容のもの）に基づく主催旅行契約（平成一六年旅行業法改正後の募集型企画旅行契約）を締結した。本件旅行の実施中、Yが現地で手配しXらが乗車したバスが、運転手のハンドル操作ミスにより道路から転落し、旅行者八名が死亡、Xを含む八名が負傷した。そこでXらおよび被害者の遺族は、Yに対して、①旅客運送人としての責任、②主催旅行契約上の安全確保義務違反に基づく責任、③手配・旅程管理上の過失に基づく責任を追及し、予備的に、旅行業約款上の特別補償規程に基づく補償金を請求した。

裁判所の見解　①標準旅行業約款は、旅行者が旅行サービスの提供を受けられるよう手配する旅行業者の義務を定める一方、旅行者の生命等に生じた損害については、責任の有無にかかわらず一定額を補償する。このような規定の合理性は、(a)主催旅行における旅行サービスの全てを旅行業者が提供するのは不可能であること、(b)旅行業者は、運送業者等を直接の支配下に置いているわけではないこと、(c)特にこれらの業者が海外にある場合はその支配は一層制約されること等の理由から肯定できる。したがって旅行業者は、主催旅行の運送につき旅客運送人たる契約上の地位に立たない。②③旅行業者には、契約上の付随義務として、旅行者の生命、身体、財産等の安全を確保するため、遭遇する危険を排除すべく合理的な措置をとるべき義務（安全確保義務）がある。

関連条文　商五九〇条一項、民四一五条・七〇九条

解説　募集型企画旅行においては、現地の運送機関は旅行業者が選択・手配するため、旅行中に運送機関の使用人等の行為によって生じた損害につき、旅行業者が負うべき責任が問題となる。学説では、本契約の性質につき、委任、請負、売買等いくつかの構成が主張されたものの、昭和五六年に標準旅行業約款が改定され、旅行業者の義務は旅行サービスを手配することに止まる旨が明記された。その一方で、旅行者が身体、生命等につき損害を被った場合は、過失の有無にかかわらず一定の補償金を支払うものとされている。本判決では、旅行業者の負う責任は標準旅行業約款によって具体化されていることから、運送機関の過失につき旅客運送人（利用運送人）としての責任（商五九〇条）は負わない点が確認された。以後の裁判例も同様の結論に至っている。なお、旅程の設定等に際して旅行業者に安全確保義務があることについては、東京地判昭和63・12・27判時一三四一号三七頁を参照。

▼**評釈**——重田晴生・商百選（四版）103

倉庫営業者の責任

90　最2判昭和42・11・17判時五〇九号六三頁

関連条文　商六一七条

倉庫営業者の保管する受寄物が、倉庫営業者の責めに帰すべき事由によって返還不能になった場合に、当該物品が所有者の手中に戻っている場合でも、当該倉庫営業者は寄託者に填補賠償義務を負うか。

事　実　本件自動車はA会社のもので、所有権を留保されてBに売り渡されていたところ、Bの友人Cが、Bに無断で持ち出し、Xへ借金の売渡担保として引き渡した（即時取得は成立していない）。Xは、倉庫業を営むYに本件自動車を寄託したところ、寄託されていた本件自動車を偶然見つけたBがYの制止を振り切って持ち去り、A社に返還した。そこで、XはYに対して本件自動車の価格相当の損害賠償請求を主張した。

裁判所の見解　上告棄却。「受寄者の寄託者に対する寄託物返還義務が受寄者の責に帰すべき事由によって履行不能となった場合には、受寄者は、寄託者が寄託物の所有権を有すると否とを問わず、寄託物の価格に相当する金額を寄託者に対し賠償すべき……であるけれども、本件の如く寄託者が寄託物の所有者でなく、当該寄託物はその真の所有者の手中に帰ったなどの……事実関係の場合においては……損害賠償請求をなす権利を有しないものといわなければならない」。

解　説　本件は、倉庫営業者（受寄者）の損害賠償責任に関して規定する商法六一七条の範囲が争われた事案である。寄託者が寄託する物が返還不能になった場合、寄託契約上の債務不履行責任が発生すると解されており、寄託者がその物の所有者でないことを理由に受寄者はその責任を免れない。しかし、本件のように返還すべき物が、所有者に返還されており、寄託者が所有者から物の返還不能について損害賠償請求を受ける可能性がない場合に受寄者の損害賠償責任を認めてしまうと、寄託者には不当利得が生じることになり損害賠償の原則から疑問が残る。しかし本件のように、Xは売渡担保として本件自動車の引渡しを受けていた場合にYへの損害賠償が認められない場合、Xは担保を保障もなく失う（本件では担保権は成立していない）。

この点学説には、受寄者は履行を怠ったのだから寄託者に損害賠償するのは当然であるという考え方、寄託者が損害賠償責任を所有者に対して負わないときは寄託者からの損害賠償を認めないという考え方等がある。前述したように、所有者に物が返還されて損害がない場合でも、本件寄託者は担保権を失うという損害を被っている場合もありえ、その場合には賠償が認められそうであるが、本件判旨からは商法六一七条の性質がどのようなものかは明らかでない。

▼**評釈**――小林俊明・商百選105

倉荷証券と保管料負担の記載

91 最3判昭和32・2・19民集一一巻二号二九五頁

関連条文 商六二七条・五九九条・六〇二条

倉荷証券に保管料等寄託物に関する費用は証券所持人が負担する旨の記載がある場合、裏書譲渡により当該倉荷証券を取得した第三者は費用支払義務を負うか。

事実　Xは倉庫業を営む会社で、Aとの間で自動車二七台の寄託を受けた。その際に、X社は本件保管料等に関する費用は証券所持人が支払わなければならない趣旨の約款が記載してある倉荷証券を作成し、Aに交付した。その後、Aは本件倉荷証券をYに裏書譲渡し、Yは本件倉荷証券と引換に本件受寄物の返還を求めた。Aはその際に、保管料等の支払のためにB振出の小切手を差し入れたので本件自動車を返還した。ところが、この小切手は支払を拒絶された。そこで、X社はYに対して保管料等の支払を求めたのが本件である。

裁判所の見解　上告棄却。「保管料等寄託物に関する費用は証券所持人が負担するものとする趣旨の文言の記載がある場合、第三者が裏書譲渡によりその倉荷証券を取得したときは、特段の事情のないかぎり、各当事者間に、その所持人が記載の文言の趣旨に従い右費用支払の債務を引受けるという意思の合致あるものと解するを相当とする。」

解説　倉荷証券は、物品を保管する倉庫業者が発行し、証券と引換えに物品の引渡しを行うというもので、商人は証券を第三者に譲渡することで、物品の移動を伴うことなく売買を行うことができる。

本件では、自動車を寄託したAと受託者であるX社との間でなされた寄託契約に付随した費用負担の特約の効力が第三者である倉荷証券の譲受人にも及ぶか否か、また及ぶとするとどのような理由によるのかが問題となる。契約は通常、契約当事者間のみにしか効力を有さないから、本件のように第三者が支払義務を負うと考えるには何らかの根拠が必要になる。

そこで学説には、支払の根拠がないとする考え方がある（ただし、この説によっても通常は保管料支払まで倉庫業者は物品の引渡しを留置できるので、本件のような事例以外では事実上支払を余儀なくされる）。これに対して、証券の所持人は債務引受を行ったとする考え方等がある。本件判旨では、証券譲受時に券面に記載された約款に同意したと評価した。このような考え方は取引当事者の意思に最も近いものと思われ結果的妥当性の面からも評価できる。ただし、その内容は、証券そのものは有価証券法理による権利移転的効力だけしか発生していないと考え、それに加えて債務引受契約がなされているものと考えるべきである。そして、証券作成に作成者の黙示の同意が、証券譲渡時には譲受人の黙示の同意があったと考えるべきであろう。

▼評釈——近藤光男・商百選107

高価品の紛失についてホテルが負う不法行為責任……神戸ポートピアホテル盗難事件

92 最2判平成15・2・28判時一八二九号一五一頁

関連条文 民九一条、商五九四条・五九五条

ホテルの宿泊客がフロントに預けなかった高価品が盗難されたことについてホテル側に故意・重過失がある場合に宿泊約款で損害賠償責任を制限する旨の規定は有効か。

事実　宝石商を営むX会社代表取締役Aは約二八〇〇万円相当の宝飾品が入ったバッグを持参して、Y会社の経営するホテルを訪れ宿泊手続をした。Aは当該ホテルのベルボーイBに、在中品の内容を告げることなくバッグを客室まで運搬するように依頼したところ、Bが別の作業をしている間にバッグは何者かにより盗まれた。ところで、当該ホテルの宿泊約款には、宿泊客が持ち込んだ高価品でフロントに預けなかったものについて、ホテルの故意または過失により滅失・毀損の損害が生じたときは、ホテルは損害を賠償するが、宿泊客から予め種類および価格の明告のなかったものについては、一五万円を限度として賠償する旨の記載（本件特則）があった。しかし、X社は本件盗難についてBに過失があるとして民法七一五条に基づきY社に対して宝飾品等の賠償を求めた。

裁判所の見解　破棄差戻。「ホテル側に故意又は重大な過失がある場合に、本件特則により、被上告人の損害賠償義務の範囲が制限されるとすることは、著しく衡平を害するものであって、当事者の通常の意思に合致しないというべきである。」

解説　本件は、宿泊約款にある損害賠償の限度を定める規定が有効か否かが問題となっている。その前提として、損害賠償を寄託の債務不履行として捉える場合は損害賠償の予定として約款による制限を受けるが、不法行為として損害賠償をする場合は全額請求できることになるという請求権競合の問題が存在する。本件では、通説の請求権競合説をとりつつも、不法行為についても原則的に約款による制限を認めている。この制限は、商法において、ホテルなど客の来集を目的とする場屋営業主が寄託を受けた物品の管理責任を厳格化し利用者を保護する一方、高価品に関しては価額を明告して寄託しなければ損害賠償責任を負わないとする規定と関係する。本件特則は、高価品を寄託しない場合でも一五万円を限度として責任を負うとして責任を拡張するものである一方故意・重過失の場合の例外はなかった。このため学説では、故意の場合は認められない、あるいは重過失も故意に近似するという考え方がある一方、明告があれば注意深く管理し重過失をすることはなかったであろうから明告がない場合の重過失免責を認める考え方などがある。本件判旨の考え方は妥当だと思われるが、そのように考えると、その射程は本件特則だけでなく、同様の趣旨を持つ商法五九五条にも広がるのかという問題が生じる。

▼**評釈**――山田純子・商百選108

他人の氏名による署名

93 最1判昭43・12・12民集二二巻一三号二九六三頁

関連条文　手七五条

銀行に他人名義の当座取引口座を設け、その他人名義で約束手形を振出した場合、振出人の署名があるといえるか。

事実　Aは自己が代表取締役を務めるB会社が取引停止処分を受けたため、実兄C名義で多数回にわたり手形を振り出していた。Xが所持する約束手形もそのうちの一通であり、他方Cは経済的な信用や実績のある者ではなかった。XはAの相続人Yらを訴えたが、Yらは手形面上Cの記名捺印があるのみでAの署名はないから振出はAの行為とすることはできないと主張した。原審請求認容。Yら上告。

裁判所の見解　上告棄却。右のような事実関係の下では、Aは自己を表示する名称としてC名義を使用したものと認めることができるから、署名はA自身の署名とみるべきであり、Aは振出人として責任を負う。

解説　他人名義で手形行為を行った場合、それが自己の名称であることにつき周知性・慣用性がなければ手形債務を負担しないとするのが判例（大判明治39・10・4民録一二輯一二〇三頁等）およびかつての通説である。その根拠として「署名は自署の意味であり、自署とは自己を表示する名称をみずから手書することであるとすれば、その名称は当該取引の利用される取引界において行為者を表示したものと客観的に認められるもの」でなければならないからといわれる（鴻常夫「署名と記名捺印」鈴木竹雄＝大隅健一郎編『手形法小切手法講座(1)』一三七頁）。この点、大審院の判例には平常取引をなすにあたり妻の名称と同一の名称を用いていた場合にその名称を用いて手形に署名した夫に責任を認めたものがあるが（大判大正10・7・13民録二七輯一三一八頁）、本判決は手形を振出すにあたってのみ兄の名義を（多数回）使用していた場合に責任を認めたという点でこれを一歩進めたものといえる。

これに対し、近時の多数説は、普通の法律行為において他人の名を用いても真の行為者の行為であるとされる以上、手形行為の場合も自己を表示するためにその名称を用いれば署名者は当然責任を負うとする。しかし、無担保裏書を除き手形行為は手形債務を負担し（代理人による場合も無権代理の場合には同じ）、手形行為者を決めることは同時に手形債務者を決めることである。手形は不特定多数人間を転々流通し、新たに手形を取得しようとする者にとっては手形面上の記載から債務者が誰か判断するしかない。にもかかわらず、その特定のために手形面上の記載が意味を持たないと言い切ってよいのか。もともと手形行為に署名が必要とされる客観的理由は第三者に行為者の同一性を明らかにすることにあるといわれるが、多数説の見解ではこれを充足しうるか。

▼**評釈**――神田秀樹・手形百選1

拇印の押印

94 大判昭和7・11・19民集一一巻二一二〇頁

関連条文 手八二条

記名捺印にいう「捺印」には「拇印」を含むか。

事実 　Xは、Aから Yが振出人として記名拇印している約束手形の裏書を受け、Yに対し手形金の支払を求めた。これに対してYは、右手形に拇印を押した事実を認めたものの、手形振出の事実は否認した。原審は「記名捺印」の「捺印」には「拇印」を包含しないとして請求を棄却した。X上告。

裁判所の見解 　上告棄却。「捺印」とは印章を押捺することを意味し、「拇印」の押捺は含まれない。拇印は指紋により異同真偽を明瞭に鑑別することができ、印章を押捺した場合に比べて優れているともいえるが、その鑑別は機械の力を借りなければならず、しかも、特別な技能を有する者でなければこれを行うことができないなど、対比鑑別の手続は簡易ではない。そのため、流通証券として転々流通する手形にあっては、そのような同一認識の表示方法は認められない。

解説 　わが国の手形法では署名に記名捺印を含むとされている（手八二条）。記名とは自署以外の方法で行為者の名称を手形上に表示することをいい、捺印とは行為者のものと認められる印章を押捺することを指す。問題は、押捺されたのが拇印（指印）でも右の方式を満たすかという点である。

この点本判決はこれを否定し賛成する学説も多い。もっとも、判例は遺言で要求される捺印については拇印の押捺を含むと判断しており（大判大正15・11・30民集五巻八二二頁）、これと同様に手形行為の場合にも拇印が行為者の同一性を認識する方法として役立ちうること（これは署名が手形行為の方式とされる理由の一つである＝客観的理由）等を根拠として、捺印に含まれるとする学説も有力である。しかし、遺言の場合と異なり手形を取得しようとする者はその時点で捺印の真偽を判断しなければならず、同様には論じられない。その意味で本判決の理由づけには説得力がないとはいえないであろう。

なお、署名が手形行為の方式的要素とされたのは、ジュネーヴ条約締結時において行われていた西欧の慣習を認めたにすぎず、主観的理由（手形行為者に手形関係という厳格な債権関係の当事者となることを自覚させる）、客観的理由（前述）に基づいて新たな方式を創出したものではないから、わが国手形取引の慣習上拇印の押捺が確立していたか否かがキーポイントであるという指摘がある。しかし、そのような見解に立つと、95判決など署名の方式に関する他の問題についても慣習の有無がキーポイントになるのか、手形行為に署名が要求される主観的・客観的理由は、結局のところ副次的な意味しか持たないことになるのか、といった疑問が生ずる。

▼**評釈**——大隅健一郎・手形百選（三版）2

法人の署名

95 最3判昭和41・9・13民集二〇巻七号一三五九頁

関連条文 手一三条（なお一条八号・七五条七号）

法人の裏書署名はどのような方式によってなすことを要するか。

事実 Xが所持する約束手形の第一裏書欄には、裏書人として、○市×町△番地Y株式会社と記載され、Yの会社印および代表者印が押捺されていたが、代表者の自署も記名捺印もなかった。右手形の所持人XがYに対し手形金を請求したところ、Yは署名が不適式である等と主張した。原審が請求を棄却したため、Xが上告。

裁判所の見解 上告棄却。裏書人が法人である場合には、その代表機関が法人のためにすることを明らかにして自己の署名をすることを要する。法人はその機関たる地位にある自然人と別個の人格を有するが、代理の場合と異なり、機関の法律行為を離れて別に法人の法律行為があるわけでなく、法人が裏書人である場合における法人の署名とはその機関の地位にある自然人の署名をいうものと解されるからである。

解説 法人擬制説では法人の行為というものはなく、その外部に存在する代理人の行為によって法人が権利義務を取得しうるにすぎない。したがって、手形行為の方式としても、原則として代理方式すなわち機関たる地位にある者が本人のためにすることを示して署名することが必要である。これに対して、法人実在説では法人も団体意思ないし組織的意思を有し、この意思を体現して行動する機関の行為が法人の行為となる。この立場からも、一般的にはその方式は代理の規定によるといわれているが、理論的には機関を構成する者の活動がどのような場合に法人の行為であると評価されるかという問題に帰着するのであるから、代理方式以外のものも許容される余地がある。学説には法人の代表者が直接法人名を自署したり記名捺印したりすることを認める見解もあるが、これはそのような考え方を前提とするといえよう。

判例は大判明治38・2・7民録一一輯二巻一三五頁以来一貫して代理方式によるとしてきたが、右判決の理由づけは本判決とは異なっている（後見人が未成年者のために手形行為を行う場合と同様、代表者は会社の法定代理人であるという）。判例の結論を支えている実際的理由は、法人の適法な代表者によって手形行為が行われたかどうかを手形面のみから識別できるようにするために代表者の署名が必要であるということにあると思われるが、わが国の手形法上署名には記名捺印を含むのであるから（手八二条）、これがどこまで説得力を持つか疑わしい。他方、かつての判例のように「署名代理」を代理の一形式であるとし、かつ法人の行為も代理方式によるとした場合、なぜ法人に署名代理が認められないかという点が問題となる。

▼**評釈**――福島洋尚・手形百選2

組合の手形署名

96 最2判昭和36・7・31民集一五巻七号一九八二頁

関連条文　手八条、民九九条・六七〇条

民法上の組合の代表者が組合代表者名義で約束手形を振り出した場合、組合員は手形債務を負担するか。

事実　A漁業組合は民法上の組合であり、Y_1、Y_2らは右組合の組合員であって、Y_1は組合長としてAを代表して取引する権限を有していた。ある時、Y_1はXに対し同組合長理事Y_1という名義で約束手形を振り出したが、不渡りとなった。XがY_1、Y_2らに対して手形金請求訴訟を提起したところ、原審は「組合長の表示は、単に組合のためにすることを示したに過ぎない」「本件約束手形の記載によっては〔Y_1〕が〔Y_2ら〕の代理人として……振出したものと認めることはできない」としてY_1に対する請求のみ認めた。XはY_2らを相手取って上告。

裁判所の見解　原判決破棄・請求認容。組合の代表者が、その権限に基づき、組合のために組合代表者名義をもって約束手形を振り出した場合には組合員は各組合員の氏名が表示された場合と同様責任を負う（多数意見）。民法上の組合の名称を手形上に表示しても各組合員の表示とみることはできないし、また組合長等組合の業務執行者の表示は各組合員の代理人の表示とみることもできない（ただし組合長は手八条により自ら手形金の支払義務を負う。反対意見）。

解説　民法上の組合には法人格はないから組合の活動の結果生ずる債務は組合自身に帰属しえない。組合員全員に合有的に帰属するとともに（これについては組合財産が引当となる）、併せて組合員は分割額について個人財産を引当として個人的債務を負担するといわれている。そのような意味での「組合債務」を発生させるためにはどのような形式で法律行為をすべきか、また本件の「A組合長理事Y_1」という表示の意味はどのように解釈されるか問題となる。

まず、組合には法人格はないから「組合長理事」が組合を顕名するものであるとすると、形式的には仮設人（手七条参照）を効果の帰属主体としていることになる。反対意見が八条を持ち出すのは、この場合他人が手形債務を負うと表示しているという点で無権代理と共通すると理解しているためであろう。他方「組合長理事」を肩書にすぎないとすると理事個人の法律行為となる。もっとも、組合名をあえて表示した点を重視すると理事が信託的に債務者となることを含意していると解することもできようが、信託では受益者を表示することは必要ない。これらに対して、民法学説上は上述のような表示でも「組合債務」となるとする見解が多い。本判決の多数意見も組合員の責任を認めるが、手形行為の文言性に反するという疑問が提起されている。

▼**評釈**——齊藤真紀・手形百選3

交付欠缺

97 最3判昭和46・11・16民集二五巻八号一一七三頁

関連条文 手一六条二項

約束手形に振出人として署名したが、自分の意思で交付しない間に流通に置かれた場合、署名者は責任を負うか。

事実 Y株式会社の代表取締役らが約束手形用紙に振出人として署名し使用人に保管させていたところ、これが盗取され、その後Xが取得するに至った。XはYに対し手形金の支払を求めて訴えを提起したところ、原審はXの請求を認めた。Y上告。

裁判所の見解 上告棄却。手形の流通証券としての特質に鑑みれば、流通に置く意思で約束手形に振出人として署名した者は、右手形がその者の意思によらずに流通に置かれた場合でも、連続した裏書のある右手形の所持人に対しては、悪意または重大な過失によって同人がこれを取得したことを主張・立証しない限り手形債務を負う。

解説 自らの意思によらずに手形が流通に置かれた場合（いわゆる交付欠缺）、振出人が手形債務を負うかについては、手形理論によって結論が異なる。手形行為が当事者間の契約であるとする見解（交付契約説）や受取人を相手方とする単独行為であるとする見解（発行説）では手形債務を負わず、証券作成によって債務が発生するとする見解（創造説）によれば負うのが原則である。もっとも、前二者でも権利外観理論を援用して第三者の保護を図る見解が多いが（権利外観説）、これについては帰責性の要件が不明確であると批判される。また、創造説については当事者の合理的意思に反する技巧的な構成であると非難される。加えて、受取人の名称が約束手形の必要的記載事項であるところ（手七五条三号）、右の記載は債務負担の相手方（第一の手形債権者）を特定するものであって、振出人を最初の権利者とする創造説の立場とは相容れないという批判もある。

判例はもともと交付契約説に立っており（大判明治36・6・18民録九輯七五四頁など）、その後大判昭和10・12・24民集一四巻二一〇五頁で「一種ノ危険ヲ冒シテ他ニ交付シタ」ことを根拠に交付欠缺の事例でも署名者の責任を認め、さらに本判決では「流通におく意思で署名」すれば手形債務を負うとした。判例の変遷については昭和10年判決を権利外観理論の採用と捉え、本判決はその適用範囲の拡大であると評価する見解や、昭和10年判決は発行説を、本判決は創造説を採用したとする見解などがある。しかし、振出人に公示催告申立権を認めた最1判昭和47・4・6民集二六巻三号四五五頁で振出人は手形債務者であって権利者ではないと判示されていることからすると（177判決参照）、少なくとも最高裁が創造説を採用していると見るのは難しいであろう。

▼**評釈**——倉澤康一郎『手形判例の基礎』四頁

権利能力なき財団の手形行為

98 最3判昭和44・11・4民集二三巻一一号一九五一頁

ある団体が権利能力なき財団であると認められた場合、団体名義で振出された約束手形につき代表者は責任を負うか。

関連条文　民三三条一項、一般法人一五二条以下

事実　振出人としてA財団事務総局事務総長Yの記名がありYの押印のある約束手形がB宛に振り出され、その後これを取得したXは、AおよびYに対し手形金の支払を求めた。他方、Aは財団法人設立許可申請手続中であって、機関を選任し基本財産を有しまた寄付行為も作成していた。原審はAが権利能力なき財団であることを否定してAに対する請求を認めず、Yに対する請求を認容したため、Y上告。

裁判所の見解　破棄差戻。Aは個人財産から分離独立した基本財産を有し、かつ、その運営のための組織を有していたのであるから、権利能力なき財団である。本件手形もYがAの代表者として振り出したものであり、その代表者にすぎないYが当然に振出人としての責任を負ういわれはない。

解説　本件は手形金請求事件であるが、原審と本判決で結論を左右したのはAが権利能力なき財団か否かという点である。両判決は、もしある団体が権利能力なき財団ならば手形債務が帰属しえ、そうでないならば帰属しえないという同一のロジックを前提としているようであり、原審は後者に立ってAの責任を否定してYの責任を認め、本判決は前者に立ってYが当然に責任を負ういわれはないとしている。

民法学説上は権利能力なき財団を法人に準じて扱うべきであるとする見解が有力であり、端的に権利義務の帰属まで認めるものもある。なるほど社会に実在している以上、行った行為の経済的・実質的利益が財団に帰属することは当然であるといえる。しかし、利益の法形式である権利義務の帰属まで認めるとすると、民法が法人法定主義（民三三条一項）を採用した意味がなくなってしまう。

法人法定主義に忠実に考えれば、法人格取得の要件を充足していない財団には権利能力がない。したがって、代表者の行為は実在しない者（＝仮設人）を顕名して手形行為をしたのと同様であり、その結果代表者は無権代理人（またはこれに準ずる者）として責任を負う（手八条、本書96・107判決参照）。また、代表者に財団財産の管理処分権能があるとすれば、権利義務は代表者に信託的に帰属し（あるいは財団を受益者とし代表者を受託者とする信託関係が成立し）財団に代わって信託的に手形債務を負うと解することもできよう。なお、財団を法的義務者としつつ、債権者保護のため代表者が担保責任を負うとする見解があるが、法人格取得の要件を充足していない財団に権利能力を認めた結果、債権者保護が必要となるというのであれば本末転倒であろう。

▼**評釈**――河内宏・民法判例百選Ⅰ（五版）10

手形行為の取消しの相手方

99 大判大正11・9・29民集一巻五六四頁

関連条文　民一二三条

手形行為の取消しの相手方は誰か。

事実　YはAに対し小切手を振り出し、右小切手はAからB、Xへと順次譲渡され、XはYに対し小切手金の支払を請求した。Yは自己が未成年であることを理由としてXに対し右小切手の振出を取り消す旨の意思表示をし、小切手金の支払を拒んだ。原審がYの主張を認めて請求を棄却したため、Xは、意思表示の取消しの相手方は民法一二三条によれば行為の相手方でなければならず（本件ではA）、小切手の振出についても同様であると主張して上告した。

裁判所の見解　破棄差戻。手形（小切手）の振出行為は振出人が手形により債務を負担する意思をもって他人に交付することによって成立するものであるから、振出による債務負担行為の相手方は振出人から手形の交付を受けた最初の取得者に確定している。したがって、取消しも民法一二三条の規定により、その取得者に対してしなければならない。

解説　手形・小切手（以下単に手形と表記）行為能力に関しては、民法の規定が適用され（通説）、未成年者が法定代理人の同意なしに手形行為を行った場合にはこれを取り消すことができる（民五条二項）。問題はその方式である。

民法の一般原則によれば、①行為の相手方が確定している場合にはその者に対する意思表示によって行い（民一二三条）、②相手方がいない場合には客観的に取消しの意思表示と認められるような行為をもって行う（相手方が誰でもいいというのではなく、存在しないのである）とされている。これを前提とすれば、結論は手形理論によって左右され、契約説、発行説等によれば手形行為の相手方に対する意思表示によって行い、創造説の債務負担行為などは②によるということになる。本判決も契約説を前提に相手方に対してなすべきであるとする。

しかし、手形法学説上は、取消しに最も利害関係を有する現在の手形所持人を、取消しの相手方から除外すべきではないとする見解が有力である。さらに、中間者に対してもなしうるとする見解もある。だが、理論的にはある者との間の法律行為の効果を消滅させようとするのであるから、その者を相手方として取り消すべきは当然である。もし、現在の所持人に取り消しうるとしたら、手形行為の相手方の与り知らぬところで効果が生ずることになってしまい問題であろう。これに対し、現在の所持人としては、自分に対して取消しの意思表示をされても、他人に対して行った取消しの効果を対抗されても何の違いもない。取消しの効果は遡及的無効であり、いつ意思表示をしたかは意味を持たないから、手形債務者にとって、直接の相手方のみが取消しの相手方とされても不都合はない。

▼**評釈**——小野寺千世・手形百選9

代表権の濫用による手形行為

100 最2判昭和44・11・14民集二三巻一一号二〇二三頁

関連条文　民九三条ただし書・九四条二項

法人の代表者が自己の利益を図るために法人名義の手形行為をした場合、その効力はどうなるか。

事実　Y信用金庫の専務理事（代表理事）AはB振出の白地手形を使って金融を受けるにあたり、自己の利益を図る目的をもってY名義で手形保証をなした。X_1は、右手形の交付を受けるに際し手形保証がAの利益を図るためになされたことを知らなかったが、この点につき過失があった。X_1は手形金の支払を求めてBおよびYを訴え、他方、X_2（国）はX_1に対する所得税の滞納処分として、期限後に右手形を差し押さえ訴訟に参加した。原審が請求を認容したためY上告。

裁判所の見解　破棄差戻。①X_1は手形保証の直接の相手方であるから、民法九三条ただし書の規定の類推適用によりYは責任を免れる。②X_2は、手形法一七条の規定によって保護されるべき者ではないから、Yは、X_1に対して有する人的関係に基づく抗弁をもってX_2に対抗できる。もっとも、X_2が右事実を知らなかったことを主張・立証した場合には、民法九四条二項を類推し、Yは手形保証の無効を対抗することができない（が、X_2はその主張・立証を行っていない）。

解説　法人の代表者が権限を濫用して行った行為については、無権代理となるとする見解や悪意者による権利行使が信義則に反し権利の濫用となるとする見解もあるが、判例（最1判昭和38・9・5民集一七巻八号九〇九頁など。手形行為に関し最1判昭和44・4・3民集二三巻四号七三七頁〔116判決〕など）・通説は原則として有効であり、ただ民法九三条ただし書を類推し相手方がそのことを知りまたは知りうべき時には無効であるとしている（本シリーズ『会社法』121判決参照）。本判決もこれを踏襲するものである（判旨①）。

ついで、本判決は、X_2が手形法一七条の規定によって保護されるべき者でないことを理由として、YはX_1に対する人的抗弁をX_2に対抗できるとしている（判旨②）。その理由は差押えという公法的取得のためか（前掲最1判昭和44・4・3は裏書について同条の適用を認める）、期限後の取得のためか（手二〇条一項但書参照）明らかではない。しかし、代表者の権限濫用行為につき民法九三条但書が類推適用されるとすれば、その効果は無効となるはずであって、原則として手形行為の有効性を前提とする人的抗弁（手一七条）とは相容れないという批判がある。

他方、本判決は民法九四条二項を類推し、（善意であることを主張・立証すれば）X_2は手形保証の無効を対抗されないとも述べている。これはX_2が一七条による保護が受けられないため可能なのか、それと関係なく可能なのか。

▼**評釈**——小橋一郎・手形百選（三版）8

錯誤による裏書の効力

101　最1判昭和54・9・6民集三三巻五号六三〇頁

裏書行為に錯誤があった場合の効果および手形金額について錯誤があった場合に、錯誤はどの部分に存在するか。

事実　Yは、A振出の約束手形の手形金額が一五〇〇万円と表示されていたのに一五〇万円であると誤信してBに裏書し、Xは、Yの誤信を知りながらBから裏書を受けた。Xが償還義務の履行を求めたところ、Yは、裏書の錯誤無効を主張した。原審が請求を棄却したためX上告。

裁判所の見解　一部破棄差戻。裏書は裏書人が手形であることを認識して署名した以上有効に成立し、手形債務負担の具体的な意思がなかった場合でも記載内容に応じた償還義務の負担を免れることはできないが、悪意の取得者に対しては人的抗弁として償還義務の履行を拒むことができる。しかし、本件でYが金額一五〇万円の手形と誤信して裏書したとすれば、一五〇万円以下の部分については手形債務負担の意思がなかったとはいえず、しかも本来金銭債務は性質上可分なものであるから、少なくとも裏書に伴う債務負担に関する限り、錯誤は一五〇万円を超える部分についてのみ存する。

解説　意思表示の瑕疵・欠缺に関する民法の規定が手形行為に適用されるか否かについて争いがあるが（103判決参照）、本判決は裏書の錯誤に関し適用否定説に立つ。しかも、Yが一五〇万円の手形であると信じて裏書した以上、債務負担との関係では錯誤は右金額を超える部分にのみ存するとする点で本判決は特異性を持つ。これに賛成する学説もあるが、Yに一五〇万円の債務負担の意思があったところで、これに対応する表示がない以上一五〇万円以下の部分に錯誤がないとはいえないし、金銭債務は可分であるとしても、一定金額についての債務負担の意思表示は可分ではないから、一部無効の理論の適用も難しいと批判される。

裏書の償還義務の負担を法定効果であるとすると（多数説。本判決は意思効果とする）、もっぱら権利移転的効力（手一四条一項）について錯誤を考えるべきであり、そうであるとすると、手形債権の一部譲渡と同様の結果をもたらす本判決のような解釈論をとることは困難であろう（手一二条二項参照）。

そもそも、裏書をなすにあたっては、手形外の合意（手形予約）で振出人、手形金額等に着目してどの手形を対象とするかが決定される。その意味では、手形（債権）は種類物ではなく特定物として取り扱われる。無論手形金額を誤解していた場合には右手形予約に錯誤があると評価できるが（もっとも、動機の錯誤である）、しかし、その合意どおりに特定の手形が裏書された場合、裏書にも錯誤があるといえるのか。手形外の事由に基づく人的抗弁を生ぜしめるだけではないか。

関連条文　民九五条、手一二条二項

▼評釈――倉澤康一郎『手形判例の基礎』二八頁

「見せ手形」振出の効力

102 最2判昭和25・2・10民集四巻二号二三頁

いわゆる「見せ手形」として約束手形が振り出された場合、手形行為の効力はどうなるか。

事実 Yは、Aを受取人とする約束手形を作成して振り出し、Aはその後Xに裏書した。実は、右手形はBから「見せ手形」として使いたいから貸してもらいたい等と言われてYが貸したものであった。Xの手形金請求に対し、Yは右手形は詐取されたものであるから責任を負ういわれはないと主張した。原審でXの請求が認容されたためY上告。

裁判所の見解 上告棄却。Yは本件手形に署名し、これを任意にBに交付したことが明らかであるから本件手形の振出行為は成立したものというべきであつて、たといその振出についてYが主張するように手形を詐取された事実があっても、そのような事由は悪意の手形取得者に対する人的抗弁事由となるに止まり、善意の手形取得者に対しては振出人は手形上の義務を免かれることはできない。

解説 見せ手形とは、所持人の資力を仮装する目的で他に譲渡しないという約束の下に振り出された手形をいう。かかる見せ手形の意義からして振出人が手形債務を負担しているか否かが問題となるが、①手形債務負担の合意は存在し、ただ譲渡禁止および返還が手形外で約束されているにすぎない、②手形債務を発生させない趣旨であって手形行為を仮装する行為である、などと考えることができよう。もし、①と考えると、手形行為自体には瑕疵がなく、見せ手形であることは当事者間の人的抗弁事由にすぎないことになり、②と考えると、手形意思表示は虚偽表示（民九四条）であって、手形行為に民法の意思表示に関する規定が適用されるかという点が問題となる（これについては101・103判決参照）。この点、本判決は、任意に交付した以上振出行為が成立したと判示しており①の見解を採用したようである（あるいは、その箇所は交付欠缺との関わりを問題としているようにも読めるが）。

他方、見せ手形については、返還する意思がないのに、受取人が振出人を騙して交付させる事例もある。手形を詐取されたというYの主張はそのような意味であろう。この場合①の見解を採用したとしても振出が詐欺によるものとなりえ、手形行為への民法九六条の適用の可否が問題となる。いずれにせよ、本判決は詐欺の事実を人的抗弁事由としているが、手形法一七条は原則として手形外の事由を理由として手形金の支払を拒めることを定めているのであり、手形行為の効力にかかわる場合には原則として適用がない。その意味では、詐欺による取消しは善意の第三者に対抗できない（民九六条三項）ということをそのように表現しているのか。

▼**評釈**——河本一郎・手形百選（新版増補）13

関連条文 民九四条・九六条一項・三項、手一七条

強迫による手形行為

103 最2判昭和26・10・19民集五巻一一号六一二頁

強迫による手形行為の取消しは善意の第三者に対抗できるか。

事実　YはAに対し約束手形を振り出し、Aはこれを Xに裏書した。Xが手形金の支払を求めてYを訴えたところ、YはAの強迫によって右手形を振り出したものであり、すでに取り消したと主張した。原審は強迫による取消しは人的抗弁であって善意の所持人に対抗することができないとしたが、Yは、民法九六条によれば、強迫の場合には何人に対しても意思表示の取消しを対抗できると主張して上告した。

裁判所の見解　上告棄却。強迫による手形行為取消しの抗弁は、手形法上いわゆる人的抗弁として、善意の手形所持人には対抗できないとした原判決は正当である。

解説　手形法には意思表示の瑕疵・欠缺に関する規定がない。それゆえ、手形行為にも民法の規定を適用するのが原則である（この原則通りに解するのが適用肯定説）。

もっとも、手形取引の安全を害するとして、第三者保護規定のない錯誤・強迫の無効・取消しは（心裡留保の場合には九四条二項を類推するのが民法上の通説）善意の第三者には対抗できないと修正して解釈する学説もある（個別的修正説）。また、その場合だけ修正することに根拠がないとして、虚偽表示等の場合も含めて第三者は手形法一七条の人的抗弁切断によって保護されるとしたり（人的抗弁説）、権利外観理論によって保護されるとするものもある（一般的修正説）。さらに、意思表示を抽象化し、手形であることを認識しまたは認識すべくして署名すれば手形行為は有効であるとする見解もある（適用否定説）。

本判決は強迫を理由とする取消しが人的抗弁となるとするが、上記の人的抗弁説を採用したものか明らかではない。むしろ、取消しを善意の第三者に対抗できないという点に意味があるのであって、個別的修正説に立つともいわれている（なお、その後の最高裁の立場につき、101判決参照）。

もともと、意思自治の原理からすると、意思表示に瑕疵・欠缺があった場合表示通りの効果を認めるわけにはいかない。かといって、無効・取消しを貫くと第三者を害する。そこで、両者の利益を衡量して立法せざるをえない。民法は同じ瑕疵ある意思表示でも、詐欺の場合には、しっかりした判断を怠ったという点で表意者に落ち度があるとして第三者保護を優先し、他方、強迫の場合には、表意者に落ち度はないとして取消しを第三者に対抗できるとしている（民九六条三項）。しかるに、手形取引の安全を優先すべきという利益衡量論的見地から解釈論上の例外を認めることはできるのか。制限行為能力者の場合に同様に考えられない（多数説）のはなぜか。

関連条文　民九六条一項・三項、手一七条

▼**評釈**――福瀧博之・手形百選（三版）11

会社名を付記した署名の解釈

104 最1判昭和47・2・10民集二六巻一号一七頁

関連条文 手七五条七号、民九九条

手形の振出が法人のためにされたものか代表者個人のためにされたものか判定し難い場合の法律関係如何。

事実 Y合資会社の無限責任社員Aは約束手形をBに振り出し、Bはこれを Xに裏書したが、その振出人欄には「○市×町△－□、合資会社Y、A」と表示され、Aの名下にAの印章が押捺されていた。XはYに手形金の支払を求めたが、Yは振出人はAであると主張した。原審がYの責任を認めたためY上告。

裁判所の見解 上告棄却。手形上の表示から、その手形の振出が法人のためにされたものか判定し難い場合においても、手形の文言証券たる性質上、そのいずれであるかを手形外の証拠によって決することは許されず、手形取引の安全を保護するために、手形所持人は法人および代表者個人のいずれに対しても手形金の請求をすることができる。請求を受けた者は、その振出がいずれの趣旨でなされたかを知っていた直接の相手方に対しては、その旨の人的抗弁を主張しうる。

解説 手形面上に法人名と個人名とが併記され、そのどちらのために手形行為がなされたか明らかではない場合、かつて判例（大判昭和5・2・15新聞三一一〇号一三頁）は手形外の事情を参酌してこれを決定することができるとしていた。しかし、これは文言性に反する。他方、学説上は、法人および個人のいずれに対しても手形金を請求できる（法人が振出人であるとも個人が振出人であるとも解釈できる）とする見解が有力であった。本判決はこれまでの見解を改め右学説を採用したものである。

しかし、手形行為は要式行為であり、その表示行為は手形への記載によって行われ、効果意思の内容も記載によって決定される。これが不可能であれば「目的の不確定」により手形行為は無効である。代理意思も効果意思の内容を形成する以上、その有無が文言上決定できないのであれば、やはり同様の結論となるはずである。しかるに、本判決は手形取引の安全の保護を根拠に前述のように判断する。その理論構成は明らかではなく、判例の立場を外観理論を採用したと推論する学説もあるが、有効な権利の外観があるといえるかは多分に疑問である。

また、右の見解以外に、法人名が肩書にあれば原則として代理意思の表示があると解する見解や法人名のみを肩書記載しても代理意思の表示とは解しえないとする見解もある。もちろん、文言上そのいずれかに確定しうるのであれば問題ないが、「目的の不確定」による無効を避けるために一律に解釈すべしというのであれば便宜的であるとの批判を免れない。

▼**評釈**――宮島司・手形百選（五版）4

手形行為の無権代理人の責任

105 最3判昭和33・6・17民集一二巻一〇号一五三二頁

表見代理によって本人に手形金を請求できるときでも、所持人は無権代理人の手形責任を追及できるか。

事実　Yは A会社の代表取締役であったが、会社の運営の実際面はBに任せ、手形の振出もBがYの承諾の下にA代表者Y名義で行ってきた。本件手形もBが同様の方法で振り出したものであるが、Yは右手形の振出前に代表取締役を辞任し（ただし、変更登記は振出後）、その後Xはその事実を知らずに所持人となった。XがYに対し無権代理人の責任を追及したところ、原審はAが表見代理の規定によって責任を負う場合にはYは責任を負わないと判示した。X上告。

裁判所の見解　破棄差戻。表見代理は善意の相手方を保護する制度であるから、表見代理が成立する場合であっても主張するか否かは所持人の自由であり、所持人は表見代理を主張して本人の責任を問うことも、主張しないで無権代理人の責任（手八条）を問うこともできる。

解説　手形法八条は手形行為の無権代理人の責任を定めている。広義の無権代理の中には表見代理が成立する場合もあるが、その場合でも同条の責任を追及できるか。本判決は多数説に従いこれを肯定したものである（肯定説。なお、その後最3判昭和62・7・7民集四一巻五号一一三三頁は民法一一七条の責任でこれを踏襲した）。

しかし、手形法八条の趣旨は本人が手形上の責任を負うかのように表示したことに基づく法定の担保責任である（通説）。したがって、本人が責任を負わないことを前提としており、それでも肯定説に立つことはできるのか。また、代理人としてではあるが、ともかく手形に署名し、その限りにおいて手形行為をしていることに同条の趣旨を求める見解もある（少数説）。肯定説と矛盾しない一方で、これでは理論的には有権代理の場合にも代理人の責任を認めることになりかねない。

肯定説の理由として表見代理は有権代理の場合より立証上不利益であることが挙げられる。しかし、肯定説、否定説どちらに立っても所持人は無権代理人を訴えることができる。相違は、無権代理人が表見代理の成立を抗弁として主張しうるか否かである。肯定説では不可で否定説では可能だが、後者でも抗弁事実として無権代理人が表見代理の成立に関し証明責任を負う。したがって、所持人の立証上の不利益は問題とならない。なお、最高裁は主観的予備的併合を認めていないが、平成八年の法改正で同時審判共同訴訟の制度が創設された（民訴四一条）。本件のような事案では、所持人は本人と代理人の双方を訴え、右制度を利用していずれかに対する認容判決を受けることができる。その意味でも立証に関しては問題ない。

関連条文　手八条、民一一二条・一一七条、会九〇八条一項前段

▼**評釈**——桑原康行・手形百選11

手形行為の表見代理における第三者

106 最3判昭和36・12・12民集一五巻一一号二七五六頁

関連条文　民一一〇条・一一三条一項、手一四条一項

手形の振出について民法一一〇条の適用が問題となる場合「第三者」には受取人のみならず、その後の手形取得者も含まれるか。

事実　宗教法人Y寺の経理部長Aは、Bに金銭の受領を依頼するにあたって印章等を預けた。その後、Bは右印章等を用いて「Y経理部長A」と記載して約束手形をCに振り出し、CはXにこれを裏書した。Xは民法一一〇条の表見代理が成立すると主張したが、原審はCもXも悪意であるとして請求を棄却した。Xは自己に正当な理由がある等として上告。

裁判所の見解　上告棄却。約束手形が代理人によりその権限を踰越して振り出された場合、民法一一〇条によりこれを有効とするためには受取人に正当な理由がなければならず、その後の手形所持人が正当な理由を有していたとしても同条は適用されない。

解説　法律行為が無権代理人によってなされた場合、原則としてその効果は本人に帰属しないが（民一一三条一項）、代理制度の信用維持等の観点から、法は表見代理制度を設けている（民一〇九条・一一〇条・一一二条）。本判決ではそのうち一一〇条の第三者の範囲が問題となっている。

もともと、同条の第三者について、民法上の通説は代理行為の相手方を指すと解しており、手形行為につき本判決も右通説に従うものである。これに対し、流通証券としての手形の性格上それでは取引安全という手形制度の目的が達成できないとし、転得者も含むとするのが手形法上の多数説である。

しかし、準用される民法一〇九条と照らし合わせてみれば、一一〇条は「代理人……が（権限を越えて）第三者との間でした行為について」その第三者に「正当な理由」があるときに本人が責任を負うと定めているといわざるをえない。理論的にいっても、代理行為の効果が本人に帰属するか否かにかかわるのであるから、代理行為の時点でそれが確定される必要があろう。加えて、手形法上の多数説のように考えると、第三者の下で手形債権が発生することになり、裏書が権利移転行為であること（手一四条一項）と相容れないと批判される。これに対しては、一種の潜在的なものが移転されるという反論もあるが、「潜在的な」権利というのはいかなる内容のそれを指すか明らかではない。あるいは、表見代理の要件を備える者がそれを取得することを条件とする停止条件付手形債権を想定しているのかもしれないが、そのような条件付権利は手形面上に表彰されておらず（条件事実はどこにも記載されていない）、手形の裏書によってそれが移転すると解することは困難であろう。

▼**評釈**――宍戸善一・手形百選10

実在しない法人の代表者名義で手形を振り出した者の責任

107 最3判昭和38・11・19民集一七巻一一号一四〇一頁

関連条文　手七条・八条、民一一七条

実在しない会社の代表者として約束手形を振り出した者は手形上の責任を負担するか。

事　実　Yは、有限会社A代表取締役Yと署名して約束手形を振り出したものの、Aは実在しない会社であった。手形所持人Xは、手形金の支払を求めてYを訴え、原審は手形法八条を類推してYの責任を認めた。Y上告。

裁判所の見解　上告棄却。法人が実在し、ただ単に商号変更登記や代表者選任登記が未了であったにすぎない場合と異なり、本件ではA会社は実在しないのであるから、手形法八条の類推適用の結果Y個人が本件約束手形の振出人としての責任を負うとした原審は正当である。

解　説　本判決は実在しない会社を顕名して手形行為を行ったYの責任を手形法八条を根拠に肯定している。適用、準用、類推のいずれかであるかはともかく、同条は本人が手形上の責任を負うかのように表示したことに基づく担保責任を定めるものとして、学説もその結論を支持する。ここでは法人本質論の観点から事案を分析する。

第一に、法人擬制説では法人の行為というものはなく、外部に存在する代理人の行為によって法人が権利義務を取得するにすぎない。したがって、実在しない法人を顕名しても、手形行為を行ったのは実在する代理人であって、ただ本人が存在しないため効果を帰属させられないに止まる（権利能力の存在は本人への効果帰属の要件であるといわれる。四宮和夫『民法総則〔第4版補正版〕』一五四頁）。それゆえ、実在しない法人を顕名した場合には、原則として無権代理（ないしこれに準ずるもの）となり、代表者として署名した者は手形法八条を根拠に手形上の責任を負う（なお、最2判昭和33・10・24民集一二巻一四号三二二八頁参照）。

第二に、法人実在説では法人も団体意思ないし組織的意思を有しその意思に基づいて行動するため、法人の行為なるものが観念される。団体意思を体現して行動する機関の行為が法人の行為である。したがって、実在しない法人の機関として行動し手形行為を行うことは「仮設人」の手形行為を作出することにほかならない。仮設人を表示する手形行為は偽造の一種であるから（手七条参照。大隅＝河本六二頁）、この場合には、手形行為は偽造となる。偽造の効果は無効であるから、代表者として署名した者は原則として責任を負わない。もっとも、近時は偽造の場合にも手形法八条を類推適用できるとするのが判例・多数説であるから（最2判昭和49・6・28民集二八巻五号六五五頁。117判決参照）、結局それによれば偽造者たる自然人は手形上の責任を負うことになる。

▼**評釈**――藤井俊雄・手形百選（三版）17

手形行為と表見代理……荒川林産化学事件

108 最3判昭和39・9・15民集一八巻七号一四三五頁

関連条文 民一一〇条

第三者において本人が真正に約束手形を振り出したと信じた場合も民法一一〇条を類推適用できるか。

事実 A会社の出張所員Bは、Aから原料の買付等につき代理権を与えられていたが、手形を振り出す権限は与えられていなかった。しかし、A代表者名義の約束手形をB自らに振り出し、これをXに裏書した。Xは、Aを吸収合併したY会社に対し手形金の支払を請求した。原審が民法一一〇条を適用しYの責任を認めたため、Yは上告した。

裁判所の見解 上告棄却。原判決は、Xが本件手形は真正にAが発行したと信じてこれを取得したというだけであって、Bが代理権に基づいて署名代理の方法で本件手形を振り出したと信じたかは解明していないが、代理人が権限を踰越して署名代理の方法で本人名義の手形を振り出した場合に、相手方が、本人が真正にこれを振り出したと信ずるにつき正当の事由があるときは、民法一一〇条が類推適用される。

解説 本判決は、本人のために直接本人名義の手形行為を行ういわゆる署名代理を代理の一方式と認める立場に立つ。それ自体は、もっともなことに手形の文言性に反する等と批判されるものの（このような批判を容れて判例の立場は変更された。115判決等を参照）、それによると、本件振出は偽造ではなく無権代理となるから、民法一一〇条を直接適用できるはずである。それにもかかわらず、本判決が同条を類推適用するにとどめるのは、必ずしもXがBの代理権を信頼したわけではないことによる。第三者は、署名代理の事実を手形上から知りえない以上、手形外の事情により知った場合（面前で署名がされた場合等）を除き、代理権を信頼することがありえず、署名が本人（代表者）によりされたと信頼するにすぎない。同条は代理権に対する信頼を保護する規定であるが、本判決は、類推適用という形で、そのように信頼したにすぎない第三者にまで保護を広げるものといえる。これに対し、学説上は、当該第三者は一般的な権利外観理論により保護されるにとどまるとする主張も見られる。直接本人名義が用いられたために本人自らの行為であると信頼する第三者が現れるのは、手形行為のケースに限られない。そこで、判例は、それ以外のケースでも同条を類推適用して当該第三者を保護することを認めている（売買に関する最2判昭和44・12・19民集二三巻一二号二五三九頁等）。判例は、同条の第三者を直接の相手方に限定する立場に立つ（106判決）。本判決も、Bが受取人となったのは保証の趣旨で裏書するためにすぎずXが実質上の受取人たる直接の相手方であるとみることにより、その立場を貫いていると解される（最1判昭和45・3・26判時五八七号七五頁も参照）。

▼**評釈**——酒井太郎・手形百選14

手形行為と表見代表……保津川遊船事件

109 最2判昭和40・4・9民集一九巻三号六三二頁

関連条文　会三五四条（旧商二六二条）

代表権のない常務取締役が権限なく代表取締役の氏名を用いて会社名義で手形行為をした場合も会社法三五四条を適用できるか。

事　実　Y株式会社の取締役Aは、代表権はないが、常務取締役という名称を付されていた。Aは、保管を託されていた代表取締役Bの記名印等を用いてY名義の約束手形をCに振り出した。この手形を取得したXは、Yに対し手形金の支払を請求した。原審が商法二六二条（会三五四条）の適用を認めずXの請求を棄却したため、Xは上告した。

裁判所の見解　破棄差戻。代表者の記名捺印をした者に代表権がない場合も、会社がその者に常務取締役等の代表権を有すると認められる名称（同名称という）を付し、かつ受取人がその者の代表権の欠缺につき善意であるときは、その者が表見代表取締役として自己の氏名を手形上に表示した場合と同様、同条により会社は責任を負う。

解　説　代表権はないが同名称（旧商二六二条では、その例として常務取締役が明示されていた）を付された取締役が、権限なく代表取締役の氏名を用いて会社名義で手形行為をした場合も、同条の適用が認められるかをめぐっては、以前から争われてきた。本判決は、理由を明らかにしていないが、それを認めるものとして注目される。しかし、同条は、表見代理と同様、右の取締役の法律行為（行為者の無権代理）が成立することを前提として、その法律効果を会社（本人）に帰属させる規定であって、前記の場合は、右の取締役の署名がなく当該行為の成立が認め難い。そのため、同条の適用を認めるのは問題があろう。もっとも、当時の判例はいわゆる署名代理を代理の一方式と認める立場に立つ。それ自体は批判が多いものの（108判決の解説を参照）、それによる限り、前記の場合も、無権代理の成立が認められよう。あるいは、それによらずとも、偽造にも表見代理の規定の類推適用を認める解釈（115判決）をとれば、同条の類推適用は認めうることになろう。

ただし、同条は、同名称を会社が付したことだけでなく第三者が信頼したことまで要件とする。そのため、前記の場合に同条の（類推）適用が認められるとしても、それが認められるのは、同名称（これを付された取締役が代表権を有すること）を第三者が手形外の事情により信頼したケースに限定されよう。そこで、本判決がそのように限定せずに同条の適用を認めるものであるならば（ただし、高田・後掲）、その点も問題がある。

本判決は、Cが善意であるときに同条の適用を認めるから、その第三者を直接の相手方に限る。これは、表見代理の第三者に関する判例（106判決）の立場と符合する。

▼**評釈**――高田桂一・手形百選（三版）15

手形行為と利益相反取引……仙石屋事件

110 最大判昭和46・10・13民集二五巻七号九〇〇頁

①会社法三五六条一項二号は手形行為に適用されるか。②適用されるならば同規定に違反する行為の効力はどうなるか。

事実　Y株式会社の取締役Aは、個人的な金融のため、Yから約束手形の振出を受け、これをXに裏書した。Xの手形金の支払請求に対し、Yは、Aへの振出が、商法二六五条（会三五六条一項二号。同規定という）の取引に当たるにもかかわらず、取締役会の承認を得ていないから、無効であると主張した。原審がXの請求を認めたため、Yは上告した。

裁判所の見解　上告棄却。①約束手形の振出人は原因関係上の債務とは別個の債務を負担し、それは挙証責任の加重や抗弁の切断等を伴うことにより原因関係上の債務より厳格な義務であるから、会社が取締役に手形を振り出す行為は原則として同規定の取引に当たり取締役会の承認を必要とする。②手形取引の安全の見地より、会社は、取締役に対しては、承認を得なかったことを理由に振出の無効を主張できるが、手形を裏書された第三者に対しては、手形が会社から取締役に振り出されかつ承認を得なかったことにつき悪意であったことを主張・立証しなければ、振出の無効を主張できない。

解説　判例は、以前から、手形行為（会社が取締役に手形を振り出す行為等）にも同規定を適用して取締役会の承認を必要とする立場（適用肯定説）に立つ（大判明治42・12・2民録一五輯九二六頁等）。多数説も同様である。その理由は、本判決がいうように、手形行為が原因関係上の債務より厳格な義務（手形債務）を負担させることに求められている。確かに、そのことを考慮すれば、従来の適用否定説（少数説）のように原因関係に同規定を適用して取締役会の承認を必要とするだけでは十分ではない。しかし、手形行為は、手形債務を負担させるものの、それ自体が単独で行われるものではない。それ自体は、手形予約（原因関係と手形行為の中間過程にあって手形行為をなすことを目的とする債権契約）とともに行われ、手形予約による債務（手形行為をなす債務）の履行として行われるものである（田中耕太郎『手形法小切手法概論』二二八頁参照）。そして、どのような手形行為をなすか（どのような内容の手形債務を負担するか）が手形予約において取り決められる以上、これにこそ同規定を適用して取締役会の承認を必要とすべきであって、手形行為それ自体は、新たな利害の衝突を生じさせないから、同規定が適用されず取締役会の承認を必要としないと解しうる。このように解すれば、少数説によるのと同様、②の問題は生じない。原因関係や手形予約に取締役会の承認を欠く場合は人的抗弁事由となり、その場合の解決は手形法一七条により図られる（111判決の解説も参照）。

▼**評釈**――田中亘・手形百選37

関連条文　会三五六条一項二号・二項・三六五条一項（旧商二六五条）

手形行為と双方代理……関西急送事件

111 最3判昭和47・4・4民集二六巻三号三七三頁

関連条文　民一〇八条

民法一〇八条本文は手形行為にも適用されるか。適用されるならば、同規定に違反する手形行為の効力はどうなるか。

事　実　Y株式会社の支配人Aは、自分が代表取締役を務めるB株式会社に対しY代表者C名義の約束手形を振り出した。この手形を取得したXは、Yに対し手形金の支払を請求した。原審がXの請求を棄却したため、Xは上告した。

裁判所の見解　破棄差戻。本件振出は、民法一〇八条本文（同規定という）の双方代理となる。そして、同規定に違反する行為は無権代理として無効となるから、振出が双方代理となる場合も、本人は、相手方に対しては、その無効を主張できる。しかし、110判決がいうように、手形が不特定多数人の間を転々流通することを考慮すれば、第三取得者に対しては、双方代理により振り出されたことにつき悪意であったことを主張・立証しなければ、その無効を主張できない。

解　説　同規定に違反する行為は無権代理として無効となると解釈される。本判決も、その解釈から出発し、同規定に違反する手形行為につき、本人が無権代理として無効となることを善意の第三者に主張できないこと（相対的無効）を認める。本判決は、相対的無効を同規定に違反する行為一般に認める趣旨ではない。手形の特殊性を理由に認めるから手形行為に限る趣旨である。110判決も、会社法三五六条一項二号（同規定と合わせ両規定という）に違反する手形行為につき、同じ理由により相対的無効を認める。しかし、相対的無効は条文上の根拠を欠く。手形法上も同様であるから手形行為に限って認めることもできない。手形行為は、手形予約による債務の履行として行われ、新たな利害の衝突を生じさせないから、両規定が適用されず本人等の承認がないことを理由に無効となるものではないと解しうる。このように解しても、原因関係や手形予約は両規定が適用され承認がないと人的抗弁事由となる。人的抗弁（その制限）は手形取引の安全を図るために手形法上認められた制度であるから（同一七条）、本判決や110判決のようにその安全を強調する以上、それによるのがスジである。しかるに条文上の根拠を欠く相対的無効を持ち出すのは手形行為に両規定を適用するからであり、そこに問題の根源がある（110判決の解説も参照）。本件振出につき、本判決は双方代理となると説く。しかし、Aは、Y代表者C名義の機関方式で行う一方、Bを代表して行い、双方代理そのものは行っていない。そのため、同規定は問題になるとしても類推適用である。また、本件振出は同規定に違反するとしても機関方式で行われた以上、無権代理ではなく偽造となろう。ただし、偽造も無権代理と同様に処理するならば（115判決等）、その点は結論に影響しない。

▼**評釈**――前田重行・手形百選（三版）19

被偽造者の責任

112 最3判昭和27・10・21民集六巻九号八四一頁

不動産登記申請書に使用させるために他人に実印を渡した者は、その実印を使って偽造した手形の交付を受けた善意の相手方に手形金を支払う義務を負うか。

事実　Yは、Aに対して自己の不動産の登記申請書に使用させるために実印を渡したところ、Aは勝手にY名義の約束手形を作成して善意のXに交付し、対価を受領した。XからYに対して手形金を請求。

裁判所の見解　手形の被偽造者は偽造手形により何ら手形上の義務を負うものではなく、このことは被偽造者に重大な過失があったと否と、また、受取人が善意であったと否とにかかわらない。

解説　手形偽造とは、権限のない者がありもしない他人の手形行為をあるかのように見せかけることをいう。つまり、手形偽造は単なる文書偽造ではなく、他人の「手形行為」という法律行為の存在を偽ることを意味する。手形行為は、署名（記名捺印を含む）を意思表示の方式上の要素としているから、署名なくして手形行為なく、署名なくして手形法上の責任なし、というのが原則であり、手形法七条も「偽造ノ署名」を「本人ニ義務ヲ負ハシムルコト能ハザル署名」であるとしてこれを確認している。問題は、偽造された本人に何らかの帰責事由があり、かつ、偽造手形を掴まされた相手方が善意であった場合にも被偽造者は責任を負わないといえるか、である。この点、署名なくして責任なしの原則からすれば、被偽造者は不法行為法上の損害賠償責任（特に民七一五条、113判決参照）を別として、手形債務を負う理由はないはずである。しかし、かつての判例は、たとえ無権限で他人の署名（記名捺印）がなされた場合であっても、それが実質的に本人のためにする意思（代理意思）をもってなされたときには、これを無権代理行為とみて、表見代理の成立を認めてきた（大判昭和8・9・28新聞三六二〇号五頁）。このように実質的な代理意思の有無によって無権代理と偽造とを区別する旧判例法は、代理における顕名主義・手形の文言性に反するものとして非難されるべきものであったが、本件については、右の枠組みによっても、Aに代理意思がなく、偽造であると判断されたものであろう。

もともと無権代理と偽造とは、その効果において、①被偽造者による遡及的追認の可否（民一一六条か、一一九条か、114判決）、②被偽造者の責任の根拠（表見代理か、使用者責任か、115・113判決）、③偽造者の責任の根拠（手八条か、不法行為か、117判決）の点で大きく異なる。だが、判例法は、やがて実質的代理意思の基準を棄て、無権代理の法理が適用される領域を、偽造全般に拡大していくこととなった。

▼評釈——田邊光政・手形百選（三版）20

関連条文　手七条

手形の偽造と民法七一五条の使用者責任

113 最2判昭和36・6・9民集一五巻六号一五四六頁

関連条文　民七一五条

使用者は、被用者の手形偽造につき使用者責任を負うか。

事実　Y事業協同組合の使用人Aは、Y組合の手形事務等を担当し、Y組合理事長の記名印・印鑑を保管していたが、従来Y組合と全然取引関係のないB会社に融通手形の振出しを懇請され、ほしいままに理事長名義の記名印、印鑑を使用して約束手形を作成し、B社に交付した。B社は、本件手形を善意のXに対して割引のために裏書譲渡し、Xは、主位的請求としてY組合の表見代理に基づく手形上の責任を、予備的請求として使用者責任に基づく損害賠償責任を追及した。

裁判所の見解　民法七一五条にいわゆる「事業の執行について」とは、被用者の職務の執行行為そのものには属しないが、その行為の外形から観察して、あたかも被用者の職務の範囲内の行為に属するものとみられる場合をも包含する。被用者が使用者の具体的な命令または委任に基づかず、その地位を濫用して自己または第三者の利益を図ったような場合も被用者の行為が何人の利益を図ったかということは外部から認識することはできないから、使用者責任を免れない。

解説　手形偽造が問題となる事案には、本件のように、被用者が使用者の取引印を勝手に使って手形を作成してしまった場合が多い。このような場合、手形所持人は、手形面上に自己の署名を作出された使用者すなわち被偽造者に対し、民法七一五条の使用者責任を追及するのが一般的であった。というのも、自ら署名したわけではない被偽造者には、原則的に手形上の責任は生じないと解していたかつての判例法の下においては（112判決）、もし、訴訟手続において偽造の事実が明らかになれば、所持人の手形金請求の道は全く閉ざされるからである。原審が被偽造者の表見代理に基づく責任、および、使用者責任の双方を否定したのに対し、最高裁は表見代理の判示を全く問題とせず、使用者責任の判示についてのみ原判決を破毀・差し戻している。本判決の時点では最高裁が「署名なくして責任なし」の原則に忠実であったことの証左であろう。ただし、使用者責任に関しても、職務逸脱行為である手形偽造が、使用者の「事業の執行について」なされた行為であるといえるかは問題である。使用者責任の本質を使用者の選任監督上の過失に基づくものと捉えれば、本来使用者の事業の執行として具体的になすべき事項でなければ使用者による選任監督ということはありえないからである。しかし、判例法は、判旨も述べるように、いわゆる外形理論をとって右の要件を拡張解釈し、本件のように受取人が悪意（重過失）であっても、善意の取得者にはなお外形理論の保護が及ぶものとする（最1判昭和45・2・26民集二四巻二号一〇九頁）。

▼**評釈**——遠藤美光・手形百選18

手形の偽造の追認

114 最2判昭和41・7・1判タ一九八号一二三頁

被偽造者がなした手形偽造の追認は有効か。

事 実　Yの妻Aは、実兄であるBに頼まれてその営業資金調達に利用させるために、Yから何らの権限も与えられていないにもかかわらず、Yの記名捺印ある約束手形を作成してBに交付した。手形は、転輾した後Xの取得するところとなり、右手形の満期に至りYはXに対して本件手形を「いいのにする」と約束したが、結局その支払を拒絶した。Yは、無効な行為が本人の追認によっても有効とすることができないのは民法一一九条によって明らかであると主張して上告した。

裁判所の見解　原判決が、Yの追認によってAの偽造による振出行為の効力が遡及的にYに及ぶことを判示したのは正当であり、本件の如き場合は、無権代理人によって直接本人の記名捺印がなされた場合と同様であるから、追認によって本件振出行為が当初より本人に効力を生ずる。

解 説　手形偽造は、他人の手形行為が存在するかのように見せかける行為であるから、本来手形行為としては不成立・無効である。したがって、偽造行為が追認によって効力を生ずることはなく、たかだか被偽造者が無効であることを知って「追認」したときに、新たな手形行為をなしたものとみなされる余地があるにすぎない（民一一九条、ただし、「無効な行為」とは、公序良俗に反する法律行為など、本人がなした成立はしているが無効な法律行為を示し、偽造は含まれないのではないか）。この点で、無権代理の追認の効力が原則として契約の時に遡ることと大きく異なる（民一一六条、手八条）。にもかかわらず、本件判旨は、無権代理と同様に遡及効ある追認を認めた。従来の判例法によれば、無権限者が直接本人名義の署名を作出した場合、本人のためにする意思があれば追認可能な無権代理、そのような意思がない場合を追認不能な偽造として区別していたが（112判決参照）、本件判旨は後者にも無権代理の法理を拡大したわけである。右の旧判例法は、手形行為の方式上、代理方式をとらず、機関方式すなわち直接本人名義でなされた署名を代理行為とみる点で無理があると批判され、通説は、手形署名の方式によって、代理方式をとる無権限署名を無権代理（手八条）、機関方式でなされた無権限署名を偽造（手七条）として区別する。この区別からしても、偽造については遡及的追認を否定するのが筋であるが、本判決を契機として、当初から有効な手形であると信頼した相手方の保護と追認した当事者の意思を根拠に、無権代理と同様の遡及的追認を認める学説が有力化した。最高裁も、本件以後、偽造と無権代理の類似性を強調し、偽造の「無権代理化」を図っていくことになる（特に、115・117判決）。

▼**評釈**――弥永真生・手形百選16

関連条文　手七条・八条、民一一六条・一一九条

手形の偽造と民法一一〇条の類推適用

115　最3判昭和43・12・24民集二二巻一三号三三八二頁

被偽造者は、手形偽造について善意の相手方に対して表見代理に基づく責任を負うか。

事実　Yは、親戚であるAに自己の実印を預け、A振出の手形に度々共同振出および手形保証をさせていたが、AはYの承諾なくしてYの実印を用い、Xに対して約束手形を振り出した。

裁判所の見解　本人から手形振出の権限を付与されていない他人が、手形上に自己の名義を表示することなく、直接に本人名義の署名を手形上にあらわす方式（機関方式）により手形を振り出した場合に、第三者において右他人が本人名義で手形を振り出す権限があると信ずるについて正当な理由があるときは、本人は、右他人がなした手形振出について責任を負う。けだし、機関方式による手形振出は、その形式においては、本人から手形振出の権限を付与されていない他人が本人の代理人としての資格を表示して自ら署名をする方式（代理方式）による手形振出とは異なるけれども、右はいずれも無権限者による本人名義の手形振出である点においては差異はなく、第三者の信頼を保護しようとする表見代理の制度の趣旨から実質的に考察すれば、無権限者が機関方式により手形を振り出して本人名義の手形を偽造した場合においても、表見代理に関する規定を類推適用すべきだからである。

関連条文　手八条、民一一〇条

解説　人が他人のために手形署名をなす場合に、直接本人名義の署名（記名捺印）を代行する場合（機関方式）と、本人のためにする意思を付記して自らの署名をなす場合（代理方式）とがある。手形行為は要式的法律行為であるから、無権代理と偽造の区別の基準を右の手形署名の形式の違いに求めるとすれば、答えは極めて明快である。つまり、無権限署名で本人のためにする意思が表示されていれば無権代理、表示されていなければ偽造である。これに対して、従来の判例は、機関方式をとる場合であっても、署名者に実質的に本人のためにする意思があれば、これを代理による手形行為と認めていた（112判決の解説参照）。本件判旨は右の実質的代理意思の基準を棄てて方式上の区別を採用したが、無権代理も偽造もともに無権限署名である点では差異はないとし、相手方保護の必要性から、表見代理の規定を偽造にも類推適用した。結論的にいえば、実質的な代理意思の有無や機関方式と代理方式の如何を問わず、無権限による手形行為という事実がありさえすれば、善意の相手方の保護は、全て表見代理の規定に持ち込むことになる。だが、偽造が本来手形行為として全く不成立であるとすれば、表見代理を類推する基礎を欠き、問題は、権利外観理論によって被偽造者が責任を負うか否かの点にかかってくる。

▼**評釈**——清水真希子・手形百選13

代理権限の濫用と手形の偽造

116 最1判昭和44・4・3民集二三巻四号七三七頁

農業協同組合の参事が、自己が保管する当該農協の組合長の実印を冒用し、自己または第三者の利益を図るために振り出した手形は偽造手形か。

事実　Y農業組合の参事Aは、かねてより自己の責任で農協の木炭を金融業者Bに掛け売りしていたところ、Bが倒産して売掛金債権の回収ができなくなった。そこで、AはBと共謀の上、Y農協のゴム印と組合長の実印とを預っていることを利用してY農協名義の約束手形をB宛てに振り出し、Bがその手形の割引金を利殖して返済金に充てることにした。右手形は、BからCを経てXへと順次裏書譲渡された。

裁判所の見解　農協の参事は、自己の属する組合の事業に関する一切の裁判上または裁判外の行為をする権限を有するから（農協四一条三項、会一一条一項）、Aが本件手形を振り出した際、自己または第三者の利益を図る目的を有していたとしても、それは、Aの有するY農協に対する参事としての代理権を濫用したにすぎず、右振出行為はなおその代理権の範囲内の行為であるというべきであるから、本件手形は偽造手形ではない。もっとも、Bは、本件手形の振出がY以外の者の利益を図るためになされたものであることを知っていたのであるから、Yは、Bに対しては民法九三条ただし書の類推適用により手形振出人としての責めを免れうるが、さらにこれが第三者に裏書譲渡された場合においては、手形の流通証券としての特質に鑑み、本人は、手形法一七条ただし書の規定に則り、手形所持人の悪意を立証してのみその責めを免れうる。

関連条文　農協四一条三項、会一一条一項、民九三条ただし書、手一七条ただし書

解説　農協は法人であるから、本件手形振出がY農協の定款に定められている目的の範囲内（民四三条）に含まれるかがまず問題であるが、判旨は、Yは、その活動のため現に金銭取引を営んでいるのだから、右金銭取引の手段である手形行為をなすことも当然にその目的の範囲内に属するとする。では、Aの手形振出は偽造に当たるか。もともと農協の参事には、支配人と同様に包括的代理権が法定されており、AがYを代理して手形を振り出したのは、無権限者による手形行為であるとはいえない（最1判昭和43・10・31判時五四一号七二頁）。そこで、問題は、Aの代理権限の範囲において、しかし、背任的目的で振り出した手形行為をいかに解するか、に行き着く。判旨は、民法九三条ただし書類推適用説により悪意・軽過失ある相手方の権利行使を否定するが、だとすると、当事者間では手形行為自体を無効と解することとなるから、転得者の保護は民法九四条二項の類推適用によってはかるのが筋である（100判決参照）。この点、判旨が転得者につき手形法一七条を持ち出すことの理論的一貫性が問われる。

▼評釈——箱井崇史・手形百選15

手形の偽造と手形法八条の類推適用

117 最2判昭和49・6・28民集二八巻五号六五五頁

関連条文　手八条・七七条二項、民一一三条

手形を偽造した者は、手形上の責任を負うか。

事実　Yは、有限会社甲商店の代表者であるが、架空人である「乙製作所代表A」から甲商店に宛てて振り出されたかのような約束手形を偽造し、これを第三者が振り出した信用ある手形であると偽り、自ら裏書した上、商品代金の支払などのためにXに裏書交付した。Xは、Yが架空人名義の手形振出につき手形法八条に準じて責任を負うと主張。

裁判所の見解　手形法八条の類推適用による無権代理人の責任は、責任負担のための署名による責任ではなく、名義人本人が手形上の責任を負うかのように表示したことに対する担保責任であると解すべきところ、手形偽造の場合も、名義人本人の氏名を使用するについて何らの権限のない者があたかも名義人本人が手形上の責任を負うものであるかのように表示する点においては、無権代理人の場合と変わりはなく、したがって、手形署名を作出した行為者の責任を論ずるにあたり、代理表示の有無によって本質的な差異を来たすものではなく、代理表示をせずに直接本人の署名を作出した偽造者に対しても、手形法八条の規定を類推適用して無権代理人と同様の手形上の担保責任を負わせて然るべきである。このように解すると、手形の偽造署名者に対しては、不法行為による損害賠償請求という迂遠な方法によるまでもなく直接手形上の責任を追及しうるし、また、手形偽造者が本来の手形責任を負うべき債務者として追加されることによって、善意の手形所持人は一層手厚く保護され、取引の安全に資することにもなる。

解説　手形法八条は、代理権を有しない者が「代理人トシテ手形ニ署名シタル」ことを要件とする。手形行為の代理方式は、これが商行為であるにもかかわらず、手形の文言性によって商法五〇四条の適用は排除され、顕名主義の原則に帰るから（民九九条・一〇〇条）、手形上に①本人、②本人のためにする意思（代理意思）および③代理人の署名の三つが手形上に表示されていなければならない。そして、このような代理方式をとったにもかかわらず代理人が無権限であったときに、初めて手形法八条が適用されるのが原則である。これに対して、無権限で直接本人名義の手形を作成する行為は、手形行為としては全く成立していない偽造にすぎず（手七条）、偽造者は、手形の取得者に対して不法行為者としての責任を負うに留まるはずである（113判決）。しかし判旨は、無権限署名者だという点で偽造者も無権代理人と変わりはない以上、両者は同一の責任を負うべきものとして偽造者に手形法八条を類推適用した。これは昭和四〇年代の判例法が、偽造の「無権代理化」を図ってきた（114・115判決）論理的帰結である。

▼**評釈**――榊素寛・手形百選17

手形の偽造と悪意の取得者

118 最2判昭和55・9・5民集三四巻五号六六七頁

関連条文 手八条、民一一七条

手形偽造者は、悪意の取得者に対しても責任を負うか。

事実 Xは、夫Aの取引印と約束手形用紙とをBに貸したところ、BはA名義の手形を濫発し、これが悪意のYの手に渡った。事態が発覚してAに責められるのを恐れたXは、Yの言うがままにA名義の手形を偽造し、Yに交付した。

裁判所の見解 偽造手形を振り出した者は、手形法八条の類推適用により手形上の責任を負うべきものであることは当裁判所の判例とするところであるが（最2判昭和49・6・28〔＝117判決〕）、その趣旨は、善意の手形所持人を保護し、取引の安全に資するためにほかならないものであるから、手形が偽造されたものであることを知ってこれを取得した所持人に対しては、手形法八条の規定を類推適用する余地なく、手形偽造者は、右所持人に対しては手形上の責任を負わない。

解説 手形法八条は、代理権のない者が、「代理人トシテ」手形行為をなしたときは、自らその手形により義務を負うものとする。これに対して、何ら権限のない者が、直接他人名義の手形を作成したとき（つまり偽造したとき）には、「代理人トシテ」手形行為をしたわけではないから同条の適用はない。このことは、手形法七条が、無能力者の署名と並んで、偽造の署名を無効の署名としつつ、偽造者の責任を特に定めていないことから看取され、また、理論的にも、無権代理人は代理人として手形に署名しているのに対して、偽造者はその名が手形上に表示されておらず、手形の文言性から手形債務を負担させる基礎がない。しかし、117判決は、①偽造者も無権限署名者という点では無権代理人と同様であるから、手形法八条の類推適用によって同一の担保責任を課すべきであり、こう解すれば、②不法行為責任の追及という回り道をとらずに済み、また、③善意の取得者の保護に資する、と判示して従来の立場を転換した。判旨は、右の③を強調し、悪意の取得者については手形法八条の類推適用は排除されるものとする。だが、①偽造者を無権代理人に引き付けて解するとしても、手形の文言性とのけじめをどう付けるのか、②不法行為責任の方が、損害の認定、過失相殺によって、具体的に妥当な結論が得られるのではないか、③そもそも手形法八条が直接適用される場合に、無権代理人は善意の取得者にだけ責任を負うという法的根拠はあるのか、民法一一七条一項は、無権代理人の履行または損害賠償責任を定め、同条二項は、相手方が悪意・軽過失あるときに前項の適用を排除しているが、手形法八条が一律に履行責任を定めて民法一一七条一項の適用を排除しているにもかかわらず、同条二項のみを適用する結果となるのは無理がないか、といった疑問が解決されなければならない。

▼**評釈**——上柳克郎・昭和55年重判（商7）

満期の変造

119 最3判昭和50・8・29判時七九三号九七頁

満期の延長に同意していない裏書人に対して遡求権を行使するためには、延長前の満期に従って遡求権保全手続をとることが必要か。

事実 Yは、Aが振り出した約束手形に保証の趣旨で裏書をなし、右手形はXの所持するところとなった。Yが右手形に裏書した時点では、満期欄には「昭和四八年四月七日」と記載されていたが、その後、Yの同意を得ずXA間の合意に基づいて「昭和四九年二月一二日」と書き直された。Xは、昭和四九年二月一三日に本件手形をAに支払呈示したが、支払を拒絶されたため、Yに対して遡求権を行使した。

裁判所の見解 Yは訂正前の満期である昭和四八年四月七日に従って遡求権保全手続がとられることを条件に遡求義務を負うものというべく、右保全手続がとられていない本件では、XはYに対して遡求権を行使しえない。

解説 手形の変造は、他人のなした有効な手形行為の内容を無権限で書き換えることをいう。偽造が、ありもしない他人の手形行為があたかも存在するかのように偽ることであるのに対して、変造は、他人の有効な手形行為が成立していることが前提である。したがって、権限のない者がいくらその記載を書き換えたとしても、一旦有効に成立した実体的な権利・義務関係がそれによって変更されることなどありえない。手形法六九条が、変造前の署名者は原文言に従って責任を負うというのは、当然の事理を規定したにすぎない。これに対して、もし、全手形当事者の合意の下で手形要件が書き直された場合には、全員が新文言に従って新たに手形行為をなしたことになるから、変造の問題は生じない。

問題は、一部の当事者の合意だけに基づいて手形要件を書き直した場合である。この点、合意ある当事者間においては有効に手形上の権利・義務関係が変更され、合意のない者に対する関係では変造になるという考え方もありうる。確定日払の約束手形では、裏書人に対する遡求権を保全するために、満期またはこれに続く二取引日内に振出人に対して支払呈示をしておく必要があるが、右の考え方によれば、満期が変更された場合には、変更に同意した裏書人に対する関係では変更後の満期に従って遡求権を保全し、同意のない者との関係では変更前の満期に従って遡求権を保全すべきことになる。ただし、これによると、再遡求や消滅時効の起算点について法律関係が錯雑化することを考えれば（大判昭和12・11・24民集一六巻一六五二頁参照）、全員の合意なくして満期の変更はありえず、一部の合意は手形外の特約（人的抗弁事由）に留まるのではないかとの疑問がある。

▼評釈――宮島司・手形百選19

関連条文 手五三条・六九条・七七条一項

当事者間における原因関係無効の抗弁……毒入りアラレ事件

120 最1判昭和39・1・23民集一八巻一号三七頁

関連条文 手一条二号・一七条、民九〇条・七〇三条・七〇八条

無効な原因関係に基づく手形行為は有効か、無効か。

事実 アラレ菓子の製造販売を業とするXは、Yに対してアラレ菓子を継続的に販売していたが、X製造のアラレには、食品衛生法によって使用が禁止されている物質が含まれていたことが判明した。しかし、XYは当該アラレの売買取引を継続し、Yは、その代金支払のためにX振出の為替手形に引受署名をしてXに交付した。XからYに手形金を請求したところ、Yはアラレの売買契約は民法九〇条により無効であり、したがって手形金の支払義務はないと抗弁した。

裁判所の見解 本件アラレの売買取引は民法九〇条に抵触し無効のものと解するを相当とする。然らば、すなわち、Yは右売買に基づく代金支払の義務なき筋合なれば、その代金支払のために引き受けた為替手形金もこれを支払う必要はない。

解説 手形行為は、その原因となった法律関係とは別個の法律要件であり（手形行為の設権行為性）、なおかつ、原因関係が無効であったり、消滅した場合にも、そのことと切り離されて有効に存在し続けるという特質を持つ（手形行為の無因性）。それゆえに、手形行為から発生した手形債権・債務は、原因関係の無効・消滅とは切り離されて有効に存在し続ける（手形債務の無因性）。振出、裏書、引受をはじめとする手形行為は、いずれも「単純」な意思表示として定型化されており（手一条二号・一二条一項・二六条一項・七五条二号）、これが手形行為の無因性の法的な根拠である。しかし、注意すべきなのは、「無因」性といっても、決して手形行為に実際に「原因が無い」というわけではなく、現実に存在する原因関係との効力的牽連性を法律的に切り離しているにすぎないという点である。それゆえに原因関係に瑕疵・欠缺がある場合にも手形行為は有効であるが、債務者は直接の相手方に対し、「人的関係ニ基ク抗弁」（手一七条）を持ち出して支払を拒絶しうる。つまり、れっきとした債権者に対する支払であっても、原因関係上それが不当利得となって事後的に返還を要する場合には、債務者は予め不当利得の抗弁権を対抗しうるのである。これに対して、原因関係の直接の当事者間では、原因関係の瑕疵・欠缺によって手形行為（二段階創造説によれば手形権利移転行為）が無効となるという考え方（有因論）がある。これによれば、相手方は無権利者となり、債務者は当然に支払を拒絶できることになるが、反面、第三者の権利取得は、原則として善意取得（手一六条二項）に頼らざるをえなくなり、一七条を適用する場合に比べて取引の安全に欠ける心配がある（なお、121判決参照）。

▼**評釈**——尾崎安央・手形百選25

賭博による債務支払のための小切手の提供

121 最2判昭和46・4・9民集二五巻三号二六四頁

賭金の支払を目的とする手形・小切手行為は有効か。

事　実　AはXとの賭碁に敗れ、賭金一五〇万円を支払わざるをえなくなったので、Yに頼んでY振出の額面一〇〇万円の小切手を借り受け、これをXに交付した。この小切手は一旦Yによって支払拒絶された後、XY間においてその支払（五五万円）についての和解が成立した。しかし、Yは右和解契約上の債務を履行しなかったため、Xから和解契約の履行を求めた。

裁判所の見解　XがYに対して小切手金の支払を求めることは公序良俗に違反するものとして許されず、右和解上の金銭支払の約束も、実質上、その金額の限度でXに賭博による金銭給付を得させることを目的とするものであるから、同じく、公序良俗のゆえをもって無効とすべきである。

解　説　手形（小切手）行為も法律行為であるから、これが有効であるためには、原則としては法律行為の有効要件を満たさなければならない。法律行為の有効要件は、目的の①確定可能性、②実現可能性、③適法性、④社会的妥当性であるが、手形行為は、一定金額の支払委託、債務の負担、権利移転のいずれかをその目的とするから、右の①②については当然クリアーされる。問題は、③および④である。もともと無因的法律行為である手形行為は、「単純ナル」意思表示をその本質としており、原因すなわち「何がゆえにその手形行為をしたか」の問題（賭金の支払のため）は、手形行為の内容の埒外に置かれる。したがって、手形行為に違法性や社会的不当性を帯びさせる事情があったとしても、それは原因の違法・不当として、せいぜい人的抗弁事由となりうるにすぎない（120判決参照）。ただ、手形債権の発生・移転が不法原因給付（民七〇八条）に該当する場合には、債権の不当利得返還請求権すなわち不当利得の抗弁権が否定され、債務者は抗弁を対抗しえなくなるのではないかとの疑問がある。しかし、民法七〇八条の趣旨は、自己の不法を言い立てて不当利得の返還を請求することを拒否する点にあり（クリーン・ハンドの原則）、債務者の不当利得の抗弁権を拒否することは、かえって不法な原因による給付の実現に国家が助力することとなろう。

これに対して、原因の違法・不当は、手形行為自体の無効を来たすとする考え方がある。しかし、これによれば善意の取得者が不測の損害を被ることになり、手形取引の動的安全を著しく害することとなる。違法・不当な原因に基づいて手形行為をなした当事者間で手形金請求を認めるのが不当であるとしても、それを超えて、第三者取得者に不利益を及ぼすような解釈が妥当であるかは大いに疑問である。

▼**評釈**――久保大作・手形百選88

関連条文　小二二条、民九〇条・七〇八条

悪意の抗弁の成立

122 大判昭和19・6・23民集二三巻三七八頁

関連条文 手一七条・七七条

所持人が手形を取得した時点では、いまだ前者間に人的抗弁が存在していなかった場合にも、悪意の抗弁は成立するか。

事実　Yは、Aから石炭を購入する契約を締結し、その保証金の支払のために、Aに宛てて本件約束手形を振り出した。右手形は、AからXに裏書譲渡されたが、Xは、AがYに対して石炭の引渡しができる見込みがないのを知りつつ、YとAとの契約を斡旋し、本件手形を取得した。その後、YはAとの契約を詐欺によるものとして取り消したが、XはYに対して手形金を請求した。

裁判所の見解　Xが本件手形を取得した当時単に右手形が石炭売買契約の保証金として振り出されたことを了知していたという事実のみでは後日右売買契約が取り消されるべき事情があったとしても、Xは手形法一七条ただし書にいわゆる害意があったとはいえない。しかし、Xが石炭売買契約の保証金として騙取された手形である事実を了知してこれを取得した場合には、たとえ取得当時に右契約がいまだ詐欺を理由として取り消されていなかったとしても、Xには害意があるといえ、Yは、Aに対する人的抗弁をもってXに対抗することができる。悪意の抗弁を適用するためには、手形取得者がその取得当時、後日なされる手形金請求に対して特別の事情のない限りは債務者がその支払を拒みうる事由が存することを了知していれば足り、必ずしも右取得当時すでに支払を拒否しうべき法律関係が存すること、および、その認識を要しない。

解説　手形法一七条本文は、手形金の請求を受けた者は、所持人の前者に対して主張しえた「人的関係ニ基ク抗弁」を所持人に対抗しえないことを定め（人的抗弁の不対抗）、同条ただし書は、所持人が債務者を「害スルコトヲ知リテ」手形を取得したときには例外的に「人的抗弁」をもってこれに対抗しうるとする。問題なのは、ただし書にいわゆる「害意」の意味である。単なる「悪意」ならば、債務者が前者に対して抗弁権をもっているという事実の認識で必要十分であるが、「害意」という以上、これにプラスして債務者の損害発生についての認識も必要であるという考え方もありうる。しかし、法律上債務者の抗弁権が制限されれば当然に債務者に損害が発生するわけであるから、結局、「害意」は「悪意」と同一に解さざるをえない。ただし、「害意」の判断は手形取得時になされるのに対し、債務者の抗弁権が行使されるのは満期以後の権利行使時においてである。このような時間のズレを埋めるために、「害意」とは、満期において債務者が取得者の直接の前者に対し抗弁を主張することは確実であるとの認識をいう（河本フォーミュラ）と解されている。

▼**評釈**――高田晴仁・手形百選29

悪意の抗弁と重過失

123 最3判昭和35・10・25民集一四巻一二号二七二〇頁

関連条文　手一〇条・一六条二項・一七条・七七条

悪意の抗弁は、債務者の抗弁事由を知らないことにつき、重大な過失ある取得者に対して対抗しうるか。

事実　Yは、金融を得る目的で、金融ブローカーのAに対し本件約束手形を振り出したが、その目的が果たされないまま、右手形は転輾と流通し、Xの所持するところとなった。Xの手形金請求に対し、Yは、Xは手形発行者や支払銀行に照会するなどして当該手形の安全性を確認せずに未知の会社の手形を未知のブローカーよりたやすく受け取っており、Yを害する意思かこれに類似する重大な過失があるから、手形法一七条ただし書の拡張適用または一六条二項の類推により、人的抗弁を対抗できると主張した。

裁判所の見解　手形法一七条は、同法一六条二項が、その意に反して手形の所持を失った手形権利者と手形取得者との間の権利の帰属を決するための規定であるのとは異なり、手形債務者が自己の負担する手形債務につき人的抗弁をもって対抗しうる場合を限定しようとする規定であり、手形流通の安全のため広く善意の手形所持人を保護することを法意とする。したがって、一七条は債務者を害することを知らないで手形を取得した者については、重過失があるとを問わないと解すべきである。

解説　手形法一七条ただし書は、所持人が「其ノ債務者ヲ害スルコトヲ知リテ」手形を取得したときに、前者に対する抗弁を対抗することを認めるが、「悪意」という文言には、善意であっても重過失がある場合を含めるのが通例であるから、右の「害意」も重過失を含むかが問題となる。通説は、補充権授与契約違反の不対抗（手一〇条）や善意取得（手一六条二項）においては、取得者の善意・無重過失が要求されているのに対し、一七条ただし書にはそのような明文を欠くだけでなく、あえて害することを「知リテ」と規定されているのは、重大であると軽微であるとを問わず取得者の過失を不問に付す趣旨のあらわれと解する。ただ、その理論的根拠となると、通説は、一〇条・一六条二項・一七条のいずれもが、権利外観理論に基づき、瑕疵のある権利の承継取得者や無権利者からの手形取得者を保護する規定であって、取得者の保護要件の違い（悪意か害意か、無重過失を要するか）は、取引安全政策の違いによるものと理解する。これに対して、確かに善意取得や補充権授与契約違反の不対抗には、権利外観理論に基づいて善意・無重過失が要求されているが、悪意の抗弁の成否は、あくまで原因関係上の不当利得の抗弁の問題ないしは取得者の加害意思による権利濫用の問題であると考えれば、悪意の抗弁には、（重）過失とは異質な要件が設定されていることになる。

▼**評釈**——梅本剛正・手形百選32

人的抗弁切断後の手形取得

124 最3判昭和37・5・1民集一六巻五号一〇一三頁

代理人が権限を踰越して手形を振り出し、転得者が悪意でこれを取得した場合、本人は支払を拒絶できるか。

事実 Y銀行支店長Aは、Z振出の約束手形に手形保証をし、Zは右手形をBに預けていたが、Bはこれを無断で善意のCに譲渡した。右手形は転輾した後、Xが取得するところとなった。Xの手形金請求に対し、Y銀行は、Aには手形保証をなす代理権がなく、Xは悪意または有重過失であるから、Y銀行には手形保証の責任がないと主張した。

裁判所の見解 Aは、Yの営業に関する包括的代理権を有する支配人であり、その権限に加えた制限は善意の第三者に対抗できない。しかし、支配人の代理権に加えた制限は第三者が悪意である限りいかなる場合にもこれを対抗しうるのではなく、Yに対する手形上の権利を適法に取得したCより右手形上の権利を承継したXは、たとえAの代理権の制限につき悪意であっても、Yはこれをもって Xに対抗できない。手形法一七条ただし書は、手形債務者が手形所持人の前者に対し人的抗弁を対抗しえた場合に、手形所持人が害意を持って手形を取得したときは、これに対しても右人的抗弁をもって対抗しうる旨の規定であって、手形所持人の前者が善意であるため、手形債務者がこれに対し人的抗弁を対抗しえない場合においても、その前者の地位を承継した手形所持人に対しその悪意を云々して右人的抗弁の対抗を許すべきではない。

支配人は、営業主に代わってその営業に関する一切の行為をなす権限を有し（会一一条一項、商二一条一項）、右の代理権に加えた制限は「善意の第三者」に対抗できない（いずれも三項）。右の「善意の第三者」の適用範囲については、直接の相手方は悪意であったが、第三取得者が善意である場合に、第三取得者が会社法一一条（商二一条）三項の適用を主張して支払を請求することができるかという問題がある（106判決）。本件はこれと違い、直接の相手方は善意であったが、その後の第三取得者が悪意であった場合に、営業主から同条同項の反対解釈を主張して（つまり悪意者には常に対抗できるとして）支払を拒むことができるか、が問題である。

関連条文 会一一条、手一七条・七七条

解説 一旦善意者の元で有効に発生した債権は同一性を保ちながら承継取得されていくのであるから、その過程で偶々悪意者が登場したとしても、悪意者の手元で突然に債権が無効に帰するとは解されない。ただ、手形債権が確定的に有効であるとしても、債権者が原因欠缺の抗弁が対抗されるかは別問題である。判旨は、人的抗弁が不対抗となった後は、抗弁不対抗という「地位」が引き継がれるものとするが、本件は原因欠缺による固有の人的抗弁が問題となった事案ではないことに注意を要する。

▼**評釈**——行澤一人・手形百選28

戻裏書と人的抗弁

125 最2判昭和40・4・9民集一九巻三号六四七頁

人的抗弁を対抗される地位にあった者が戻裏書によって手形を再取得した場合、債務者は人的抗弁を再び対抗しうるか。

事実　Yは、Aに対する売買代金支払のために本件約束手形をAに振り出し、右手形はAからXに裏書譲渡されたが、Xは、YA間の売買契約がAの不履行により解消されるであろうことを知っていた（Aは実際に倒産した）。Xは、右手形を善意のB銀行に対し割引のために裏書譲渡したが、後に、XB間の手形割引を終了させるため、本件手形はB銀行からXに戻裏書された。XからYに手形金を請求。

裁判所の見解　手形の振出人が手形所持人に対して直接対抗しうべき事由を有する以上、その所持人が当該手形を善意の第三者に裏書譲渡した後、戻裏書により再び所持人となった場合といえども、その手形取得者は、その裏書譲渡以前にすでに振出人から抗弁の対抗を受ける地位にあったのであるから、当該手形がその後善意者を経て戻裏書により受戻されたからといって、手形上の権利行使について、自己の裏書譲渡前の法律的地位よりも有利な地位を取得すると解さなければならない理由はない。

解説　通説によれば、人的抗弁は手形債権に付着して移転するのが債権譲渡の原則である（何人も自己の有するより大なる権利を譲渡することをえず）。人的抗弁の不対抗（手一七条本文）は、手形取引の安全のため、例外的に善意者の手元で人的抗弁を洗滌することを意味し、反対に、悪意の抗弁（同条ただし書）は、取引安全の利益を享受する資格のない者から特権を剥奪し、抗弁対抗の原則に復帰することを意味する。この論理によると、一旦善意者の手元で抗弁が洗滌されてしまえば、その後の取得者は善意・悪意にかかわらず抗弁を対抗されない「きれいな権利」を取得し（124判決）、たとえ戻裏書による再取得者であろうとも、一旦善意者の手を通過していれば、抗弁洗滌済みの権利を取得できるはずである。だが、判旨は、その理由は甚だ不明確ながら、戻裏書による再取得者には従前の抗弁が対抗されるとする。この点、多数説は、「人的抗弁の属人性」の名の下に、人的抗弁は手形に付着するものではなく、人に付着するものだから当然に抗弁を再対抗できるとするが、上記の抗弁承継・洗滌理論と矛盾する苦しい説明である。さらに、戻裏書によって従前の地位が復活すると説く見解もあるが、裏書の権利移転的効力との関係が不明である。これらに対して、抗弁の承継や洗滌は比喩にすぎず、手形外の原因関係上、所持人が債務者から不当利得するか否かが抗弁対抗の本質であるとみれば、善意者が介在しても、本件のXのように抗弁が対抗されることは十分ありうる。

▼評釈――黒沼悦郎・手形百選27

関連条文　手一一条三項・一七条・七七条

手形金の請求と権利の濫用：いわゆる後者の抗弁

126　最大判昭和43・12・25民集二二巻一三号三五四八頁

裏書の原因関係が弁済によって消滅した場合、被裏書人は振出人に権利行使できるか。

事実　Yは、他から割引を得させるために、Aに対して約束手形を振り出したが、Aは、債権者であるXに担保として差し入れていた電話加入権を処分されそうになったので、右手形を弁済のためにXに裏書譲渡した。しかし、Xは、Aの利息不払いを理由として電話加入権を売却処分し、債権の満足を受けたにもかかわらず、Yに対して手形金を請求した。

裁判所の見解　自己の債権の支払確保のため、約束手形の裏書譲渡を受け、その所持人になった者が、その後右債権の完済を受け、裏書の原因関係が消滅したときは、特別の事情のない限り爾後右手形を保持すべき何らの正当の権原を有しないことになり、手形上の権利を行使すべき実質的理由を失ったものである。然るに、偶々手形を返還せず手形が自己の手裡に存するのを奇貨として、自己の形式的権利を利用して振出人から手形金の支払を求めようとするが如きは、権利の濫用に該当し、振出人は、手形法七七条・一七条ただし書の趣旨に徴し、所持人に対し手形金の支払を拒むことができる。

解説　伝統的な考え方によれば、手形行為は無因的法律行為であって、その原因が欠缺した場合であっても効力は失われないが、原因の欠缺は、債務者の人的抗弁権すなわち不当利得の抗弁権の要件として考慮されることになる。したがって、人的抗弁の対抗権の成否は、手形金請求の当事者となった債務者・債権者ごとに不当利得の有無を個別に判断して決めるほかなく、他人の人的抗弁を援用することはできない（人的抗弁の個別性）。この論理を本件に当てはめると、AはXに抗弁権を行使できるにせよ、YはXに抗弁権を持たないことになるとされる（ただし、本件手形は融通手形であることに注意）。だが、前者Aに手形を返さなければならないXの権利行使を認めたところで、Xはその手形金を不当利得としてAに返還せねばならず、また、手形を返さない者が手形金をおとなしく返す保証はない。そこで、本件原審および一部の学説は、原因の欠缺によって手形行為（本件では裏書行為）も無効になると解して、Xを無権利者と扱うべきとする（有因論）。しかし、それでは転得者は善意取得でしか保護されなくなることを配慮したゆえか、判旨は、伝統的無因論を維持しつつ、Xの手形金請求が権利の濫用に当たるとしてこれを棄却した。ただし、Aとしては、Xから手形を取り戻さないことにはYに権利行使できないから、Xの権利行使を否定しただけで全面的な解決が得られるわけではないことに注意すべきである（127判決、最2判昭和48・11・16民集二七巻一〇号一三九一頁）。

関連条文　手一七条・七七条、民一条

▼**評釈**――三原園子・手形百選36

二重無権の抗弁

127 最1判昭和45・7・16民集二四巻七号一〇七七頁

関連条文　手一七条・七七条

二重無権の抗弁（二重の原因欠缺の抗弁）とは何か。

事実　本件約束手形は、YからAに振り出され、AからXに裏書譲渡された。その原因関係は手形の流れとちょうど逆向きである。つまり、XがAに販売委託した商品をAがYに売り、これら二つの取引の決済のために各々手形行為がなされたのである。しかし、Yは右商品を他に転売できなかったため、商品はA、Xに順次返還され、各契約は合意解除された。XからYへ手形金を請求。

裁判所の見解　原因関係に由来する抗弁は、本来、直接の相手方に対してのみ対抗しうるいわゆる人的抗弁たりうるにすぎないが、人的抗弁の切断を定めた法の趣旨は、手形取引の安全のために、手形取得者の利益を保護するにあると解すべきことに鑑みると、自己に対する裏書の原因関係が消滅し、手形を裏書人に返還しなければならなくなっているXの如く、手形の支払を求める何らの経済的利益も有しないものと認められる手形所持人は、かかる抗弁切断の利益を享受しうべき地位にはない。

解説　本件は、振出、裏書ともに原因が欠缺しており、YのXに対する二重の原因欠缺の抗弁が問題となる。

しかし、右の抗弁が手形法一七条の文理に当てはまるかは微妙である。というのも、同条は人的抗弁の不対抗を原則とし、債務者が所持人に人的抗弁を対抗しうるのは、①債務者と所持人が「人的関係」に立つ場合、②所持人が害意をもって手形を取得した場合（122判決）の二つに限っているからである。しかし、本件のようにYがXに対して手形金を支払っても、それがXのAに対する不当利得となり、さらにAのYに対する不当利得となる場合には、無意味な資金の循環を防ぐために、当初からXの請求に対してYが抗弁を対抗できると解すべきであろう。そこで、XYを不当利得の関係上、直接の「人的関係」に引き寄せ、抗弁が対抗されるとする考え方が生じてくる。これに対して、本件のXYが「人的関係」に立たず、また悪意の抗弁も成立しないという前提をとると、126判決と同様に、所持人の権利行使は権利濫用である、あるいは、所持人に対する裏書の原因欠缺によって所持人は無権利者になる（有因論）という考えが生まれる。しかし、判旨は無因論に立った上、一般条項を持ち出すことを避け、Xは手形の支払を求める「何らの経済的利益も有しない」という理由によってその請求を排斥した。手形行為の無因性およびそこに内在する不当利得の抗弁からすれば（120判決）、「何らの経済的利益」のない被裏書人に抗弁を対抗しうるというのは、YがAに対して有する不当利得の抗弁が、Aを貫通してXに及ぶという意味に解しうる。

▼**評釈**――菊池和彦・手形百選35

保証人による手形の買戻しと抗弁の対抗

128 最1判昭和52・9・22判時八六九号九七頁

関連条文　手一七条・七七条、民五〇〇条・五〇一条

振出人の抗弁が対抗されるべき約束手形を割引に供した者の民事保証人が、代位弁済によって右手形を取得した場合、振出人に抗弁を対抗されるか。

事実　Yは、A会社に対し、機械製作の報酬の前渡金として本件約束手形を振り出し、A社は、右手形をB銀行からの借入金の担保のために裏書譲渡した。その後、A社は倒産し、YA間の契約は解除された。他方、B銀行は、A社から貸付金を回収する方針であったが、Yの申請に基づいてB銀行のA社に対する右手形の引渡しを禁止する旨の仮処分がなされたため、A社のワンマン代表取締役で借入金の連帯保証人であるXに返済を求めることとし、それと引換えに本件手形に無担保裏書をなしてXに交付した。XからYに手形金を請求。

裁判所の見解　A社はその代表取締役であるXが主宰するワンマン会社であってA社とXとは密接に経済的利害を共通にする。このような事実関係の下においては、本件約束手形のB銀行からXへの裏書は、信義則上、B銀行からA社への戻裏書と同一に評価すべきであり、本件約束手形の振出人であるYは、A社に対抗することができる人的抗弁をもって、善意のB銀行の介在にかかわらず、Xに対しても対抗することができる。

解説　通説によれば、手形法一七条は、債権譲渡に伴って付いて回るべき債務者の抗弁を、害意のない者の手元で特に洗滌することを定めた規定とされる。そうだとすれば、一旦善意者の元で抗弁を洗い流された権利は、たとえ後者が悪意であっても「きれいな権利」として承継取得されるはずである（124判決）。しかし、本件に先立つ125判決は、抗弁の対抗を受ける者が善意者を経由して戻裏書により手形を再取得した場合、再び抗弁の対抗を受けるとして抗弁洗滌理論の例外を認めており、判旨はその射程を拡大した。つまり、善意者を経由した手形取得者が、抗弁を対抗されるべき者と密接に経済的利害を共通する場合には、信義則上、戻裏書の場合と同視して取得者にも抗弁を対抗しうるという。125判決については、特定の人に付着した抗弁が戻裏書により再び対抗できると説明するのが多数説であるが、本件では善意者の前者と後者が別人であるから、人的抗弁の属人性だけでは不足であり、さらに信義則あるいは法人格否認の法理による補完の必要が生じる。これに対して、人的抗弁の属人性を徹底し、悪意の取得者は善意者の介在と無関係に抗弁を対抗されるとする立場もあるが、実定法上の根拠に乏しい。ただし、人的抗弁権を不当利得の抗弁に限定する考え方によっても、YABX間の原因関係は全て欠缺しているから、結論的にYの抗弁対抗は認められよう（127判決）。

▼**評釈**――菊地雄介・手形百選34

融通手形の抗弁と第三者

129 最3判昭和34・7・14民集一三巻七号九七八頁

関連条文 手一七条・七七条

融通手形であることを知ってこれを取得した者は、融通手形の抗弁を対抗されるか。

事実 YとAは、互いに他から金融を得る便宜を与え合うために、同額の約束手形を振り出したが、Y振出の手形はAから事情を知るXに割引のため裏書譲渡された。XからYに手形金を請求。

裁判所の見解 いわゆる融通手形は、被融通者をして該手形を利用して金銭を得、もしくは得たと同一の効果を受けさせるためのものであるから、該手形を振り出した者は、被融通者から直接請求のあった場合に当事者間の合意の趣旨に従って支払を拒絶できるのは格別、その手形が利用されて被融通者以外の者の手に渡った場合には、手形振出人として手形上の責任を負わなければならないのは当然であり、融通手形であるからといって支払を拒絶することはできない。しかも、このことは、手形振出人に何ら手形上の責任を負わせない等当事者間の特段の合意があり所持人がかかる合意の存在を知って手形を取得したような場合は格別、その手形所持人が単に融通手形であることを知っていた場合でも同様である。

解説 融通手形とは、受取人が他から金融を得る便宜を図るために振り出した約束手形（または引受済の為替手形）をいう。振出人を融通者、受取人を被融通者と呼ぶ。実際界では、融通手形は不渡りの危険が高いことに着目し、現実に商取引の裏付けがある商業手形と区別するが、いずれも実際の手形の利用の仕方を類型化した俗称にすぎない。だが、従来の通説は、抗弁の対抗について両者を区別する法的な実益があるとしてきた。というのも、被融通者が融通者に手形金を請求したときは、「融通手形の抗弁」を対抗しうるが、融通者が第三者に対してこれを裏書譲渡したときには、第三者の善意・悪意を問わず、融通者はもはや「融通手形の抗弁」を対抗することはできない。そうでなければ、本来の融通目的が達成できないからである。したがって、商業手形における悪意の抗弁（122判決）に比較して、「融通手形の抗弁」は生来的に当事者間でのみ対抗し得、第三者に承継されない特別な性質を持つと考えられたのである。しかし、通説によっても、①被融通者が融通者に支払資金を返済できない場合、②被融通者が割引金を取得しないで譲渡した場合、③すでに融通目的を達成済みの場合（130判決）には、これらの事情を知りつつ取得した者には一般悪意の抗弁が対抗されるとする。これに対して、「融通手形の抗弁」も悪意の抗弁にほかならないとして、右の事情を知る者には害意（手一七条）ありと解する立場が有力化している。

▼**評釈**——高橋英治・手形百選26

130 融通目的達成後の融通手形

最3判昭和40・12・21民集一九巻九号二三〇〇頁

目的達成後の融通手形を、被融通者から期限後裏書によって取得した者は、融通者に対して手形金を請求できるか。

事実　Yは、Aの依頼により融通の目的で約束手形を振り出し、AはB銀行に割引のためにこれを裏書した。Aは、満期の前日にB銀行から戻裏書により手形を受け戻したが、これをYに返還することなくXに対して期限後裏書をなした。

裁判所の見解　融通の目的をもってする約束手形の振出にあたっては、融通者たる振出人と被融通者たる受取人との間において、受取人が当該手形によって金融の目的を達したときは、満期までに受取人が支払資金を供給するか、または、手形を回収して振出人に返還するのを取引の一般とする。したがって、受取人が、当該手形の割引を受けた後、自らこれを受け戻したときには、右合意の効力として、受取人は右手形を振出人に返還すべき義務を負い、これを再び金融のため第三者に譲渡してはならないのであって、この意味において、右手形は融通手形としての性質を失う。その結果、振出人の対価欠缺の人的抗弁は、裏書により右手形が第三者に譲渡されたときは、その者に承継されるべきものとなり、したがって、受取人が、第三者に期限後裏書した場合には、振出人は、受取人に対する抗弁を右第三者に対しても、その善意悪意を問わず、対抗しうるものというべきである。

関連条文　手一七条・二〇条一項・七七条

解説　融通手形といっても融通者がなすのは法律上定型化された約束手形の振出にほかならず、融通者は、商業手形と全く同一の無因的手形債務を負担する。ただし、その手形を資金の融通目的に使用するという合意は原因関係上の合意として有効である。問題なのは、右の合意（融通契約）がいかなる内容を持ち、いかなる場合にこれに違反したといえるかである。世に融通手形なるものの存在が広く認められているということは、裏を返せば、右の融通契約の内容が取引社会の通念として定着していることを意味し、本件判旨もまた多くの判例と同様に融通契約の内容を確認する。本件の特色は、融通者が一旦融通目的を達したにもかかわらず、これを融通者に返還せず、他に期限後裏書している点にある。期限後裏書は、「指名債権ノ譲渡ノ効力ノミ」を有し（手二〇条一項）、裏書人に対する人的抗弁は被裏書人にも対抗しうるから（民四六八条二項）、融通者が裏書人たる被融通者に対して有する抗弁がそのまま対抗されるが、注意すべきは、融通契約の当事者間であっても、被融通者がいまだ他から割引を受けていない段階（目的不到達による原因欠缺）とすでに割引を受けた後、手形を受け戻した段階（目的達成による原因欠缺）とでは、原因欠缺の態様が異なる点である。

▼評釈――竹内昭夫『判例商法Ⅱ』一四七頁以下

交換手形と悪意の抗弁

131 最1判昭和42・4・27民集二一巻三号七二八頁

交換手形の一方の当事者が、自己振出の約束手形を支払わなかった場合、他方の当事者は、自己振出の約束手形を悪意で取得した者に対して抗弁を対抗しうるか。

事実　Y社とA社は、金融を得させるために交換的に約束手形を振り出し、互いに自己振出の手形は自分で支払う旨の約束をなした。だが、A振出の手形はYから他へ譲渡された後に不渡りとなった。他方、Y振出の手形は、A社の取締役Xに裏書譲渡され、XからYに対して手形金を請求。

裁判所の見解　甲乙両当事者が、相手方を受取人とし、各自に金融を得させるための融通手形として交換的に同額の約束手形を振り出し（交換手形、書合手形）、各自が振り出した約束手形はそれぞれ振出人において支払をするが、もし、乙が乙振出の約束手形の支払をしなければ、甲において甲振出の約束手形の支払をしない旨を約定した場合、乙が乙振出の約束手形の支払をしなかったときは、甲は、交換手形に関する右約定および乙振出の約束手形の不渡りあるいは不渡りになることを知りながら甲振出の手形を取得した者に対して、悪意の抗弁をもって対抗できる。

解説　交換手形は、二当事者が互いに融通手形を振り出し、それぞれ第三者に割り引いてもらって金融の目的を達するものである。融通手形がそれぞれ反対方向に流通するわけであるから、その法律関係は複雑にならざるをえないが、一方の当事者（本件ではY社）の立場から「定点観測」すればわかりやすい。まず、Y社がA社に振り出した融通手形は、A社が第三者から割引を受けた後、Y社が所持人に手形金を支払うことによって、A社への融通目的を達成する。他方、Y社がA社から振り出してもらった融通手形は、Y社から第三者へ割引のため譲渡し、A社がこれに支払をなしてくれれば、Y社はA社から金融の便宜を得たことになる。しかし、本件のように、A社が自己振出の手形を不渡りにしたときは、Y社は金融の便宜を得ることができない。それにもかかわらず、Y社が自己振出の手形を支払わなければならないとすれば、Y社はA社に一方的に便宜を与えるだけになってしまう。これを理論的にいいかえれば、この場合、Y社の振出行為に設定された目的は達成不能に陥り、Y社のA社に対する人的抗弁権を発生させるのだといってよい。だが、右のY社の抗弁は、悪意の第三者取得者にも対抗しうるか。この点は、一般の融通手形と同様に考えればよい。つまり、Y振出の手形が交換手形の一方であると知って取得したにすぎない者には悪意の抗弁を対抗できないが（129判決参照）、他方の手形が不渡りになると知りつつ取得した者には害意ありとして抗弁を対抗しうるのである。

関連条文　手一七条・七七条

▼**評釈**――川島いづみ・手形百選33

白地手形の有効性

132 大判大正10・10・1民録二七輯一六八六頁

関連条文 手一〇条・七七条二項

白地手形の意義・白地手形の譲渡方法・補充権の移転。

事実 Yはその子Aをして、受取人以外の要件が全て記載された白地手形を、Yを支払人として（自己宛）かつ引受のうえ振り出させ、Bに交付させた。Bは受取人欄を記載せずに、単なる引渡によって本件手形をCに譲渡し、その後、CおよびDの白地式裏書を経て、Xが本件手形を取得した。Xは受取人をCと補充して、Yに手形金を請求した。

裁判所の見解 白地手形とは、後日他人をして手形要件の全部または一部を補充させる意思をもって、殊更にこれを記載しない紙片に署名して発行するものをいう。白地手形の交付を受けた者は、その手形に署名することなく、これを他人に譲渡し、譲渡を受けた者はこれに白地裏書をなし、さらに他人に譲渡することができる。白地補充権は手形に追随して転輾し手形を取得したる者が同時にこれを取得する。

解説 白地手形の有効性は、①手形要件の記載順序は法律の問うところではない、②手形要件の記載を署名者自身が行う必要はないとの理由から、手形法の解釈として認められてきた。本判決は、白地手形の商慣習法として、白地手形の意義およびその有価証券的流通力を確認した点で、現行法の下でも意義がある。本判決は、不完全手形と白地手形との区別の基準を署名者の他人をして補充させる意思（＝補充権の授与の意思）に求める（主観説）。主観説では、署名者に補充権の授与の意思がなければ、白地手形にはならず、取引の安全が害される。学説では、署名者の主観的な意思を問題とせず、外観上補充が予定されていると認められる場合は白地手形とする客観説、客観説を基調として印刷された手形用紙が利用された場合には白地手形と認めるが、それ以外の用紙の場合には署名者の主観的な意思により白地手形の成立を認める折衷説がある。なお、主観説はこの問題を権利外観理論によって解決する。本判決によれば、白地手形の商慣習法とは、後日他人に手形要件の全部または一部を補充させる意思で、殊更にこれを記載しない紙片に署名して発行された未完成手形を白地手形と呼び、これに有価証券的流通力を付与することをその内容とする。その後の判例はこれを具体化する。受取人の記載がある白地手形は裏書によって譲渡されうる（大判昭和5・10・23民集九巻九七二頁）。受取人白地手形は、完成手形に白地式裏書がある場合と同様に、証券の交付によって譲渡できる（大判昭和7・3・18民集一一巻三一二頁）。その結果、白地手形の譲渡についても、善意取得（大判昭和5・10・23民集九巻九七二頁）、人的抗弁の切断（最3判昭和34・8・18民集一三巻一〇号一二七五頁）が認められる。

▼**評釈**――谷川久・手形百選（三版）50

白地手形成立の要件

133 最2判昭和31・7・20民集一〇巻八号一〇二二頁

補充権を自らに留保する約定の下で手形要件空白の手形用紙を交付した振出署名者は、不当補充について手形法一〇条の責任を負うか。

関連条文　手一〇条・七七条二項

事実　Y会社は金融依頼の目的で約束手形用紙に金額・満期・振出日・受取人の各欄を空白のまま振出人として記名捺印し、Y会社の経理部長・監査役Bの手を経てこれをCに交付した。その際、金融先が具体的に決まった時は、空欄部分はBが記入補充する旨を約した。Cは金融依頼のために右約旨を告げて、これをDに交付した。しかし、金融は実現せず、その後、本件手形はEを経てXによって取得され、その間にEが振出日・満期・金額を補充し、Xが受取人を補充した。

裁判所の見解　本件の場合、手形の交付を受けた相手方その他の他人に補充権を与えていない点で、通常の白地手形の振出と異なるが（かかる手形の振出をも、白地手形の振出をもって呼称することの当否はしばらく措き）、Yは、他日約旨に従って補充されれば手形上の責任を負担する意思で本件手形に記名捺印し、本件手形が金融依頼の目的でCに交付されたので、本件手形は振出人の意思に基づいて流通に置かれたと解すべきであるから、Yは、たとえ、手形転々の途上で白地がYとCとの約旨に反して補充がされても、所持人が悪意または重過失で手形を取得したのでない限り、手形法七七条二項・一〇条の法意に照らし、その違約を所持人に対抗できない。

解説　白地手形の成立に関する主観説によると、署名者が補充権を自己に留保した場合には、たとえ未完成手形を他人に交付しても、白地手形とは認められない。本件と同様の事案において、大審院は、交付を受けた他人が署名者との間の委託の趣旨に反して白地を記入して流通させるかもしれない危険を予想していたと認めるのが妥当であるとして、善意の手形取得者に対する署名者の手形責任を認めた（大判大正15・12・16民集五巻八四一頁）。本判決は大審院判決の結論を踏襲する。問題は本判決の理解の仕方である。本判決によって、判例が客観説または折衷説を採用したと理解する立場もありえよう。しかし、大審院は一貫して主観説を採用しており（132判決、大判昭和5・10・23民集九巻九七二頁）、その後の最高裁も署名者の主観的な意思を問題として主観説をとっているから（最3判昭和33・10・7集民三四号八七頁）、判例は一貫して主観説を維持していると考えられる。それ故に、本判決は主観説を前提に権利外観理論を採用したもの理解されるべきであろう。これに関連して、最高裁は、受取人白地手形の交付欠缺の事案（97判決）において、善意の手形取得者に対する署名者の責任の基準を「流通におく意思で署名したこと」に求めた。

▼**評釈**――川村正幸・手形百選（五版）34

受取人白地の約束手形による手形金請求の許否

134 最1判昭和41・6・16民集二〇巻五号一〇四六頁

関連条文　手七五条五号・七六条・一〇条・七七条二項

受取人白地の約束手形によって手形金を請求することができるか。

事実　XはY_1振出の約束手形をY_2から裏書譲渡を受けた所持人である。本件手形には受取人の記載がなかった。Xは満期に支払呈示したが、支払を拒絶された。Xは、Y_1およびY_2に対して、本件手形の受取人未補充のまま、手形金の支払を求めて訴えを提起した。

裁判所の見解　いわゆる白地手形は、後日手形要件の記載が補充されて初めて完全な手形となるものであって、その補充があるまでは未完成の手形にすぎないから、それによって手形上の権利を行使することはできない。本件手形の受取人欄は白地のまま、原審の最終口頭弁論期日まで補充されなかったから、Xの請求は排斥される。

解説　手形法は受取人の記載を必要的記載事項としており（手一条六号・七五条五号）これを欠くものは手形としての効力を有しない（手二条一項・七六条一項）。現行手形法は無記名式の手形を認めない。その理由として、①手形が貨幣類似の作用を営むことで一国の貨幣政策を害すること、②裏書人の信用により手形が流通することを阻止すべきでないことが挙げられる。白地手形は手形法一〇条にいう未完成手形であるから、依然として手形上の権利は成立しておらず、受取人白地のままで支払呈示しても、有効な支払呈示にはならない。支払呈示期間内に白地を補充して支払呈示をしなければ、遡求権は保全されない（手五三条一項、なお四三条・七七条一項四号）。為替手形の引受人・約束手形の振出人は主たる債務者であるから（手二八条・七八条一項）、支払呈示期間経過後でも時効完成（手七〇条一項・七七条一項八号）前に白地が補充されて支払呈示がなされると、その時から履行遅滞の責任を負う（商五一七条・五一四条）。受取人の記載は手形上の権利内容の確定に関係がないから、手形要件ではないとする少数説（非要件説）がある。しかしながら、現行手形法が無記名式の手形を禁止している以上、立法論としてはともかく、少数説（非要件説）は解釈論としては無理がある。

受取人白地手形は、単なる交付によって譲渡されうるほか、白地未補充のまま裏書によって譲渡することができる。受取人白地の場合には、受取人欄にいかなる補充がなされても構わない旨が合意されるのが通常だから、形式的意義の裏書連続との関係上、裏書のある場合には第一裏書人を、裏書がない場合には所持人自らを受取人として補充することができる。なお、白地の補充は事実審の最終口頭弁論期日までに行えばよい。

▼**評釈**――渋谷達紀・手形百選（三版）47

振出日白地の確定日払手形

135 最1判昭和41・10・13民集二〇巻八号一六三二頁

関連条文 手一条七号・二条・七五条六号・七六条・一〇条

振出日白地の確定日払手形の所持人が振出日を補充することなく満期に支払呈示した場合に、遡求権を行使できるか。

事　実　XはA振出の確定日払で振出日のみ白地とする約束手形の所持人であり、Yは本件手形の裏書人である。Xは、振出日を補充することなく、本件手形をB銀行に取立委任裏書をし、B銀行が満期に支払呈示をしたが、支払を拒絶された。Xは裏書人Yに対して遡求した。

裁判所の見解　白地手形は、満期に支払のため呈示しても、裏書人に対する遡求権行使の条件が具備せず、後日右白地を補充しても、右呈示が遡って有効にはならない（最2判昭和33・3・7民集一二巻三号五一一頁参照）。確定日払の約束手形の振出日の記載は、手形上の権利の内容の確定のために必要でないとしても、手形法七五条・七六条は、約束手形において振出日の記載を必要とし、確定日払の手形であるのかどうかで異なる取扱いをしておらず、画一的取扱いにより取引の安全を保持すべき手形の制度としては、特段の理由のない限り法の明文がないのに例外的取扱いを許す解釈をすべきではない。

解　説　手形法は振出日の記載を必要的記載事項としており（手一条七号・七五条六号）、これを欠くものは手形としての効力を有しない（手二条一項・七六条一項）。振出日白地のままで支払呈示しても有効な支払呈示にはならず、滞効も生ぜず、支払呈示期間内に白地を補充して呈示しない限り、遡求権保全効も生じない。振出日は、日附後定期払手形の満期（手三六条・七七条一項二号）、一覧払手形の支払呈示期間（手三四条・七七条一項二号）、一覧後定期払手形の引受又は一覧のための呈示期間（手二三条・七八条二項）、一覧払手形・一覧後定期払手形の利息の発生時（手五条・七七条二項）を定めるための基準になる。これに対して、確定日払手形については、支払呈示期間は手形記載の満期によって定まり（手三八条一項・七二条一項・七七条一項三号・九号）、利息文句も記載できないから、振出日の記載は手形上の権利内容の確定に関係がない。そのため、確定日払手形の振出日は手形要件ではないとする非要件説が主張される。しかしながら、①手形法は確定日払手形かどうかで異なる取扱いをしていない。②ジュネーヴ条約に基づく統一手形法を採用した主要国は振出日を手形要件としている。③長期サイトを隠すために振出日を書かないという弊害を公認するような解釈はするべきでない。④振出日の記載は手形の同一性認識のための意味を持つ。以上の理由により、振出日要件説が支持されるべきである。

▼**評釈**――青竹正一・手形百選（五版）33

満期白地の手形の補充権の消滅時効

136 最1判昭和44・2・20民集二三巻二号四二七頁

満期白地の手形の所持人は、いつまでに満期を補充したらよいか。

事実　昭和二九年二月頃、Yらは振出日と満期を白地の約束手形をXに振り出した。昭和四一年八月頃、Xは振出日と満期を補充して、Yらに対して手形金を請求した。

裁判所の見解　満期白地の手形の補充権の消滅時効については、商法五二二条の規定が準用され、右補充権は、これを行使しうべきときから五年の経過によって、時効により消滅すると解すべきことは、当裁判所の判例とするところである（最2判昭和36・11・24民集一五巻一〇号二五三六頁〔＝140判決〕、最3判昭和38・7・16集民六七号七五頁参照）。

手形債権の短期消滅時効は商法五二二条但書に該当し、補充権の消滅時効はその行使によって発生する手形債権の消滅時効に服するべきであるとの理由から、補充権はこれを行使しうべき時から三年で時効消滅する、という少数意見がある。

解説　満期白地手形の補充権の行使期間について、大審院は、補充権を形成権と理解して、民法一六七条二項により二〇年で時効消滅するとしていた。その後、140判決は、振出日白地の小切手について、補充権授与行為は本来の手形行為ではないが、商法五〇一条四号の「手形ニ関スル行為」に準ずるものと解してよく、補充は小切手債権発生の要件であり、小切手法が短期消滅時効制度を設けていることを勘案すれば、商法五二二条の準用により、補充権は行使しうべき時から五年で時効消滅するとした。本判決は、満期白地手形の補充権について右の理を確認するものである。これに対して、学説は多岐にわたる。①補充権自体の消滅時効を認める説（五年説、三年説）、②補充権の消滅時効ではなく、補充権行使の結果生ずる手形債権の消滅時効（手七〇条一項）に服するという説（消滅時効の起算点は振出時）がある。しかし、消滅時効を問題とする以上、これらの説には消滅時効完成後に満期が補充され手形金請求がなされた場合に振出人は補充権の時効消滅を理由に手形金の支払いを拒みうるのか、という問題がある。そこで、②説を前提として、③消滅時効の起算点を当事者の実質関係上補充が可能となった時とし、消滅時効の抗弁を人的抗弁と解して、補充後の善意の手形取得者には対抗できないとする説が主張される。しかし、そのような理解が消滅時効制度と両立しうるのか、という問題がある。そのため、消滅時効を問題としない「合意説」が主張される。④当事者間の合意又は合理的期間による補充権行使の制限を考える説、⑤当事者の合意による補充権行使期間の制限があり、その違反を不当補充（手一〇条）の問題として処理する説などが有力である。

▼評釈——伊藤壽英・手形百選（五版）35

関連条文　商五二二条、手一〇条・七七条二項・七〇条一項・七七条一項八号

白地手形の満期が補充された場合とその他の手形要件の白地補充権の消滅時効

137 最3判平成5・7・20民集四七巻七号四六五二頁

関連条文　手一〇条・七〇条一項・七七条一項八号、商五二二条

満期とその他の手形要件を白地とする手形において、満期が補充された場合に、その他の手形要件の補充権が独立に消滅時効にかかるか。

事　実　Yは X に対して、昭和五九年七月二〇日頃、満期を同年九月二〇日とし、振出日および受取人を白地とする約束手形を振り出した。その満期頃、XとYは、Yの履行可能な然るべき時期まで満期を延期する趣旨で、本件手形の満期を抹消して満期白地手形にする旨を合意した。Xは、本件手形の振出交付日から五年経過前の平成元年六月初め頃、満期を平成元年九月一日と補充し、その後、本件手形の振出交付日から五年経過後の同年九月五日頃、振出日を昭和五九年七月二〇日、受取人をXと補充して、Yに対して手形金を請求した。

裁判所の見解　手形が満期およびその他の手形要件を白地として振り出された場合であっても、その後満期が補充されたときは、満期の記載された手形となるから、その他の手形要件の白地補充権は、手形上の権利と別個独立に時効によって消滅することなく、手形上の権利が消滅しない限りこれを行使することができる（最大判昭和45・11・11民集二四巻一二号一八七六頁〔=139判決〕参照）。満期の白地補充権の消滅時効は、Yがその補充権を授与した時、すなわちXとYとの合意の日から進行する。

解　説　満期の記載のある白地手形について、手形の主たる債務者に対する関係では、満期から三年（手七〇条一項）以内に白地を補充しなければならないことは、大審院以来の確定した判例である。本判決が引用する139判決は、振出日白地手形の補充権は手形上の権利とは別個独立に時効消滅せず、手形上の権利が消滅しない限り、これを行使できるとする。本判決の意義は、満期白地手形について満期が補充権の消滅時効期間（商五二二条）内に補充された場合には、満期の記載ある白地手形となって、それ以降は139判決の法理に従うことを明らかにした点にある。本判決は、満期の白地補充権の消滅時効の起算点は、本件手形の振出・交付の時点ではなく、XY間で満期を白地とする旨が合意され、補充権が授与された時点であるとする。しかし、判例法理に従えば、満期の白地補充権の消滅時効の起算点は、これを行使しうべき時（136判決）であるから、むしろ本件ではYの履行可能な時期が明確になった時と解するべきあろう。本判決に内在する問題点は、満期白地手形と満期の記載がある白地手形とで補充権の消滅時効を異なって扱うことをどのように説明するのかである。これは判例法理において疑問のまま残された問題点であり、白地手形および補充権の本質的理解が問われている。

▼**評釈**――大塚龍児・平成5年重判（商10）

受取人白地手形による訴えの提起と時効の中断

138 最大判昭和41・11・2民集二〇巻九号一六七四頁

受取人白地手形を未補充のまま訴えを提起した場合に、消滅時効の中断は認められるか。

事実　Yは受取人白地の約束手形をXに宛てて振り出した。Xは、本件手形の満期から三年以内に、受取人欄白地のままYに対して手形金支払請求の訴えを提起したが、Xが受取人欄を補充したのは満期から三年経過後であった。

裁判所の見解　手形法七七条・七〇条・七八条は、満期の記載のある約束手形の所持人の振出人に対する権利は、満期の日から三年で時効消滅する旨規定するから、受取人白地の手形についても、未完成手形のままで時効は進行する。未完成手形の状態で、手形上の権利の時効が進行するならば、これとの比較均衡から、所持人は、白地を補充することなく、時効を中断するための措置をとりうべきである。白地手形の経済的機能を考え、その円滑な流通を妨げないようにする見地から、時効中断だけのために、早期に白地の補充を強制することは妥当ではない。手形の満期から三年の時効期間の経過前に手形金請求の訴訟を提起したから、補充の時が満期から三年を経過した後であっても、訴の提起時に中断がある。

なお、白地手形の所持人は、その補充前には補充権を有するにとどまり、いまだ手形上の権利を有していないから、手形上の権利について消滅時効の進行や時効完成はありえず、時効中断もありえない。補充権を行使すると、白地手形は完成手形となり、手形上の法律関係の内容は手形記載の文言に従って定まるから、手形上の権利の消滅時効の期間も手形記載の満期から計算されるだけである、という反対意見がある。

解説　白地手形は手形法一〇条の未完成手形であって、いまだ手形上の権利は成立していないから、白地未補充のまま支払呈示しても、附遅滞効も遡求権保全も生じない。これに対して、時効中断効については、学説上争いがあった。本判決は、大審院の判例（大判昭和8・5・26民集一二巻一三四三頁）を変更して、白地手形による訴えの提起に時効中断効を認めた初めての最高裁判決である。本判決の多数意見は、その理由として時効の進行と中断との比較均衡および白地手形の経済的機能を挙げるが、これらは理論的な根拠として不十分である。「白地手形」と補充により完成する「手形」との同一性・連続性を認めない限り、時効中断の効力が補充後の手形債権に及ぶことを説明するのは困難であろう。白地手形の所持人はもっぱら補充権を有するだけで、いまだ手形上の権利は成立しておらず、これについて時効の進行や中断が問題となる余地はない。反対意見は説得的である。そもそも手形法七〇条は満期の記載がある白地手形を対象とした規定であるのか。

▼**評釈**——大森忠夫・民商五六巻五号

関連条文　手一〇条・七〇条一項・七七条一項八号・二項、民一四九条

振出日白地手形による訴えの提起と時効の中断

139 最大判昭和45・11・11民集二四巻一二号一八七六頁

関連条文　手一〇条・七〇条一項・七七条一項八号・二項、民一四九条

振出日白地手形を未補充のまま訴えを提起した場合に、消滅時効の中断は認められるか。

事　実　Yらは満期の記載がある約束手形を振出日白地で振り出した。本件手形の所持人Xは、満期から三年以内に、振出日白地のままYに対して手形金支払請求の訴えを提起した。しかし、Xが振出日を補充したのは、満期から三年経過後、事実審の最終口頭弁論終結前であった。

裁判所の見解　138判決の理は、白地部分が振出日である約束手形についても異ならない。けだし、満期の記載のある白地手形の所持人の振出人に対する権利は、満期の日から三年で時効消滅するから、未完成のままの状態で、法律の規定に従い、時効中断の措置をとりうると解すべきだからである。振出日白地の手形の補充権は、手形上の権利を完成させるにすぎず、その補充権が手形上の権利と別個独立に時効によって消滅せず、手形上の権利が消滅しない限り行使できる。

なお、多数意見は、満期白地手形、金額白地手形についても、同様に時効中断の効力を肯定するのか、否定するならば、手形要件に差を設けるという問題がある。白地手形は未完成手形であって、手形要件を具備しないから、手形ではない。白地手形を潜在的または一種の条件付手形上の権利と呼ぶのは比喩にすぎない。138判決の多数意見は時効中断が問題となる手形は全て呈示期間を経過した手形であることを忘れた議論であり、呈示期間経過後は完成手形についても流通の保護を図っていない。時効期間満了までに白地の補充を怠り、失念した者を保護すべき理由はない、という反対意見がある。

解　説　本判決は、確定日払手形の振出日が手形要件であることを前提に、受取人白地手形による訴えの提起に時効中断効を認めた138判決を踏襲して、振出日白地手形による訴えの提起にも時効中断効が認められることを明らかにした。

しかし、その理由づけは、時効の進行と中断との比較均衡および白地手形の経済的機能を根拠とした138判決の域を出ておらず、理論的な根拠として不十分である。反対意見は極めて説得的である。それに加えて、本判決は、満期の記載がある白地手形の補充権は手形上の権利とは別個独立に時効消滅しないとする。問題は、満期白地手形の補充権の消滅時効について五年説を採用した136判決との整合性である。136判決は、補充権自体の消滅時効を認めることを前提に、補充権は商法五二二条の「商行為ニ因リテ生ジタル債権」に準ずるものとして五年で時効消滅するとした。本判決が満期白地手形と満期の記載がある白地手形とで補充権の消滅時効を異なって扱うのはなぜか。満期の記載の有無によって白地補充権の法的性質が異なるのか。

▼**評釈**——倉澤康一郎『手形判例の基礎』八七頁以下

140 未補充手形の取得者と手形法一〇条

最2判昭和36・11・24民集一五巻一〇号二五三六頁

手形法一〇条の適用範囲は、不当補充後の完成手形の取得者に限定されるか、未補充白地手形の取得者も含むか。

事実　Yは、A証券会社の懇請により、A会社が財務局の資産検査の時に資産不足を補うために、振出日白地の見せ小切手を振り出した。その後、A会社は廃業して整理中に、本件小切手を振出日白地のままXに交付した。Xは当時銀行との当座取引がなかったため、本件訴訟代理人B弁護士に取立を委任し、Bは本件小切手の振出の約五年後の日にその日を振出日として補充して支払呈示をしたが、支払を拒絶された。

裁判所の見解　小切手法一三条は、すでに補充権の行使によって完成された小切手を善意でかつ重過失なくして取得した所持人の場合ばかりでなく、善意でかつ重過失なくして白地小切手を取得した所持人が自ら予めなされた合意と異なる補充をした場合にも適用がある。同条の法意は小切手の流通を円滑にし、善意・無重過失の所持人を保護することにある。

解説　本判決は、136判決の先例であり、補充権の消滅時効を二〇年説から五年説へと改めた判例である。手形法一〇条（小一三条）は補充後の完成手形（小切手）を不当補充につき善意・無重過失で取得した者だけを保護する規定なのか（少数説）、未補充白地手形（小切手）をそのまま譲り受け、一定範囲の補充権の存在につき善意・無重過失で自ら補充した者をも保護する規定なのか（多数説）、学説上争いがあった。ジュネーヴ会議では、不当補充後の善意の手形取得者の保護を想定して、同条が設けられた。本判決は、多数説に従い、小切手法一三条が未補充白地小切手の取得者にも適用されることを明らかにした（未補充白地手形の取得者について、最1判昭和41・11・10民集二〇巻九号一七五六頁）。多数説は、手形の流通を円滑にするために、一定範囲の補充権の存在を信頼した者も保護すべきであるとの考えに基づき、少数説は、未補充白地手形の取得者は補充権の存在・範囲について危険を負わされても仕方がないとの考えに基づく。金額白地手形の取得者が署名者に確認することなく補充したとすれば、多数説も取得者の重過失を認めることになろう。他方、受取人や確定日払手形の振出日という要件は、白地手形振出の当事者間で補充権の内容が限定されないのが通常であるから、少数説でも不当補充の抗弁が排斥されよう。以上と異なり、手形法一〇条の適用範囲を不当補充後の完成手形の善意・無重過失の取得者に限定しても、補充権を信頼した者の保護を商慣習法に求める立場では、白地手形の商慣習法の内容として、補充権の有価証券的流通につき手形法一〇条と同一の法則の成立を認めることになろう。

関連条文　手一〇条、小一三条

▼**評釈**――竹内昭夫『判例商法Ⅱ』五〇頁以下

白地未補充手形による敗訴判決と既判力

141 最3判昭和57・3・30民集三六巻三号五〇一頁

関連条文 手一〇条・七七条二項、民訴一一四条一項（旧民訴一九九条一項）、民執三五条二項

白地未補充手形による手形金請求を棄却する判決が確定した後に、白地を補充して手形上の権利を主張できるか。

事実　Xは、Yを振出人とし、振出日が白地の約束手形の所持人である。XはYに対して本件手形金の支払を請求する手形訴訟（前訴）を提起したが、「白地手形はその補充があるまでは未完成の手形にすぎないから、それによって手形上の権利を行使できない」との理由で敗訴し、一旦申し立てた異議を取り下げたために、右判決は確定した。一年三ヶ月経過後、Xは振出日を補充して改めて本訴（後訴）を提起した。

裁判所の見解　前訴と後訴とはその目的である権利または法律関係の存否を異にしない。手形の所持人が前訴の事実審の最終の口頭弁論期日以前すでに白地補充権を有しており、これを行使して手形金の請求をすることができたのに右期日までにこれを行使しなかった場合には、右期日後に該手形の白地を補充しこれに基づき後訴を提起して手形上の権利の存在を主張することは、特段の事情の存在が認められない限り前訴判決の既判力によって遮断され、許されない。

解説　本判決は、白地手形に基づく手形金請求を棄却する判決の確定後に白地を補充して再度手形金を請求することは判決の既判力に触れることを初めて明示した最高裁判決である。まず、前訴と後訴の訴訟物の同一性について、本判決はこれを肯定する。本件は振出日白地の確定日払手形に関する事案である。金銭債権たる手形債権について金額はその本質的要素であるから、金額白地の白地手形上の権利と金額補充後の手形上の権利との間に金銭債権として同一性があるといえるのかは大いに問題となろう。続いて、前訴判決の既判力の時的限界が問題となる。白地手形は手形法一〇条の未完成手形であるから、白地未補充のままで手形金を請求しても敗訴する。この棄却判決は白地手形では手形上の権利を行使できないことを確定するだけで、既判力をもって手形金請求権の不存在を確定しない。訴訟物が同一でも、白地とされた手形要件を補充して再度手形金請求をすることは可能であり、既判力に抵触しない。本判決の立場では、「白地手形だから請求できない」という判決が下されたのに、「白地を補充しても請求できない」という効果を認めることになる。本判決は、前訴判決の既判力による遮断効の理由として、Xが前訴の口頭弁論終結時までに補充権を行使できたのにこれを行使しなかったことを挙げるが、この点が本判決の真の理由と考えるべきであろう。一旦申し立てた異議を取り下げ、一年三ヶ月経過後に手形金を請求したXの行為は、信義則に違反して敗訴を免れない。

▼**評釈**——田邊光政・昭和57年主判（商12）

手形金額「壱百円」と「￥1,000,000」の重複記載

142 最1判昭和61・7・10民集四〇巻五号九二五頁

関連条文 手六条・七七条二項

手形の金額欄に「壱百円」と「￥1,000,000」の記載がある場合に、手形金額はいくらになるか。

事実 Xは Y振出の約束手形の所持人である。本件手形の金額欄には「金壱百円也」と、その右上段に「￥1,000,000―」と記載され、一〇〇円の収入印紙（当時の印紙税法では、金額一〇万円未満の手形は非課税、金額一〇〇万円以下の印紙税額は一〇〇円であった。）が貼付されていた。

裁判所の見解 「壱百円」は、手形法六条一項の「金額ヲ文字ヲ以テ記載シタル場合」に当たる。同条項が文字記載を数字記載よりも重視するのは、前者が後者よりも慎重にされ、かつ変造も困難だからである。「壱百円」は、文字記載の趣旨に適っており、これが文字記載ではないとすると、仮名文字による記載は現実的でなく、同条項の対象とする文字記載がありえず、不合理である。本件の手形金額は、同条項を適用して一〇〇円と解する。同条項は、手形金額につき重複記載に差異がある場合に、手形が無効となることを防ぐとともに、記載の差異に関する取扱いを法定し、手形取引の安全性・迅速性を確保するための強行規定である。その趣旨は、手形上の関係は文字記載で形式的に割り切った画一的な処理をさせ、実質関係は手形外の関係として処理させることにした。当時の貨幣価値から、百円の手形はほとんどありえず、貼付印紙一〇〇円を理由に、「壱百円」を一〇〇万円の明白な誤記とすることは、各所持人に右の判断を要求し、判定基準が曖昧で、手形取引に要請される安全性・迅速性を害する。

解説 本件手形の「￥1,000,000」が数字であることは明らかであるが、問題となるのは「壱百円」が数字か文字かである。手形法六条はジュネーヴ手形法統一条約に基づいて制定されたものであり、西洋では同条の文字がアルファベット（英語の場合、one,ten,hundred）、数字が算用数字である。わが国では金額を文字で書く文化がない。手形法六条一項が文字を数字よりも形式的に優先するのは、記載の慎重性・変造の困難性に基づく。わが国において同条項の立法趣旨を生かす解釈を試みれば、本件手形の「壱百円」は同条項の文字記載と理解されるべきであり、本判決もこの立場に立つ。他方、経験則による外観解釈を手形金額の重複記載にも認める立場も有力である。この立場には、誤記の判断基準が曖昧であるとの批判のほかに、誤記と評価された記載を無視するのか、修正維持するのかという問題がある。後者だとすると、重複記載された金額に共通性がない場合はどのように解するのか。有力説では、誤記の判断を手形取得者に要求し、かえって手形取引の安全性・迅速性を害することになりはしないか。

▼評釈――倉澤康一郎『手形判例の基礎』一六頁以下

手形行為独立の原則と悪意の取得者

143　最1判昭和33・3・20民集一二巻四号五八三頁

振出人の署名が無権限者によるものである場合、これにつき悪意の所持人に対し裏書人は遡求義務を負うか。

事実　XはA社から手形割引を求められ、Yの裏書があればこれに応ずる旨述べた。そこで、A社の経理係であったBは同社代表取締役Cと相談の上、「A社取締役社長B」名義で約束手形一通（本件手形）をY宛てに振り出し、これにYの白地裏書を得た上で、Yに代わりこれをXに交付し、Xより手形割引金を取得した。Xは、白地を自己の名称で補充の上、本件手形をDに裏書譲渡し、Dはこれをさらに E銀行に裏書譲渡した。E銀行は、満期に本件手形を呈示したが支払を拒絶されたので、Xは本件手形を受け戻し、本訴訟においてYに対して遡求権を行使している。Yは、本件手形が適法な代表者により振り出されたものでないことを知った上でXが手形の交付を受けたものであるとして、「XはYを害することを知りて手形を取得した悪意の取得者である」との抗弁を提出した。原審は、Xの請求を認容すべきものとしたため、Y上告。

裁判所の見解　上告棄却。Yが本件手形の真正な裏書人である以上、手形振出人の代表者名義が真実に反することを仮にXが知っていたとしても、Yの裏書人としての手形上の責任には影響しない。

関連条文　手七条・七七条

解説　Yは手形法一七条但書の規定により償還義務を負わない旨の主張をしているようだが、Yが振出人Aに対して人的抗弁を有しているわけではないから、この主張は意味をなさない。問題は、手形に「本人ニ義務ヲ負ハシムルコト能ハザル署名」がある場合であっても他の署名者の債務の効力が妨げられない旨定める手形法七条の規定が、所持人が悪意の場合であっても適用されるか、という点である。同条（および手三二条二項）が体現する手形行為独立の原則の根拠につき、これを手形行為の性質が手形上の記載を内容とする債務を負担する文言的行為であることに求める見解（当然説。鈴木＝前田一二五頁）によれば、所持人の善意・悪意は同原則の適用には無関係であるとされることになる。他方、本来、先行の手形行為の無効は後行の手形行為の無効を来すべきところ、取引の安全のための例外としてこのような原則が認められるとの見解（政策説）によれば、善意の所持人に対してのみ同原則は適用される（川村四五頁）とするのが自然である（ただし、政策説によったとしても取引安全を貫徹する趣旨から所持人の善意・悪意を問わないとする見解も有力である）。本判決は、当然説・政策説のいずれによるものか明らかにしていないが、所持人が悪意であっても同原則の適用がある旨判示した点で意義を有する。

▼**評釈**――伊沢和平・手形百選46

指図文句と指図禁止文句の併存

144 最1判昭和53・4・24判時八九三号八六頁

関連条文　手一一条・七七条

裏書禁止文句の記載があるが手形用紙上の指図文句は抹消されていない場合に、当該手形は裏書禁止手形となるか。

事実　Y社はAを受取人として約束手形を振り出し、AはXに対しこれを裏書譲渡し、XはBに対しこれを裏書譲渡した。Bは満期に手形を呈示したが支払がなかったため、Xは手形を受け戻し、Yに対して手形金の請求をした。上記手形には、振出人欄一行目の「Y社」の記載と二行目の「代表取締役B」の記載との間に、三ミリくらいの大きさの文字で「裏書禁止」と幅一・五センチにわたり記載があり、そのうち「書禁止」の三文字は代表者印の印影の中にあった。また、手形面上に印刷されていた指図文句は抹消されていなかった。原審は、①本件手形の裏書禁止の記載は注意すれば肉眼で読み取ることができ、また、振出人の記名押印を確かめようとすればこれに気づいてしかるべき箇所に記載されているから、裏書禁止文句の記載があると認めざるをえない、②指図文句と指図禁止文句が併記されている場合には、指図文句は無益的記載事項であり、また、通常手形用紙に印刷されているものであるのに対し、指図禁止文句は任意的かつ有益的記載事項であることから、後者の効力が優先する、とした。そして、この場合、手形の譲渡には指名債権譲渡の方式によらなければならないが、本件裏書につきYに対する債権譲渡の通知または承諾がなく、XはYに対し債権者としての地位を対抗しえないとして、請求を棄却すべきものとした。X上告。

裁判所の見解　上告棄却。①本件手形文句に裏書禁止文句の記載があるとした原審の判断は正当である。②「手形の振出人が、手形用紙に印刷された指図文句を抹消することなく、指図禁止文句を記載したため、手形面上指図文句と指図禁止文句が併記されている場合には、他に特段の事情のない限り、指図禁止文句の効力が優先し、右手形は裏書禁止手形にあたる」。

解説　手形法一一条二項によれば、裏書禁止手形は、指名債権譲渡の方式と効力によってのみ譲渡されうる。したがって、手形上の権利の譲渡を振出人に対抗するには、債務者への通知・承諾が必要である（民四六七条。手形の交付で足りるとする有力説がある）。また、人的抗弁の切断（手一七条）なども認められない（145判決参照）。本件では、指図禁止文句の記載の明瞭性（①）と指図文句と指図禁止文句が手形面上に併存している場合の解釈（②）が問題となった。②についていえば、本判決は原審判決とあわせ読めば（手形上の記載から客観的に観察される）手形行為者の合理的意思によったものと解されよう。

▼**評釈**――上村達男・手形百選47

裏書によらない手形債権の譲渡

145 最1判昭和49・2・28民集二八巻一号一二一頁

手形の交付のみによって手形が譲渡された場合に人的抗弁切断の制度の適用はあるか。

事実　Yは砂利等の売買契約に基づく代金の前渡金支払のため約束手形（本件手形）をAに振り出したが、この売買契約は後日合意解除されている。Aは、本件手形を一旦Bに裏書譲渡したがその後返還を受け、裏書を抹消することなくCにこれを交付して割引を受けた。CはさらにDに本件手形を交付して割引を受け、DはXに本件手形を交付して割引を受けた。XはAのBに対する裏書のうち被裏書人欄の記載を抹消した上、E信用金庫に取立のための裏書譲渡した。しかし本件手形は支払を拒絶されたため、Xはこれを受け戻し、Yに手形金の支払を請求している。一審請求棄却。原審は、被裏書人の表示が抹消されたときは裏書全部の抹消がなされたものと解され、本件手形は裏書の連続を欠くが、Xは手形上の権利を有効に取得しており、また、Xが本件手形を取得する際に売買契約の合意解除といった原因関係に関する事実について悪意であったと認めることはできないとして請求を認容した。Y上告。

裁判所の見解　破棄自判。控訴棄却。Aから割引によって順次本件手形上の権利を譲り受けたXに至るまでのAの後者は、いずれも裏書によって手形を取得したものではなく通常の指名債権譲渡の方法によってこれを取得したものと解すべきである。したがって、XはYのAに対する原因関係上の抗弁の対抗を受けるものであり、Xが原因関係に関する事実につき悪意であるか否かを問うまでもない。

関連条文　手一四条・一七条・七七条一項、民四六七条

解説　被裏書人の記載を抹消してなされる手形の譲渡は白地式裏書による譲渡となる（156判決）。しかし、本件では、Xに対する手形の交付後の抹消であるので、抹消の事実はXの地位に影響を及ぼさない（ただし、原審判示と異なり裏書の連続は認められる）。本判決で問題となったのは手形の交付のみによってなされた譲渡の効力である（割引がなされていることから、当事者に譲渡の意思はあったといえる）。判旨は、これを①指名債権譲渡の方法による譲渡であるとし、②かかる方法による譲渡においては、人的抗弁切断の効果は生じない、との立場をとる。①指名債権譲渡の方法による手形の譲渡が一般に可能であることについてはほぼ異論がないが、対抗要件として債務者に対する通知・承諾が要求されるかについては裏書禁止手形の譲渡（手一一条二項）の場合と同様、議論がある（本判決はこの問題には触れていないものと理解される）。②裏書によらずして手形が譲渡された場合に、手形流通保護のための特別の制度である人的抗弁の切断の適用がないことは疑われない（なお、151判決参照）。

▼**評釈**――小出篤・手形百選48

手形の裏書と民事保証債務の移転

146 最3判昭和45・4・21民集二四巻四号二八三頁

関連条文　手一四条・三二条・七七条

振出人の手形金債務につき民事保証がなされた場合、手形金債務の裏書による移転とともに保証債務も移転するか。

事実　Aが約束手形をBに振り出すにあたりYはAと連帯して手形金支払義務を負担する旨の保証をすることを承諾し、その旨のB宛の保証書（本件保証書）をAに交付した。Aは、約束手形一通（本件手形）および本件保証書をBに交付し、その後、本件手形の裏書譲渡とともに本件保証書も順次交付され、最終的にいずれもXの所持するところとなった。本件手形は支払のため呈示されたが支払が拒絶されたため、XはYに対して、保証債務の履行を求めている。原審は保証債権を譲渡するには指名債権譲渡の方法によってすることが必要であり、本件保証書が本件約束手形とともに移転したからといって、Xが保証債権を取得したことはならないなどとして、請求を棄却した。X上告。

裁判所の見解　破棄差戻。受取人との間で手形債務の支払について手形外の保証契約が締結された後、この手形が裏書譲渡された場合、保証債権は、裏書自体の効力によって移転するものではない。しかし、一般に保証債権はその随伴性により主たる債権の移転とともに移転する。よって、主たる債権を取得し、これにつき対抗要件を具備した者は、保証債権の譲渡につき対抗要件を具備せずとも保証債務の履行を求めることができる。この理は、手形債権についても当てはまるから、「裏書によって手形債権を取得した者は、民事保証債権につき別段の指名債権譲渡の手続を履践することなく、右保証債務の履行を求めることができる」。

解説　手形保証（手三〇条）がなされた場合、これによる義務は裏書により手形とともに移転する。これに対して、手形外で保証（民四四六条）がなされた場合、保証債務は手形上の権利ではないから、裏書の直接的効果によっては移転しない。本判決はこれを前提に、保証債務の随伴性により保証債務が主たる債務である手形債務とともに移転すること、また、手形債務につき対抗要件が具備された場合には保証債務につき対抗要件の具備を要しないことを論ずる。いずれも、民法上の通説に従ったものである。これに対して、従来、保証債務が手形債務とともに移転することの根拠をそれが譲渡当事者間の通常の意思であることに求めるものも存した（鈴木＝前田二四七頁）。この見解によれば、保証債務の存在を被裏書人が知らないなどこのような合意を認めえない場合には保証債務は移転しないことになる。なお、判例の立場でも保証債務を随伴させない旨を譲渡当事者間で合意することは可能である（前田三一一頁）。

▼**評釈**——本多正樹・手形百選49

裏書の詐害行為による取消しと取立委任裏書の被裏書人の地位

147　最2判昭和54・4・6民集三三巻三号三二九頁

関連条文　手一七条・七七条一項、民四二四条一項

振出人が詐害行為を理由に受取人のなした裏書を取り消した場合、被裏書人から取立委任のための裏書を受けた者に対して振出人は手形金支払義務を負うか。

事実　YはAに対し、請負工事契約の代金支払のため約束手形（本件手形）を振り出したが、右請負契約はAの倒産を受けて履行不能により解除された。AはYに対して本件手形の返還を約する一方で、Bからの借入債務の支払のため、本件手形をBに裏書譲渡した。BはXに対し本件手形を取立のために裏書譲渡し（隠れた取立委任裏書）、XはYに手形金の支払を求めて訴えを提起している。他方、Yは、AB間の裏書譲渡につきBを被告として詐害行為取消しの訴えを提起しており、これら二つの訴えは併合審理された。原審は、詐害行為取消しを認めた上で、手形金支払請求を認容した。その理由は、詐害行為取消認容判決の効力は相対的であり、転得者であるXには及ばないことにある。Y上告。

裁判所の見解　原判決破棄。Xの手形金請求を棄却すべきものとした。AのBに対する裏書が詐害行為を理由として取り消されたことは、YのBに対する人的抗弁事由に当たるところ、「手形債務者は、隠れた取立委任裏書の被裏書人に対しては、その裏書人に対して有する人的抗弁事由の存在についての被裏書人の善意・悪意に関係なく、右抗弁事由をもって対抗できる」。

解説　隠れた取立委任裏書の法的性質に関する通説である信託裏書説によれば、取立委任の合意は手形外の合意にすぎず、手形上の権利は被裏書人に移転する。この見解においても被裏書人は人的抗弁切断につき固有の利益を有しないことから、裏書人に対する人的抗弁の対抗を受けるものと解されている。本件は、このような一般論の適用の一事例である。

裏書譲渡の取消しによってBは無権利者となるからYの抗弁は物的抗弁ではないかとの疑いが生ずるが、判決は、Bの無権利をYはBに対してのみ主張できる（詐害行為取消しの相対効）という意味でこれを人的抗弁であると捉えたと解される。なお、善意の転得者保護（民四二四条一項但書）との関係上、仮にYがXを相手として詐害行為取消訴訟を提起した場合取消しが認められるか（Xは転得者に当たるか）という問題、また、Bを相手とする詐害行為取消判決の効力はXに本当に及ばないのか（公然の取立委任裏書の場合であれば及びそうである〔民訴一一五条四号参照〕）という問題がある。いずれも隠れた取立委任裏書の法的性質論と詐害行為取消権の制度理解に関する議論が交錯する難問である。

▼**評釈**――藤田友敬・手形百選55

取立委任文言の抹消と譲渡裏書の効力発生時期

148 最3判昭和60・3・26判時一一五六号一四三頁

取立委任裏書がなされた手形について裏書人・被裏書人間で改めてこれを譲渡する旨の合意がなされ、この合意に基づき取立委任文言が抹消された場合。

事実　Y会社は昭和五五年八月七日にAを受取人として、満期を昭和五六年一月二六日とする約束手形（本件手形）を融通手形として振り出し、AはB信用金庫に対し、本件手形を取立委任裏書により交付した。昭和五五年八月八日、Aは倒産し、Bに対し本件手形を借入債務の担保として譲渡することを約したが、手形上の処理はなされなかった。昭和五六年三月一〇日、Xが右借入債務を保証人として代位弁済したので、Bは本件手形被裏書人欄の「取立委任ニ付B」とある部分を抹消した上、Xに本件手形を白地裏書の方法で譲渡した。XはYに対して手形金の支払を求めている。Yは、融通手形の抗弁をXに対抗しうると主張している。原審はXの請求を斥けたので、X上告。

裁判所の見解　上告棄却。「約束手形の取立委任裏書を受けてこれを所持している者が、その裏書人との間で当該手形の譲渡を受ける旨の合意をしたとしても、そのときに（ママ）右取立委任裏書を抹消して新たに通常の譲渡裏書がされるか、又は取立委任文言が抹消されるなど、右譲渡のための裏書がされなかったときには、後日取立委任文言を抹消しても、これによって譲渡裏書としての効力を生ずるのは右抹消の時からであって、前記譲渡の時に遡ってその効力を生ずるものではない」。したがって、Bは満期後である取立委任文言等抹消の時点に本件手形をAから隠れた質入裏書として白地裏書譲渡を受けたものであり、Yは、BおよびBの後者たるXに対し、融通手形の抗弁をもって対抗することができる。

解説　被裏書人の記載の抹消については156判決を参照。本判決の意義は、取立委任文言抹消により取立委任裏書が通常の譲渡裏書に転ずるのは抹消の時点であるとした点にある。これに対しては、譲渡の合意がなされた時点で取立委任裏書は「隠れた譲渡裏書」に転じ、合意を知る者には通常の譲渡裏書としての効力を主張できるとする見解もある（田邊光政・昭和60年重判一〇三頁）。しかし手形面上に何ら変更が加えられないにもかかわらず、新たな裏書ありとして人的抗弁切断などの効果が生ずるとすることは疑問であり、この場合、取立委任文言の抹消権限が手形外で被裏書人に授与されたものか、せいぜい指名債権譲渡の方式による権利移転が生ずるにすぎないと解すべきではないか（145判決参照）。なお、合意時点で手形債権の移転があったと認めた裁判例として、福岡高判平成19・2・22判時一九七二号一五八頁がある。

関連条文　手一八条・二〇条・七七条

▼**評釈**——伊藤壽英・手形百選56

149 隠れた取立委任裏書と訴訟信託

最1判昭和44・3・27民集二三巻三号六〇一頁

訴訟信託の目的で裏書譲渡がなされた場合の当該裏書の効力。

事実　Y_1農業協同組合は約束手形一通（本件手形）を振り出したが、これは、Y_1の組合長理事であったAが、自らが代表取締役を務める会社の資金を捻出するため、受取人Y_2と協議の上、手形を振り出すべき原因関係がないにもかかわらずなされたものであった。Y_2はBに割引の斡旋を依頼し、裏書の署名をして本件手形をBに交付したが、当初定めた期間内に割引ができなかったため手形の返還を要求した。しかし、本件手形は回収されずに、Bから数人を経てCに交付され、CはこれをXに裏書譲渡した。なお、Cは、Y_2の依頼を受けたDより手形の返還を求められた折に本件手形に関するいきさつを説明されており、これにより本件手形が支払になるかにつき少なからぬ疑問を抱いたものと認められる。XはY_1、Y_2に対して手形金の支払を求めて訴えを提起。原審は、CからXへの裏書譲渡は、CがY_1らから対抗を受けるかもしれない「悪意」の抗弁を切断するため、Xをして訴訟行為をさせることを主たる目的としてしたものであり、信託法一一条（現信託法一〇条）に反して無効であるから、Xは手形上の権利を取得しないとして請求を棄却すべきものとした。X上告。

関連条文　手一四条・七七条、信託一〇条

裁判所の見解　上告棄却。隠れた取立委任裏書は、「裏書人が自己の有する手形債権の取立のため、その手形上の権利を信託的に被裏書人に移転するものと解すべきである……ところ、信託法一一条は訴訟行為をなさしめることを主たる目的として財産権の移転その他の処分をなすことを禁じ、これに違反する行為を無効とするのであるから」、隠れた取立委任裏書が訴訟行為をさせることを主たる目的としてなされた場合には、「たんに手形外における取立委任の合意がその効力を生じないのにとどまらず、手形上の権利の移転行為である裏書自体もまたその効力を生じえない」。

解説　隠れた取立委任裏書に関する信託裏書説は、これを信託法の定義する信託であると意識的に論じてきたわけではない（ただし信託法上の信託である旨を明言する見解として、前田三八〇頁）。判旨は信託該当性を肯定することによって訴訟行為をさせることを目的とする裏書譲渡を無効とするように読める。これに対して、信託裏書説は、当事者間における取立委任についての債権的約束の存在をもって「信託」と表現しているのであり、信託法の規定は手形外の取立委任契約を無効とするにすぎないとの有力な見解（倉澤康一郎・法セ四一五号一〇八頁）がある。この見解の下では右のような目的の存在は人的抗弁の問題として扱われることになる。

▼**評釈**――北村雅史・手形百選59

不渡付箋貼付後の裏書

150 最1判昭和55・12・18民集三四巻七号九四二頁

不渡付箋が貼付された手形を支払拒絶証書作成期間内に裏書譲渡した場合、人的抗弁は切断されるか。

事実 Yは約束手形一通（本件手形）をAに宛てて拒絶証書作成を免除して振り出し、Aはこれを満期である昭和五二年一一月三〇日に支払場所に呈示して支払を求めたが、支払拒絶により、支払担当者であるB信用組合は本件手形に不渡付箋を貼付して本件手形を返却した。Aは支払拒絶証書作成期間内である同年一二月二日に本件手形につきXを被裏書人とする裏書をなし、Xは本件手形につき手形金支払請求訴訟を提起した。これに対し、Yは、Aからの借入金の残元本を担保するため本件手形を差し入れたものであるところ、利息制限法所定の制限利息超過部分を順次残元本に充当すれば本件手形振出の時点において元本は消滅していた、との趣旨の抗弁を提出している。一審は不渡付箋貼付により手形面上支払拒絶が明白となった場合には、手形法二〇条一項の趣旨に鑑み、裏書譲渡は指名債権譲渡の効力しか有しないとして、人的抗弁の切断を認めずXの請求を棄却。X控訴。原審は、原判決を取り消し、Xの請求を認容すべきものとした。Y上告。

裁判所の見解 上告棄却。「支払拒絶証書が作成される前であって、しかもその作成期間の経過前にされた裏書は、たとえ不渡の付箋等により満期後の支払拒絶の事実が手形面上明らかになった後にされたものでも、満期前の裏書と同一の効力を有するものと解するのが相当である。」

関連条文 手二〇条・七七条

解説 法は手形の流通証券性に鑑み、手形法的な権利移転方法である裏書譲渡につき、担保的効力、人的抗弁の切断、善意取得など流通性を高める各種の制度を用意している。手形法二〇条は、支払拒絶証書作成後または支払拒絶証書作成期間経過後の裏書については指名債権譲渡の効力のみを有するとするが、これは裏返せば流通証券たる性質がこれらの時点において失われることを示すものといえる。本件では不渡付箋貼付の事実をこれらの事由と同視してよいかが問題となった。判旨の結論を正当化する根拠としては、①不渡事由は多様であり、不渡付箋の有無で手形の信用（＝流通力）を決することはできないことや、②支払が拒絶されたとしても所持人は拒絶証書を作成せずに手形を再呈示したり裏書譲渡をしたりする選択権を有することを挙げることができる。とはいえ、不渡りとなった手形を譲り受ける者などまずいないであろう。したがって、このような裏書譲渡がなされた場合には人的抗弁の切断の保護を受けるといった、裏書の制度を濫用する目的が推測され、被裏書人の悪意を推認させる事情となると考えられる（浅生重機・最判解昭和55年度四三七頁）。

▼**評釈**――若林泰伸・手形百選60

裏書の連続

151　最2判昭和30・9・30民集九巻一〇号一五一三頁

職名を付記して表示された受取人が個人名義で裏書した場合に、裏書の連続が認められるのか。

事　実　訴外Aは、受取人を「B会社Y支店長」とする約束手形をYに対して振り出し、Yは訴外Aのために手形保証をした。Xは、Y（第一裏書人欄には「北宇和郡C村Y」と記載された）から本件手形を白地式裏書により譲り受けた（なお、期限後裏書になるため指名債権譲渡の手続もなされた）。手形所持人Xは、本件訴訟において、手形保証人Yに対して手形金などの支払を求めた。一審はXの請求を認容したが、原審は、右受取人の表示を個人たるYに右会社の支店長たる地位を冠したものと解することができないから、Y個人名義の第一裏書との間に裏書の連続を欠くものとして、Xの請求を棄却した。Xが上告。

裁判所の見解　破棄差戻。「本件では、その第一裏書における裏書人は明らかに〔Y〕個人名をもって為されていることは前示のとおりであるから、右第一裏書の記載と対照して、本件『〔B〕会社〔Y〕支店長』なる受取人の記載は他に特段なる事由のない限りむしろ個人たる〔Y〕を指称するものと解するは妥当であるといわなければならない。とすれば、本件手形は裏書の連続に欠くるところはない……。」

解　説　裏書の連続した手形を所持する者は、手形上の権利者であると「推定」される（手一六条一項・七七条一項一号。「看做ス」は「推定ス」の意味であることにつき、最2判昭和36・11・24民集一五巻一〇号二五一九頁）。裏書の連続とは、受取人から現在の手形所持人までの署名が手形上に間断なく続いていることをいう。裏書の連続を証明するためには、それぞれの裏書が適法性の外観を備え、外観上裏書が連続していることが必要である。なぜなら、裏書の連続による形式的資格（手一六条一項）は、裏書の連続した手形を有する者の権利者としての外観は、通常、真実に相応するという蓋然性に基づくからである。裏書の連続に係る事実の主張・証明責任は原告である手形所持人が負う（被告による裏書の連続が欠ける旨の主張は訴訟上の否認となる）。本判決は、受取人欄の「B会社Y支店長」という記載を、職名を付記して表示されたY個人と評価した。氏名に職名を付記してその個人を指称することは取引において、往々行われるからである。そして、Y個人名をもってなされている第一裏書欄の記載との間で、裏書の連続を肯定した。そもそも、受取人欄の記載は、受取人以外の者が行うことになるから、受取人自身が関与する第一裏書人欄の記載から受取人欄の記載内容を特定して裏書の連続を判断することは、社会通念に合致すると思われる。

▼**評釈**――川口恭弘・手形百選50

関連条文　手一六条一項

裏書の連続のある手形による請求と権利推定の主張

152 最大判昭和45・6・24民集二四巻六号七一二頁

関連条文 手一六条一項

裏書の連続のある手形を所持し、その手形に基づき手形金の請求をしている場合には、手形法一六条一項の適用を求める主張があるものと解すべきか。

事実 手形所持人であるXは、本件訴訟において、振出人Yに対して、本件約束手形四通の手形金などの支払を求めた。Xは、請求原因として、①Yが訴外Aに対して本件約束手形四通を振出・交付したこと、②AはXに対して本件手形を白地式裏書によって譲渡しXは現に本件手形を所持していることを陳述した。また、受取人としてAおよび同人名義の白地裏書の各記載のある本件約束手形四通を証拠として提出した。Yは、当初、上記①と②の事実を認めたが、上記②についてXが手形の所持人であること以外の事実の自白を錯誤によるものとして取り消し、AからXに対する白地式裏書はXの偽造であること等を主張した。一審はXの請求を認容したが、原審は自白の取消しを認めてXの請求を棄却した。Xが上告。

裁判所の見解 破棄差戻。「およそ手形上の権利を行使しようとする者は、その所持する手形の裏書の連続が欠けているような場合は格別、裏書が連続しているかぎり、その連続する裏書に基づき権利者となっていることを主張するのが当然であって、この場合、立証が必ずしも容易でない実質的権利移転の事実をことさらに主張するものとは、通常考えられないところである。それゆえ、原告が、連続した裏書の記載のある手形を所持し、その手形に基づき手形金の請求をしている場合には、当然に、同法一六条一項の適用の主張があるものと解するのが相当である。」

解説 本判決は、原告が、裏書の連続のある手形を所持し、その手形に基づき手形金の請求をしている場合には、当然に、手形法一六条一項の適用を求める主張があるものとした点に意義がある。

手形金請求訴訟において、権利の帰属に係る請求原因の記載方法は、①裏書の連続のある手形を所持していることを主張して手形法一六条一項の適用を求める方法と②個々の裏書譲渡による手形上の権利移転の全過程を主張して手形法一四条一項の適用を求める方法とがある。右①の方法によれば、原告である手形所持人は権利者としての推定を受けることになる。本判決は、「原告が、連続した裏書の記載のある手形を所持し、その手形に基づき手形金の請求をしている場合」であれば、右①に該当するとする。これにより、権利保護手段としての手形法一六条一項の実効性を高め、手形所持人の訴訟技術の巧拙によって訴訟の帰趨が左右されることを回避することができるのである（小倉顕・最判解民昭和45年度(上)二四七頁）。

▼**評釈**――山下徹哉・手形百選52

153 変造手形の原文言の立証責任

最3判昭和42・3・14民集二一巻二号三四九頁

関連条文　手六九条

変造前の文言の立証責任を、手形所持人が負担するのか。

事実　Yは、Yが経営するY_1会社と共同で本件約束手形五通を、Aに振り出した。本件約束手形五通いずれも、鉛筆書きで支払期日が記載され、手形金額欄は白地で、手形金額は下方に鉛筆書きで記載されていた（判例の事実認定に従い、鉛筆書きでなされた支払期日の記載が確定的な記載であることを前提とする）。Xは、Aから本件約束手形五通の交付を受け、そのうちの一通（事実認定において、本件約束手形五通のうち、①支払期日が昭和三四年三月七日である手形、②支払期日が同年三月一二日である手形、③支払期日が同年四月二六日である手形の三通までは絞り込むことができたが、どの手形であるかは特定できなかった）を用いて、鉛筆書きの部分を消して、手形金額を七一万六五一四円、支払期日を昭和三四年二月二五日と記載した。原審は、支払期日の記載について、変造前の原文言の真偽不明に係る不利益は変造の主張者に帰すべきだとして、Yに最も不利な昭和三四年三月七日とした。Yが上告。

裁判所の見解　破棄自判。「約束手形の支払期日（満期）が変造された場合においては、その振出人は原文言（変造前の文言）にしたがって責を負うに止まるのであるから（手形法七七条一項七号、六九条）、手形所持人は原文言を主張、立証した上、これにしたがって手形上の請求をするほかはないのであり、もしこれを証明することができないときは、その不利益は手形所持人にこれを帰せしめなければならない。」

解説　約束手形の支払期日の記載は、手形金請求訴訟において附帯請求を行う場合に、遅延利息などの算定における起算点としての意義も有する。本件事案のように支払期日の真偽が不明な場合には、立証責任の帰趨によって、遅延利息などの具体的な金額が異なることになる。そのため、手形所持人が変造前の文言の立証責任を負担するのか否かが争点となる。立証責任の分配に関する基本的な考え方によれば、ある規定に基づく法律効果の発生によって利益を受ける者は、その規定が定める要件事実の立証責任を負う。当該要件事実の真偽が不明となる場合には、その不利益は立証責任を負う者に帰属する。約束手形が変造された場合には、当該約束手形の振出人は原文言に従って責任を負う（手七七条一項七号・六九条）。本判決は、この条文を前提に、当該約束手形支払を求めるXが原文言を主張・立証する責任を負うとする。変造前の原文言が上記①〜③のいずれか不明な場合、その不利益はXに帰するから、支払期日はXに最も不利な上記③となる。

▼**評釈**——垣内秀介・手形百選21

受取人欄の変造と裏書の連続

154 最3判昭和49・12・24民集二八巻一〇号二一四〇頁

関連条文 手一六条一項・六九条

受取人欄が変造された場合、裏書の連続はあるのか。

事実 Xは、①振出人Y、受取人兼第一裏書人A、第一被裏書人兼第二裏書人B、第二被裏書人Xという記載のある約束手形一通と②振出人Y、受取人兼第一裏書人A、第一被裏書人兼第二裏書人C、第二被裏書人兼第三裏書人B、第三被裏書人Xという記載のある約束手形一通を所持している。Xは、Yに対して各手形金などの支払を求めた。これに対して、Yは、右①と②の約束手形の受取人欄にはDと記載されていたところ、何者かにより当該手形が窃取された後に、受取人欄がDからAに改ざんされた事実を、Xが知りまたは重大な過失によって知らずに本件手形を取得したと抗弁した。

一審はXの請求を認容したが、原審は、「変造手形の振出人は手形法第六九条によって変造前の原文言によって責任を負うものであるから振出人において右変造の事実を立証したときは変造手形を変造後に取得した手形権利者は振出人に対して手形法第一六条による裏書の連続を主張するのみでは足らず、正当な手形債権取得原因を主張、立証すべきものと解するので、その点について何らの主張、立証のない本件では被控訴人の請求は失当というべきである」として、一審判決を取り消し、Xの請求を棄却した。Xが上告。

裁判所の見解 破棄差戻。「手形法一六条一項にいう裏書の連続は、裏書の形式によりこれを判定すれば足り、約束手形の受取人欄の記載が変造された場合であっても、手形面上、変造後の受取人から現在の手形所持人へ順次連続した裏書の記載があるときは、右所持人は、振出人に対する関係においても、同法七七条一項一号、一六条一項により、右手形の適法な所持人と推定されると解するのが、相当である。」

解説 本判決は、受取人欄が変造された場合でも裏書の連続が認められるとした点に意義がある。裏書の連続の有無は、裏書が形式的に連続しているか否かで決せられ、偽造の裏書があってもその影響を受けない。同様に、受取人欄が変造された場合であっても、受取人から最終の手形所持人まで裏書が形式的に連続していれば、裏書の連続があることになる。問題となるのが、手形法六九条との関係である。六九条は、手形の文言が権限のない者により欲しいままに変更されても一旦有効に成立した手形債務の内容に影響を及ぼさない法理を明らかにしたものであるにすぎず、手形面上、原文言の記載が依然として現実に残存しているものとみなす趣旨ではない。この趣旨から、受取人欄が変造された場合であっても、形式的な裏書の連続がある以上、振出人に対する関係においても手形所持人は権利者としての推定を受けることになるのである。

▼**評釈**——前田雅弘・手形百選51

裏書の不連続と権利の行使

155　最3判昭和31・2・7民集一〇巻二号二七頁

裏書の連続を欠く手形の所持人は、手形上の権利を行使することができないのか。

事実　Yは、約束手形（以下「本件手形」という）を訴外A会社に宛てて振り出し、A会社は訴外Bに白地式裏書により本件手形を譲渡した。Xは、Bから本件手形を譲り受けた。その後、Xは、本件手形をC銀行に裏書譲渡した。XC間の裏書は、外形上通常の裏書でしかも取立委任の目的を持ってなされたいわゆる隠れたる取立委任裏書であった。そしてC銀行はD銀行に、D銀行はE銀行に、いずれも取立委任裏書をしたので、E銀行は本件手形を満期日に支払場所において支払のため提示したが支払を拒絶されたため、XはC銀行から本件手形の返還を受けて現に所持している。なお、本件手形の裏書欄中C銀行からD銀行、D銀行からE銀行に対する各裏書の記載はいずれも抹消されていたが、XからC銀行に対する裏書はなお抹消されずに残存していた。Xは、本件訴訟において、Yに対して手形金の支払などを求めた。一審、原審ともにXの請求を認めた。Yが上告。

裁判所の見解　上告棄却。「実質的権利者が資格を具備しない場合であっても、債務者に対し進んでその権利を証明するときは、その権利の行使はもとより適法であって、債務者は、請求者が資格を欠くことを理由としてこれが履行を拒否することは許されないものと解すべきである。」

解説　裏書の連続を欠く手形の所持人は、手形上の権利を行使することができないのか、という問題がある。本判決は、実質的権利を証明することにより手形の所持人は権利行使できることを明らかにした点に意義がある。裏書の連続した手形を所持する者は、手形上の権利の実質的な権利者として推定される（手一六条一項〔資格授与的効力〕）。裏書の連続した手形を所持する者は権利者として推定されるだけであるから、裏書の連続した手形の所持という事実と実質的権利の存否が、常に一致するわけではない。そのため、裏書の連続を欠く手形の所持人が手形上の権利について実質的な権利移転を証明して、その権利行使も認められるのである。

本件の事案は、本件手形の所持人が最終の裏書の被裏書人ではないという事例である。本件と異なり、中間の裏書に断絶がある場合において、実質的な権利移転をどのような方法で証明するのか、という問題もある。裏書の連続に基づく形式的資格は個々の裏書の資格授与的効力の集積であるから、裏書の断絶部分のみについて実質的な権利移転を証明すれば、足りると解される（架橋説）。

関連条文　手一六条一項

▼**評釈**——山部俊文・手形百選53

被裏書人だけの抹消

156 最2判昭和61・7・18民集四〇巻五号九七七頁

関連条文 手一六条一項

被裏書人欄のみを抹消すると、白地式裏書となるのか、あるいは、裏書全体の抹消と同様に扱われるのか。

事実　本件の約束手形（以下「本件手形」という）は、受取人欄、第一裏書人欄および第一被裏書人欄にA、第二裏書人欄および第二被裏書人欄にY、第三裏書人欄B（第三被裏書人欄は白地）、第四裏書人欄にC（第四被裏書人欄は白地）、第五裏書人欄は白地）、第五裏書人欄および第五被裏書人欄にXと記載されており、第一被裏書人欄、第二被裏書人欄および第三裏書人欄の各記載は抹消されているものである。なお、第一被裏書人と第二被裏書人欄の抹消は、X代理人の法律事務所の職員が誤って記載したものを元に服すべく抹消したものであった。Xは、本件約束手形を所持しているXは、支払期日に支払場所に本件手形を呈示したが支払を拒絶されたので、裏書人であるYに対して、本件手形金などの支払を求めて提訴した。これに対して、Yは、抗弁として、被裏書人欄の抹消は裏書人欄の全部抹消となるから、本件手形は裏書の連続を欠くことになるため、Yの裏書人としての責任は消滅したと主張した。一審、原審ともYの抗弁を退けた。Yが上告。

裁判所の見解　上告棄却。「約束手形の裏書欄の記載事項のうち被裏書人欄の記載のみが抹消された場合、当該裏書は、手形法七七条一項一号において準用する同法一六条一項の裏書の連続の関係においては、所持人において右抹消が権限のある者によってされたことを証明するまでもなく、白地式裏書となると解するのが相当である。けだし、被裏書人欄の記載が抹消されたことにより、当該裏書は被裏書人の記載のみをないものとして白地式裏書となると解するのが合理的であり、かつ、取引通念に照らしても相当であり、ひいては手形の流通の保護にも資することになるからである。」

解説　被裏書人欄のみの抹消がどのような法的効果をもたらすのか。この点については、ⓐ被裏書人欄の抹消により白地式裏書になると解する見解（白地式裏書説）とⓑ被裏書人欄のみの抹消も当該裏書全体が抹消されたものと同視する見解（全部抹消説）とが対立する。白地式裏書説は、①手形法一六条一項の裏書の抹消は裏書人の署名の抹消を意味すること、②被裏書人欄のみの抹消は裏書の一部の不記載であるから当該裏書の署名は残存すること、③不正利用の危険は全部抹消説であっても生じること（抹消後の最終被裏書人の署名を偽造することにより裏書の連続を作り出すことは可能である）などを根拠とする。本判決は、手形流通性の保護という観点から、白地式裏書説を採用することを明らかにした点で意義がある。

▼評釈――田澤元章・手形百選54

無権代理人による裏書と善意取得……サンベニヤ工業事件

157 最3判昭和35・1・12民集一四巻一号一頁

関連条文　手一六条二項

無権代理人によってなされた裏書であっても、手形の善意取得は成立するのか。

事実　Y会社は、Aと自称する者に欺かれて、B株式会社名古屋出張所を受取人として、本件約束手形（以下「本件手形」という）を振り出し、ついでAはB株式会社名古屋出張所取締役所長Aと署名してX会社に裏書交付した。しかし、実際には、B社は名古屋出張所を設けたことはなく、またB社の取締役にはAなる者も存在しなかった。X社は、本件訴訟において、Y社に対して手形金の支払などを求めた。一審、原審ともにX社の請求を認めた。Y社は、本件手形におけるB社名古屋出張所取締役所長Aなる裏書は、偽造または仮設人の署名か、あるいは無権代理人の署名であって無効であるところ、手形法一六条二項は無権利者からの手形の取得についてのみ適用され、本件のように裏書自体が無効な場合には適用されないため、原判決は手形法に違背するとして上告した。

裁判所の見解　上告棄却。「本件約束手形の裏書は形式的に連続しており、被上告会社は裏書譲渡により善意でこれを取得し（被上告会社の本件手形の取得に重大な過失のあったことについては主張も立証もない）現に所持しているのであるから、〔A〕と自称する者が〔B〕株式会社を代理またはは代表する権限を有しないに拘わらずその権限ある旨自称して、〔Y上告会社〕から本件手形の振出交付を受け次でこれを〔X被上告会社〕に裏書譲渡した事実によっては、本件約束手形の所持人たる〔X被上告会社〕からこれが振出人たる〔Y上告会社〕に対する手形上の権利行使に消長を来たすものでないと解するのは相当である。」

解説　手形法一六条二項によって治癒される瑕疵の範囲については、ⓐ一六条二項は同条一項を前提とする規定であるところ、裏書の資格授与的効力（一六条一項）は手形所持人の権利推定に限定されることなどから、善意取得が成立するのは無権利者からの取得に限定されるとする制限説とⓑ一六条二項は「事由ノ何タルトヲ問ズ」と規定していることなどから、代理権の欠缺や裏書人の行為能力の制限など手形の占有を失った全ての場合とする無制限説の対立がある。本件事案において、そもそも受取人たるB社が本件手形を有効に取得しているかについて疑問も生じる。しかし、上告理由の骨子は、一六条二項によって治癒されるのは譲渡人の無権利のみであるから、Aの無権代理による裏書は善意取得の対象にならないという点にある。本判決は、このような上告理由に答えたものである。したがって、本判決は、無権代理人からの手形取得の場合にも善意取得の成立を認めた判例として評価することができる。

▼**評釈**――森田果・手形百選23

取得者の「重大ナル過失」の意義……御法川工業事件

158 最2判昭和52・6・20判時八七三号九七頁

関連条文　手一六条二項

手形の取得について重大な過失（手一六条二項但書）があるのは、どのような場合か。

事実　タイル職人であるAは、Y社事務室において、社員不在時を見計らい、事務机の中から約束手形二通を持ち出し、Xに対し、仕事の関係でY社から受け取った手形であると称して交付した。Xは、取引関係の手形という説明も受けたので、何らの調査もしないでこれを取得した。Xは、Y社に手形金等の支払を求めて提訴した。一審は、Xの請求を認容した。これに対して、原審は、①AはXに対しY社名義の盗難の事故小切手を交付した前歴があるため本件手形についても一応その真否に疑念を抱くべきであること、②本件手形の振出人は、Y社であり、Aはタイル職人であって、本件手形二通の合計金額は一〇〇万円であることに徴すれば、通常人であれば、Aが本件手形二通を正当に振出を受けたものかどうか疑念を抱くのが当然であることから、何らかの方法で真否を調査するのが常識といえるにもかかわらず、何らの調査をしなかったのは、通常人の有する注意義務を著しく怠ったものであり、重大な過失があるというべきであるとして、原判決を取り消し、Xの請求を取り消した。Xが上告。

裁判所の見解　上告棄却。「〔X〕が〔A〕から本件手形を取得するに際し、〔A〕が本件各手形を所持することにつき疑念を懐いて然るべき事情が認められるとした原審の認定はこれを肯定するに足り、手形振出名義人又は支払担当銀行に照会するなどなんらかの方法で手形振出の真否につき調査をすべき注意義務があったにも拘らず、なんらの調査をしなかった〔X〕に重大な過失がある」とした。

解説　善意取得における「重大ナル過失」とは、取引通念上払うべき注意を著しく欠いたために（無制限説を採用する場合には）自己への手形譲渡に瑕疵があることを知りえなかったことという。重過失の有無は、取得時を基準とする。取得後の事情を勘案することは、手形の流通性を害するからである。また、重過失があることの立証責任は、手形の占有を失って当該手形の返還を求める者が負う。裏書の連続のある手形を占有する者には権利推定が及ぶこと（一六条一項）、一六条二項ただし書は権利の発生を妨げる事実であることを理由とする。本件では、①譲渡人が事故小切手を交付した前歴があること、②事故小切手の振出人と関連のある者が本件手形の振出人であること、③譲渡人の職業との関係から本件手形金額が高額であることなどの要因から調査義務を肯定している。本判決は、重過失がある場合の事例を示したことに意義がある。

▼**評釈**——土橋正・手形百選24

呈示期間経過後の小切手譲渡と善意取得……日本勧業銀行事件

159　最2判昭和38・8・23民集一七巻六号八五一頁

関連条文　小二一条・二四条

呈示期間経過後に譲渡された自己宛小切手（預手）についても、小切手法二一条の適用があるのか。

事　実　Y銀行銀座支店は、昭和二八年一一月一四日、自己宛の持参人払式小切手（以下「本件小切手」という）を振り出して訴外Aに交付したが、Aは本件小切手を盗取されたので直ちにY銀行に事故届を提出した。ところで、小切手の呈示期間経過後の同年一二月一二日に、旅館の女中であるXは、本件小切手を宿泊客Bから受領した。その後、XはY銀行に本件小切手を呈示したが支払を拒絶された（本件では、振出日が変造されているが、この点については紙幅の関係から言及しない）。そのため、XはY銀行に対して小切手金等の支払を求めて提訴した。一審、原審ともにXの請求を棄却した。そこで、Xが上告。

裁判所の見解　上告棄却。「小切手が呈示期間経過後引渡により譲渡された場合は、呈示期間経過後の裏書の場合と同様、指名債権譲渡の効力のみを有し、小切手の善意取得に関する小切手法二一条の適用がないと解するのが相当であって、銀行振出の自己宛小切手についてもこれと別異に解すべき理由はなく、また、呈示期間に関する所論商慣習法の存在も認められないから、上告人は、悪意または重大なる過失なくして本件小切手を取得したとしても、呈示期間経過後引渡によりこれを取得したものとして、小切手法二一条により本件小切手上の権利を取得しうるものではない。」

解　説　本件小切手の取得日は支払呈示期間を経過後である（小二九条一項参照）。期限後裏書の場合には、指名債権譲渡の効力があるのみである（小二四条一項）。しかし、本件小切手は持参人払式小切手である。持参人払式小切手は無記名証券であるから、証券の交付（引渡し）のみによって譲渡され、裏書による譲渡は想定されていない（小一四条一項・二〇条但書参照）。持参人払式小切手を支払呈示期間経過後に引渡しのみによって譲渡した場合にも、小切手法二四条一項は類推適用されるのか、という問題が生じる。本判決は、この問題について、期限後の引渡しにも小切手法二四条一項が類推適用されることを明らかにした点に意義がある。また、本判決は、銀行振出の自己宛小切手であっても同様に解されることも明らかにした。自己宛小切手においても、支払呈示期間経過後においては小切手の流通を保護する必要がないからである。そうであれば、支払呈示期間経過後の取得について、善意取得制度によって保護する必要性も乏しい。本判決は、このような考え方を前提に、呈示期間経過後引渡しによる取得について、小切手法二一条の適用を否定しているのである。

▼**評釈**——柴田和史・手形百選61

160 手形保証の方式……原林開拓農業協同組合事件

最3判昭和35・4・12民集一四巻五号八二五頁

関連条文　手三一条

手形の補箋の表面になした単なる署名は保証とみなしうるか。

事　実　Y組合はX組合に対し、約束手形を振り出し、Xが所持している。同手形には手形面上にYの、添付された補箋にY_1～Y_{10}（計一〇名）の単なる記名捺印があった。Xが期日に支払呈示したが支払を得られなかったため、YおよびY_1～Y_5を共同振出人であると主張し、本訴に及んだ。一審はXの請求認容。原審は、Yは振出人として、Y_1ら五名はYの役員として手形保証をしたものと判示し、Y_1らに対し、Yと連帯してXに対する支払責任を認めた。YおよびY_1らは上告。

裁判所の見解　本件約束手形にはYの振出署名があり、Y組合以外のY_1らの契印した補箋の表面に単なるY_1らの署名捺印がなされていることが明らかであることから、たとえ保証その他これと同一の意義を有する文字の表示がなくても、手形法七七条一項・三一条三項により、Y_1らは、Y組合のため手形上の保証をしたものとみなされる。〔Yにつき上告棄却、Y_1～Y_5については民事訴訟法上の理由から破棄差戻〕

解　説　手形法は手形保証につき、手形面上または補箋になすことを認め（手三一条一項）、「保証」の文句等を付した署名のほか、保証文句のない、手形の「表面」上になされた単なる署名であっても、これを手形保証とみなしている（略式保証。手三一条三項）が、補箋の表面上の単なる署名も略式保証とみなしうるかが問題となる。手形法上は保証のほか、裏書や不可抗力の通知を補箋になしうる（手一三条一項・二項・五四条二項）が、それ以外の、補箋上になされた支払地または支払場所（大判明治35・10・21民録八輯九巻一〇二頁）や振出（大判昭和6・1・24民集一〇巻二六頁）の記載については無効との判決がある（これによれば、Y_1らが共同振出人であるとのXの主張は失当となろうか）。さらに少数説は、手形本体と補箋とを区別し、補箋上の単なる署名は保証とはみなされないと解する（加藤徹・手形百選〔五版〕一一七頁）が、本判決および多数説によれば、これを略式保証と解する。例えば学説では、手形法三一条三項の「手形」とは同条一項の「手形又ハ補箋」を受けており、「手形ノ表面」とは、手形本体および補箋の表面を意味し、かつ、三項は手形の「表面」の記載であることに重点を置いて、裏面の単なる署名は保証にならないことを特に明らかにした規定である（實方謙二・手形百選〔四版〕一二五頁等参照）、として、あるいは、振出時に添付してあった「足し紙」は補箋ではなく、手形と一体であるから（鈴木＝前田一三〇頁注(二)）、として、補箋表面の単なる署名を保証と解する。

▼**評釈**――早川徹・手形百選62

約束手形の表面になされた署名は手形保証人か共同振出人か

161 大阪地判昭和53・3・7金判五六六号四一頁

関連条文　手三一条三項

手形の振出人欄に複数の単なる署名が併記されている場合、これらを共同振出人とするか、手形保証とするか。

事実　本件手形は統一手形用紙にて作成され、受取人Xが所持している。手形の左半分には上から振出日、振出地が記入され、その下の住所、さらにその下の振出人欄には記名印にて「S食品」およびAの名前が上下二列に記入され、Yの署名捺印はAの記載と同じ大きさで、その右方に約一五ミリ隔ててなされている。Xは、本件手形の振出人は、S食品ことAとYとの共同振出であるとして、手形金を請求した。

裁判所の見解　請求棄却。Yの署名は振出人欄に記載されたものとして、あるいは振出人Aの名と併記されているものとして、これを振出人の署名とみるのは相当でなく、共同振出人の記載とするためには、約束手形の左半分に上下に併記するか、Yの署名に「振出人」の肩書を附する等により振出人としての署名であることを明らかにしなければならない。Yの署名は手形法七七条三項・三一条三項により保証とみなされる。

解説　手形の表面に主従の差がない複数の署名がある場合、筆頭署名者以外を共同振出人とするか、手形保証人とするかによって、様々な違いが生ずる。主要なところでは、共同振出人の場合、署名者のうちの一人が形式的な瑕疵により無効となったり、時効により債務が消滅しても他の署名者の手形債務に影響を及ぼさないが、保証人の場合、被保証手形債務の形式的瑕疵による無効や時効による消滅の場合には、保証人の債務も無効、消滅となる。また、共同振出人の場合、一人が支払をしても、他の署名者に対しては原因関係上の求償権（民法上の求償権）を得るにとどまるが、保証人が支払をした場合には、手形上の権利を取得する（手三二条三項）。手形法では、（支払人または振出人以外の）手形の表面の単なる署名は、保証人とみなす（手三一条三項）とあるが、裁判例や学説は、①主従の差がない場合には共同振出と解する説、②筆頭者のみが振出人、他の署名者は保証人と解する説、③二番目以下の署名者が手形の支払場所である銀行に口座を有している場合は共同振出とする説、④所持人に共同振出か手形保証か選択させる説、⑤統一手形用紙を使用の場合には保証人の記載がない限り、共同振出人と解する説などに分かれる。本判決は「振出人」の印字に直近の、すなわち手形左側の署名（A）を主、その右の署名（Y）を従とし、Yを保証人と解しているが、これを共同振出人とする見解（米津昭子・金判五八二号五九頁）もある。後者の方がより自然な解釈であると思われる。

▼**評釈**――大野正道・手形百選5

手形保証と権利濫用の抗弁

162 最3判昭和45・3・31民集二四巻三号一八二頁

関連条文 手一七条・三二条、民一条二項・三項

被保証人が手形所持人に対して人的抗弁を有するとき、手形保証人はどのような抗弁を対抗しうるか。

事実　A社はB社から艀の建造を請け負い、Bから前渡金の支払を受けた。Aは右の請負契約が債務不履行となった場合にBに対して負担する損害賠償を担保するため、B宛てに額面一一〇〇万の約束手形を振り出した。その際、Aの役員であるY_1、Y_2が、Aのために手形保証をした。その後、Aの請負契約に基づく債務は履行され、損害賠償も不発生が確定したが、Bは別口債権の存在を理由にAからの手形返還要請を拒絶した。その後、AB間の右の事情を知っているXが本件手形をB会社から裏書により取得し、Y_1、Y_2に支払を求めた（Aは倒産）。一審、原審ともにXの請求を棄却。X上告。

裁判所の見解　上告棄却。将来発生するかもしれない債務を担保するために振り出され、振出人のために手形保証がなされた約束手形の受取人は、原因関係上の債務の不発生が確定したときは、特別の事情がない限り、振出人に対してのみならず手形保証人に対しても手形上の権利を行使すべき実質的理由を失う。手形を返還せず、手形保証人から手形金の支払を求めようとするのは、信義誠実の原則に反して明らかに不当であり、権利の濫用に該当し、手形保証人は受取人（および受取人から裏書譲渡された、手形法一七条但書の要件が存する所持人）に対し権利濫用の抗弁を対抗できる。

解説　被保証人が人的抗弁を有するときに手形保証人がその抗弁を援用できるかにつき、古い裁判例は、手形保証独立の原則に基づき、被保証人の有する人的抗弁を手形保証人が援用することを許さなかった（最1判昭和30・9・22民集九巻一〇号一三一三頁）。しかし、これによると、所持人に対し支払をした保証人が被保証人に求償し、結局、支払を拒みえたはずの被保証人は、手形の所持人だった者に対して再度請求するという「無用の循環」を生む、という指摘があった。そこで本件判決および一部学説は、いわゆる「後者の抗弁」の理論（126判決）を引用し、手形保証人は被保証人の有する人的抗弁を援用するのではなく、被保証人から抗弁を対抗されるような所持人に対しては、「権利濫用の抗弁」という、一般条項に基づく抗弁を直接主張できるとして、理論上、先例のいう「独立性」を維持しつつ、手形保証人の抗弁対抗を認めている。一方、手形法三二条の解釈につき、手形保証には本質的に付従性があり（手三二条一項）、手形法三二条二項こそが付従性に対する例外であるとし、それに反しない範囲で手形保証人は所持人に対し、被保証人が有する抗弁を援用できるとする学説（納富義光『手形法・小切手法論』三六八頁等）もある。

▼**評釈**――仮屋広郷・手形百選63

隠れた手形保証と原因債務についての保証……奥村運送事件

163 最3判昭和52・11・15民集三一巻六号九〇〇頁

関連条文 手一五条、民四四六条一項

手形に保証の趣旨目的で裏書をした場合に、被保証手形債務の原因関係についての民事保証もしたと推認できるか。

事実 AはBに融資を依頼したところ、手形を振り出すとともに、保証人の裏書を得るよう、Bから要求された。そこでAは、Y会社の代表者Cに依頼して、A振出の本件約束手形の第一裏書人欄にYの署名捺印を得た上でこれをBに交付し、Bから融資を受けた。その後、XがB（第二裏書人）からの依頼で手形を割り引き、本件手形を取得した。その後Xから手形を一時預かったBは満期に支払呈示したが、不渡となり、振出日・受取人欄白地のままで呈示したため、遡求権を失った。Xは、Yが保証の趣旨で本件手形に裏書したことによりBに対して民法上の保証債務を負担しており、XはBから手形債権と共に右民法上の保証債権を譲り受けたとして保証債務の支払を求めた。原審はXの請求を認容。Y上告。

裁判所の見解 破棄差戻。何人も他人の債務を保証するにあたっては、特段の事情がない限り、その保証によって生ずる自己の責任をなるべく狭い範囲に留めようとするのがむしろ通常の意思である。他人が振り出す手形に保証の趣旨で裏書をしたというだけで、その裏書により隠れた手形保証として手形上の債務を負担する意思以上に、右手形振出の原因関係上の債務までをも保証する意思があり、かつ、その際、右手形の振出人その他第三者に対して、貸主との間でその旨の保証契約を締結する代理権を与える意思があったと推認することは、たとえ右手形が金融を得るために用いられることを認識していた場合であっても、必ずしも裏書をする者の通常の意思に合致するものとは認められない。

解説 手形債務の保証は、裏書の形をとる方法（隠れた手形保証）が多用されている。しかし、手形の所持人が遡求権を失うこともあり、所持人にとっては、手形上に保証の趣旨で裏書をした者が手形振出の原因債務をも民事保証したことになるか否かは重大な問題である。それは本来、当事者の意思によるが、古くは、金銭貸借の際、借用証書代わりに手形が振り出されることが多いことから、その手形に保証の趣旨で裏書をした場合に民事保証の意思を推認した裁判例が多かった（大判昭和11・7・8判決全集三輯七号一〇頁等）が、後に自己の信用を利用させるための共同振出につき、民事保証の意思の推認を否定した判決（最2判昭和35・9・9民集一四巻一一号二一一四頁）が出、裏書の事例である本件判決もこれに続いた。なお、原審判決はAの手形債務についての民事保証の意思を推認したものと思われ、原因債務の民事保証が問題となった本件判決とは被保証債務を異にする。

▼**評釈**——今泉恵子・手形百選64

隠れた手形保証をした者の間での責任の範囲

164 最3判昭和57・9・7民集三六巻八号一六〇七頁

複数の者が保証の趣旨で裏書をし、うち一人が手形を受け戻した場合、他の裏書人が負う責任の範囲はどうなるか。

事実 A会社は手形割引によりBから融資を得るため、本件約束手形を振り出し、Yに依頼して保証の趣旨で（第一裏書人として）裏書をしてもらったが、Bからさらに保証人を求められたので、Xに第二裏書人として裏書してもらい、Bがこれを割り引いた。Bは満期に右手形を支払呈示したが支払拒絶されたため、Xに遡求した。償還義務を履行し、受け戻したXは、Yに対し手形金全額を求めて再遡求した。Yは、XとYは共同保証人の関係にあり、負担部分に特約がない以上、半額しか償還義務はないと主張した。一審、原審ともにYの抗弁を認めて、Xの請求金額の半額のみ認容した。X上告。

裁判所の見解 上告棄却。約束手形の第一裏書人および第二裏書人がいずれも振出人の手形債務を保証する趣旨で裏書した場合において、第二裏書人が所持人から手形を受け戻し、第一裏書人に対し遡求したときは、第一裏書人は、民法四六五条一項の規定の限度においてのみ遡求に応じれば足り、右の遡求義務の範囲の基準となる裏書人間の負担部分につき特約がないときは、負担部分は平等である。

解説 保証の趣旨で複数の者が裏書をしている場合、各裏書人は手形の所持人に対しては合同責任を負い、手形金全額の支払責任を負う（手四七条一項）。一方、保証人間の関係については、Aの債務を保証するために、XY間で共同保証を認識してYが振出人、Xが裏書人となった場合において、XYの内部関係に基づき、Yに半額のみ支払をする旨の抗弁が認められた先例（大判昭和9・10・23民集一三巻二二七九頁）がある。本件はXY間で共同保証の意思はなかったが、本件でも同様の判断がなされた。ただ、本件判決のような遡求（および保証人間の抗弁）という構成によれば、YがXよりも先に遡求義務に応じた場合にはどうなるのかという問題がある。そこで、遡求ではなく、民法上の共同保証人間の求償の問題として処理すれば、裏書の先後関係も問題とはならず、民法四六五条一項適用の根拠が明確になると説く見解（中東・後掲参照）がある。これには、XY間の負担部分については手形による以上、裏書の先後関係により、Yが一〇〇％負担するというのがX、Yの通常の期待であると解すべきではないか、という批判（宍戸善一・手形百選〔五版〕一二三頁）がある。また本件判決後、民法の保証契約が要式化された（民四四六条二項）中、なお民法上の共同保証の問題として処理する手法の妥当性を問う指摘（服部育生・愛学四九巻四号八七頁）もある。

関連条文 手一七条・四七条一項・四九条、民四六五条一項

▼**評釈**——中東正文・手形百選66

保証のための手形裏書と原因債務の保証の成否

165　最1判平成2・9・27民集四四巻六号一〇〇七頁

隠れた手形保証をした者は、どのような場合に原因関係においても民事保証をしたものと推認されるか。

事　実　YはA会社代表者Bから融資元の紹介を依頼され、Xを紹介した。AはXより二度にわたりそれぞれ五〇〇万円を借り受けた。Aは二度目の借受金については弁済できなかったため、利息を払って借り増しをすることとなり、七〇〇万円を借り受けた。右三回の融資の際、いずれもYはBに同行してXと会い、Xの要求に応じて貸金の担保のために、Aが振り出した約束手形に裏書し、Xに交付した。その後A会社が倒産し（のち破産宣告）、Xは支払呈示をしたが支払拒絶された。YはAの支払拒絶後は弁済を求めるXの強い意向に従う態度をとり、本件貸金の弁済方法等につき尽力したが、履行されなかった。XはYに対し、貸金返還請求の訴えを提起した。原審では、原因債務の保証をしたとするYの意思を推認できないとして、Xの控訴棄却。X上告。

裁判所の見解　破棄差戻。（右事実関係の下では）Xは当初からYの信用を殊更に重視し、本件手形に裏書を求めた際も、手形振出の原因である本件貸金債務までも保証することを求める意思を有し、YもXのかかる意思および右債務の内容を認識しながら裏書を応諾したことを推知させる余地が十分にある。そうとすれば、他に特段の事情がない限り、XとYとの間において、本件貸金債務につき民法上の保証契約が成立したものと推認するのが相当である。

関連条文　手一五条、民四四六条一項

解　説　本件と同様の問題は、先例の163判決以来、保証目的で裏書したという事実から当然には民法上の保証は推認されないとする説が多数説となっていたが、163判決と本件判決とを比較すると、前者はX（貸主）から保証人の裏書を求められたA（借主）から依頼を受けたY（保証人）が、Xと直接の交渉なく手形に裏書したものであるのに対し、後者はYがA（代表者B）、Xと面識があり、融資の際もその都度直接会い、Yが直接Xの求めに応じて裏書し、交付している点が大きく異なり、結論において本件は163判決と反対の立場をとる。本件判決の位置づけについては、163判決を前提としつつ、「特段の事情」にあたる事例と評価する見解（田邊光政・金法一三〇四号五〇頁）がある一方、163判決のように（裏書人の）「通常の意思」なる経験則に頼らず、当事者間の事情を詳細に検討し、意思を推認した事例と評価する見解（橡川泰史・金判八八一号五一頁）もある。なお、二〇〇四年民法改正で民法上の保証契約は要式行為となった（民四四六条二項）ので、現在では保証契約の書面がない限り（手形を「書面」と解するのは困難であろう）、民法上の保証は認められないこととなろう。

▼**評釈**――西山芳喜・手形百選65

呈示期間経過後の支払呈示の場所

166 最大判昭和42・11・8民集二一巻九号二三〇〇頁

支払呈示期間経過後に支払場所でした支払呈示により、債務者を遅滞に付すことができるか。

事実　Yは、満期を昭和三六年一月七日、振出人兼受取人をAとする為替手形に引受をした。Xは、Aから裏書譲渡された本件手形をB銀行に裏書譲渡した。B銀行から本件手形の取立委任裏書を受けたC銀行は、同月一一日に支払場所で支払呈示したが、支払を拒絶された。本件手形を受け戻したXは、Yに対して手形金および同月一二日以降の遅延損害金の支払を請求した。一審、原審はXの請求を認容。Yは、支払呈示期間経過後に支払場所で呈示しても無効な呈示であり、これによって遅滞に陥ることはないと主張して、上告した。

裁判所の見解　一部棄却・一部破棄自判。支払場所の記載は支払呈示期間内における支払についてのみ効力を有するのであって、支払呈示期間経過後は支払場所の記載のある手形も、本則に立ちかえり、支払地内における手形の主たる債務者の営業所または住所において支払われるべきである。もし支払呈示期間経過後も支払が支払場所でなされるべきであるとするならば、手形債務者としては、いつ現われるかわからない手形所持人の支払の呈示に備えて、常に支払場所に右の資金を保持していることを要することになって、不当にその資金の活用を阻害される結果となる。支払地のごとき手形要件は別として、支払場所のように主として手形債務者の支払の便宜を顧慮して認められた記載事項については、これを制限的に解しても、手形取引から見て合理的と認められる限り、手形が文言証券であることと格別背馳するものとはいえない。

解説　手形は取立債務であり、手形を呈示して請求しなければ（支払呈示）、債務者を遅滞に付すことはできない（商五一七条）。支払呈示は、支払地内にある債務者の営業所・住所でしなければならないが（商五一六条二項、手三八）、支払場所の記載があれば、そこでする必要がある（手四条）。では、支払呈示期間経過後、所持人はどこで支払呈示すべきか。多数学説は、支払呈示期間経過後は支払場所の記載も支払地の記載も効力を失うから、原則に戻って債務者の営業所・住所で呈示すべきであり、それが支払地内であることも要しないとする。これに対し、本判決は、多数学説と同じく資金拘束の不当性を強調して、支払呈示期間経過後は支払場所の記載は効力を失うとするものの、支払地は手形要件であることを理由に、支払地内である営業所・住所で呈示すべきものとする。他方、文言証券として手形債務の内容は手形上の記載に基づき定まる以上、支払呈示期間経過後も手形記載の効力は失われず、支払地内の支払場所で呈示すべきとする見解もある。

関連条文　手四条・三八条、商五一六条二項・五一七条

▼**評釈**――大杉謙一・手形百選67

満期前における裁判上の手形金請求と遡求権保全効

167 最2判平成5・10・22民集四七巻八号五一三六頁

関連条文　手七七条一項四号・四三条

満期前に将来給付の訴えを提起したが、口頭弁論終結前に満期が到来した場合、支払呈示がなくとも遡求権は保全されるか。

事実

Xは、A振出の約束手形を所持していたが、Aが別途振り出していた小切手が不渡りとなったため、Aのほか、本件手形の裏書人であるY_1、CおよびY_2の四名を共同被告として、満期前の将来給付の訴えを提起した。その後、AおよびCに対する弁論が分離され、Aに対する請求のみが認容されたが、XのY_1およびY_2に対する本訴では、一審の口頭弁論終結前に満期が到来した。なお、Xは支払呈示期間内に支払場所で支払呈示をしていなかった。一審、原審は、支払呈示を欠くことを理由にXの請求を棄却したため、Xは、訴訟継続中に満期が到来しており、満期に改めて支払呈示をしなくても遡求権は保全されているとして、上告した。

裁判所の見解

上告棄却。約束手形の所持人が振出人に対し満期前に将来の給付の訴えとして約束手形金請求訴訟を提起したが、口頭弁論終結前に満期が到来した場合には、振出人に対する右訴訟の提起ないし訴状の送達は、裏書人に対する遡求権行使の要件である支払呈示としての効力を有しない。支払呈示が裏書人に対する遡求権行使の要件とされているのは、請求者が約束手形の正当な所持人であることを確知させると同時に、振出人によって支払がされるのか否かを明らかにさせる必要があるためであるところ、右の必要性は、振出人に対し将来給付の訴えが提起され、その口頭弁論終結前に満期が到来した場合であっても異なるところはないからである。

解説

遡求権を保全するには、所持人が支払呈示期間内に適法に支払呈示をしたにもかかわらず支払がないこと（手四三条前段）、および支払拒絶証書の作成（手四四条一項）が必要である。後者の要件は免除されうるが（手四六条一項）、その場合でも支払呈示は免除されない（手四六条二項前段・五三条一項三号）。では、満期前に将来給付の訴え（民訴一三五条）として手形金請求訴訟を提起したが、一審の口頭弁論終結前に満期が到来した場合でも、支払呈示がされなければ遡求権は保全されないのか。訴訟提起または訴状送達に支払呈示に代わる効力を認める見解もあるが（不要説）、通説は支払呈示を要するものとする（必要説）。本判決は必要説に立つことを明らかにし、その理由として、請求者確知と支払確認の必要性を挙げる。訴え提起時に資産状況が悪化していたとしても、満期には資力を回復して支払能力を回復している可能性も否定しえないから、支払呈示によって支払の有無を明確にすることには意義があるということであろう。

▼**評釈**――野村修也・手形百選68

手形法四〇条三項にいう重大な過失……中島毛糸紡績事件

168 最2判昭和44・9・12判時五七二号六九頁

関連条文　手七七条一項三号・四〇条三項

手形法四〇条三項にいう重過失とはどのようなものか。

事実　Yは、Xに対する売買代金支払のため、約束手形二通を振り出し、Xの代理人Aに対して交付した。その際Yは、そのうち一通である本件手形の受取人名を抹消して白地にしてくれとAから要求されたため、従前からそういうこともあったので求められるままに受取人欄を白地にしてAに交付した。Aは、他の一通はXに渡したが、本件手形については、手数料債権があると主張して引渡を拒んだ。AX間の紛争は未解決のまま、Aは、本件手形の受取人欄に自己の名を補充して、B銀行に取立のために交付して、その支払を受けた。Xは、満期の一ヶ月ほど前に、書面で「Aが本件手形を正当な理由なく交付せぬこと、右手形の受取人欄にはX名義が記載されているから、AがXの裏書署名を偽造しない限り、これを処分し又は取立に廻すことはできないのであるから、A又はその他の者の取立の場合には、善処されたい」旨の申入れをYにしていた。原審は、Yに重過失があるとして、Xの手形金の支払請求を認容したので、Yが上告した。

裁判所の見解　上告棄却。Yは、呈示前に到達した書面により、Xから申入を受けていたのであり、かつ、Yは本件手形の受取人欄を抹消し、白地としてAに交付したのであるから、必要な調査をすれば、Aが右白地を同人名義に補充して呈示しても、同人が権利者でないことを容易に知りうべきであり、かつ、その無権利者であることを証明すべき証拠方法をも確実に得ることができたものと認めるのが相当であり、手形法四〇条三項にいう重大な過失が認められる。

解説　手形法四〇条三項は、手形の支払をなす者が満期において形式的に裏書の連続する所持人に対して善意・無重過失で支払えば、たとえ所持人が無権利者であっても、債務者は免責されるとする。もっとも、所持人の権利について疑念があれば手形を取得しない自由のある手形取得者とは異なり、手形の支払をなす者は支払を強制されており、所持人の無権利を立証できなければ敗訴する。そこで、同項にいう悪意とは、所持人の無権利を知っており、かつそのことを立証しうる確実な立証手段を有しながらあえて支払うこと、重過失とは、僅かな注意を払えば所持人の無権利を確実に立証して支払を拒むことができたにもかかわらず、これを怠ったため無権利者に支払った場合をいうものと解されている（詐欺説）。本判決も通説と同様の立場に立つことを明らかにしている。ただし、調査をすればYはどのような証拠方法を得ることができたのかについて何も示されていない点には疑問も残る。

▼**評釈**——丸山秀平・手形百選70

銀行による偽造手形の支払……富士銀行事件

169 最1判昭和46・6・10民集二五巻四号四九二頁

関連条文　民六四四条

銀行は印鑑照合に際していかなる注意義務を尽くすべきか。

事　実　Xは、Y銀行と当座勘定取引契約を締結した。Y銀行は、X名義であるが真実はXの義母がXの印章を偽造して振り出した約束手形を支払った。Xは、Y銀行に対して手形金相当額の損害賠償を求めたが、Y銀行は、印鑑照合についての注意義務を怠ったとするXの主張を争ったほか、XY間の当座勘定取引契約には「X提出の印影と手形に押捺された印影と符合するとYが認めて支払をなした場合には、Yは免責される」旨の免責約款があり、これによりYは免責されると主張した。原審はXの請求を棄却したので、Xが上告した。

裁判所の見解　破棄差戻。銀行が当座勘定取引契約に従い手形の支払事務を行うにあたっては、委任の本旨に従い善良な管理者の注意をもってこれを処理する義務を負う。届出印の印影と手形上の印影とを照合するにあたっては、特段の事情のない限り、肉眼によるいわゆる平面照合の方法をもってすれば足りるにしても、金融機関としての銀行の照合事務担当者に対して社会通念上一般に期待されている業務上相当の注意をもって慎重に事を行なうことを要し、かかる事務に習熟している銀行員が右のごとき相当の注意を払って熟視するならば肉眼をもっても発見しうるような印影の相違が看過されたときは、銀行側に過失の責任があるというべきであり、偽造手形の支払による不利益を取引先に帰せしめることは許されない。免責約款は、銀行において必要な注意義務を尽くして照合にあたるべきことを前提とするものであって、右の注意義務を尽くさなかったため銀行側に過失があるとされるときは、当該約款を援用することは許されない。

解　説　当座勘定取引契約とは、手形・小切手の支払事務を委託する準委任契約を含む包括的継続的契約である（通説）。そうすると、本件のように偽造手形に支払っても、有効な支払委託がないので、銀行は支払の効果を取引先に帰属させることはできず、銀行がその損失を負担すべきものとなるはずである。しかし、当該契約の具体的内容を定める「当座勘定規定ひな型」には、偽造手形・小切手の支払による損失を取引先に負担させるいわゆる免責約款が存在する。本判決は、免責約款は銀行の注意義務を軽減・緩和するものではなく、銀行が業務上相当の注意を尽くしたときにのみ免責約款を適用できるとする。「免責」約款といっても、銀行が相当の注意を尽くせば偽造手形による損失を取引先に負担させてよいという趣旨にすぎず、その根拠は委任の法理に求められるというわけである。現在は免責約款の見出しは「印鑑照合等」とされており、「相当の注意をもって」照合すべき旨が加えられている。

▼**評釈**——行澤一人・手形百選（六版）18

手形交換所における呈示と依頼返却……三井銀行事件

170 最2判昭和32・7・19民集一一巻七号一二九七頁

関連条文　手七七条一項三号・三八条

手形交換所で呈示された約束手形が依頼返却された場合、一旦生じた支払呈示および支払拒絶の効力はどうなるか。

事実　Xは、Aに対する債務名義に基づき、AがY銀行に対して有する定期預金債権につき差押・転付命令を受けたので、その支払を請求したところ、Y銀行は、次のような理由でAに対する債権と定期預金債務との相殺を主張して、Xの請求を拒絶した。すなわち、Y銀行は、Aの依頼により約束手形二通を割引いて、拒絶証書作成免除の上その裏書譲渡を受けたが、本件手形の満期は差押命令送達前に到来しており、満期における支払呈示と支払拒絶により、Y銀行はAに対する遡求権を取得している、というものである。Xは、本件手形は手形交換所における交換呈示後、持出銀行（Y銀行）の依頼によって交換取消の上支払銀行から返却されており、支払呈示および支払拒絶の効力は滅却していると主張した。原審はXの請求を棄却したため、Xが上告した。

裁判所の見解　上告棄却。Xは、本件手形には「依頼返還」の符箋がついて、受入銀行から持出銀行に返還されたのであるから、支払拒絶があったわけでなくまた呈示は撤回したものであると主張するが、本件手形については、満期日に手形交換所における呈示により支払を求めたが支払を得られなかったこと、および所謂「依頼返還」は振出人の懇請により持出銀行が受入銀行に依頼して呈示後返還を受けたものであり、この措置は専ら振出人に対する取引停止処分免脱のためになされたものであることは、原判決の認定するところである。右認定事実に基づいて一旦生じた支払呈示ならびに支払拒絶の効力を滅却させるものでないとする原判決の判断は首肯できる。

解説　現代の手形・小切手取引においては、大量の手形・小切手の集団的な資金決済を行うため、手形交換所での交換決済が行われており、手形法も手形交換所での呈示に支払呈示としての効力を認めている（手三八条二項）。加盟銀行には、手形交換への持出しが義務づけられているが（東京手形交換所規則二二条参照）、本来支払呈示すべきでない手形が誤って交換に持ち出されることもある。この場合は、持出銀行から返却の依頼があれば、呈示は撤回されたものと見てよく、またそれが当事者の意思であるともいえる。これに対し、本件のように当事者の合意に基づいて振出人の取引停止処分の回避のためにされる依頼返却は、たんに手形交換所との関係で取引停止処分（不渡処分）を回避するための便宜的措置にすぎないから、呈示は撤回されていないというべきであろう。そうすると、支払呈示はなお効力を有することになるから、所持人の裏書人等に対する遡求権も失われていないことになる。

▼**評釈**——久保田安彦・手形百選74

返還した書替前手形による手形金請求

171 最2判昭和41・4・22民集二〇巻四号七三四頁

書替が実現しなかったにもかかわらず手形を返還してしまっていた場合、その返還した手形によって請求できるか。

事実 Xは、振出人Y、受取人Aとする約束手形をAから裏書譲渡されて所持していたが、YおよびAの申出により、本件手形の書替に同意した。Xの使用人Bは、振出人Y、受取人Aとする約束手形（新手形）を、これにAが裏書することとして受け取り、本件手形（旧手形）をYに手渡した。しかし、裏書を得るためBがAに渡した新手形は、Aが裏書する前にAの妻により破棄されてしまい、また、旧手形もYにより不要になったものとして破棄されてしまった。旧手形に基づくXの手形金請求に対し、Yは、手形を所持しない者は、除権判決を得なければ手形上の権利を行使できないと主張した。原審はXの請求を認容したため、Yが上告した。

裁判所の見解 上告棄却。手形上の権利行使に手形の所持が必要とされるのは、手形債務者に対して債権者を確知せしめ、かつ、手形を受戻すことによって債務者をして二重払いの危険を避止せしめるのに役立つ点にその趣旨が存する。したがって、手形が何らかの理由によってすでに債務者の占有に帰している場合には、右の点の配慮を不要とするものと認められるから、手形の所持は権利行使の要件とならず、また債務者は引換給付の抗弁をなしえないと解すべきである。このことは、本件のように、旧手形を回収してなす書替の合意に基づいて、旧手形となるべき約束手形が債権者から振出人に交付されたが、書替は実行されずに終わり、しかもその手形は振出人によって破棄されて滅失した場合における当該手形債権者の振出人に対する権利行使についても同様である。この場合、振出人自身が手形を破棄して滅失せしめたのであるから、振出人が右手形債権者の権利行使に対して除権判決のないことを理由にこれを拒否することは許されないものと解するのが相当である。

関連条文 手七七条一項三号・三八条・三九条一項

解説 転々流通する手形においては、債権者が誰であるかを債務者に確知させるため、手形を呈示して請求しなければならず（商五一七条、手三八条）、また、二重払いの危険を防止するため、手形と引換えでなければ債務を履行する必要はないものとされている（手三九条）。しかし、手形がすでに債務者の手中にある場合には、債権者確知の必要性や二重払いの危険性はないから、手形の呈示や交付を要求する理由はない。また、本件のように手形が債務者により破棄された場合には、手形を喪失して善意取得されるおそれもないから、除権決定（非訟一〇六条以下）は必要ないことに異論はなかろう。ただし、債務者による破棄の場合のみならず、滅失・喪失の場合にも除権決定は不要となるかという問題は残る。

▼**評釈**――松井秀征・手形百選72

支払延期のためになされた手形書替

172 最2判昭和54・10・12判時九四六号一〇五頁

関連条文 手一七条

新旧いずれかの手形による支払を受けた場合、他方の手形でも重ねて手形金を請求できるか。悪意の取得者はどうか。

事実　Yは、融通の目的でAに約束手形を振り出し、Aは、Xに本件手形を譲渡して割引対価を得た。XのYに対する手形金請求について、一審は、XはAからY振出の書替手形（本件第二手形）を取得してすでにYから支払を受けているので、旧手形（本件手形）によりさらに請求することはできないとするYの主張を容れて、Xの請求を棄却した。しかし原審は、旧手形を回収して新手形を発行する等の特段の事情がない本件では、債務者に支払猶予の人的抗弁を生じさせるだけで、債務は消滅しないとしてXの請求を認容した。そこでYは、書替手形への支払により旧手形の債務は消滅していると主張して、上告した。

裁判所の見解　破棄差戻。旧手形が回収されずに新手形に書き替えられ、他に特段の事情もないため、右書替は単に手形債務の支払を延期するためにされたものと認めるべき場合において、新旧両手形の所持人は新旧いずれの手形によっても手形上の権利を行使できるが、いずれか一方の手形によって手形金の支払を受けたときには、もはや他方によって重ねて支払を受けることはできない。本件の場合、もしYの主張どおりの事実が存在するとすれば、Xが本件第二手形を本件手形の書替手形と知りながら取得した悪意の取得者であるときには、被上告人が本件手形によって重ねて手形金の支払を上告人に求めることは許されない。

解説　満期に手形金を支払うことができない手形債務者が、所持人に支払の猶予を求めて、満期を旧手形より後の日付とした新手形を振り出すことがある（手形書替）。法的には旧手形とは別個・独立の手形債務が発生するため、その法律関係を巡って議論が多い。本判決は、旧手形が回収されない場合について、所持人は新旧いずれの手形によっても権利行使できるが、一方について権利行使した場合には、他方を行使して重ねて支払を受けることはできないことを明らかにした。学説の多数もこの結論を支持しており、新手形上の権利は法的には独立の権利であっても、旧手形上の権利と実質的に同一であるなどと説かれている。さらに本判決は、Aは、書替の当事者でないXに対しても、新手形により支払済みである旨の抗弁を対抗できるとする。本判決はその根拠を示していないが、学説には、YA間での書替の合意（書替契約）が新手形振出の原因関係となっているとみて、Aは、書替手形であることを知って取得したXに対しては、新手形により支払済みである旨の抗弁を対抗できると構成するものがある（手一七条）。

▼**評釈**――今泉邦子・手形百選71

支払猶予の特約と消滅時効の起算点

173 最2判昭和55・5・30民集三四巻三号五二一頁

関連条文 手七〇条、民一六六条一項

支払猶予の特約がある場合、その合意当事者間では、手形上の請求権の消滅時効はいつから進行することとなるか。

事実 Xは振出人A、受取人Yとする約束手形をYから裏書譲渡されて所持している。XとYは満期の直前に、①Xは支払呈示をせず満期から四ヶ月間支払を猶予すること、②Yは支払呈示がなくとも猶予期間後は償還に応ずること、を合意した。しかし、Xは猶予期間後も支払を受けられなかったので、満期から一年以上経過後に手形金の支払を求めて訴えを提起した。一審は、Xが呈示期間内に支払呈示をしなかったことから遡求権を失ったとして請求を棄却したが、原審は、支払が猶予された場合には、当事者間において支払猶予中は時効が進行しないとして請求を認容した。YはXの遡求権の消滅時効の起算点は満期日であるとして上告した。

裁判所の見解 約束手形の所持人と裏書人との間において裏書人の手形上の債務につき支払猶予の特約がされた場合、所持人は猶予期間中は裏書人に対して手形上の請求権を行使できず、猶予期間が満了した時初めて行使することができるものとなるから、所持人の裏書人に対する手形上の請求権の消滅時効は、猶予期間が満了した時から進行する。

解説 主たる手形債務者に対する請求権は満期より三年で、遡求権は拒絶証書の日付または満期から一年で時効にかかる（手形法七〇条一項・二項）。しかし、満期日前に支払猶予がなされた場合の消滅時効の起算点はいつか。

この点につき学説上では、支払猶予の特約は手形の満期自体には何ら影響を与えず、消滅時効は手形法の時効に関する規定（手七〇条）がそのまま適用され、満期から進行するとの説と、支払猶予特約の当事者間においては支払猶予期間中は時効は進行せず、支払猶予期間満了後から進行するとの説に分かれる。前者によると、例えば時効期間よりも長い支払猶予期間が約定された時は、猶予期間中に時効が完成してしまい、所持人は永久に手形上の請求権を行使しえない事態が生ずることとなるが、後者によれば、このような不都合は生じない。また、手形上の債権についての消滅時効が満期より進行するとの手形法七〇条は、消滅時効が権利を行使しうる時から進行するとの民法一六六条一項に対する特則であるとされるが、手形法七〇条の趣旨は、手形上の法律関係を簡明に処理する点にあり、当事者間における手形外の合意にすぎない支払猶予特約については、手形法七〇条を適用する必要はない。

古い下級審裁判例には学説の前者と同趣旨のものも存在したが、本判決は学説の後者に従っている。

▼**評釈**――山本爲三郎・手形百選75

振出人の債務の消滅時効を裏書人が抗弁することの可否

174 最1判昭和57・7・15民集三六巻六号一一一三頁

関連条文 手七七条一項八号・七〇条一項二項・五〇条一項

償還義務につき時効利益の放棄や債務承認した裏書人が振出人の債務の消滅時効を抗弁として主張しうるか。

事実 振出人Aによって振り出され、受取人兼第一裏書人であるYによってXに対して裏書がなされた約束手形の所持人がXである。YからXへの裏書の時点で裏書人に対する償還請求権の消滅時効期間はすでに経過していたものの、Yは自身が責任を持って返済する旨の確認書を差し入れたり、裏書人としての支払義務があることを再確認したり、期日までに支払をしない場合には裁判上の請求手続をとられても異議を述べない旨の確認和解書を交わしたり、督促に対して猶予を求める旨の内容証明郵便を発したりしていた。その後、Xが手形金の支払を求めて訴訟（当初は手形訴訟）を提起したのが本件である。一審は係属中にAの振出人としての義務の消滅時効期間が経過したため、Aの義務の消滅に伴いYの償還義務も消滅したとの理由で請求を棄却。原審は、本件事案の下ではYが償還義務の履行を拒むことは信義則上許されないとして一審判決を取り消したため、Yが上告した。

裁判所の見解 約束手形の振出人の手形金支払義務につき消滅時効が完成した場合には、裏書人の償還債務もこれに伴って消滅する。しかし、裏書人自身が償還義務を履行するかのような態度を所持人に対して示し、そのために所持人が振出人に対する消滅時効中断の措置を怠ってしまったことをもって、裏書人が償還義務の消滅を主張することは、著しく信義則に反し許されない。

解説 手形の主たる債務者に対する債務を時効によって消滅させた所持人は、償還請求権についても行使しえないことは、多くの学説が主張してきたところであり、従来の判例（大判昭和8・4・6民集一二巻五五一頁等）の立場でもある。その根拠は、主たる債務者の負う債務に対して償還債務は従たる性質を有するからであるとか、手形法五〇条一項が遡求にあたって手形の返還を要求しているのは、受戻者をしてさらにその権利を行使することを可能にするためであるから、などと説明される。本判決も、理由は明確にしていないが、このことを一般論として確認している。

そのうえで本判決は、このような一般論を前提として、事実に列挙されているような態度を裏書人が所持人に対して示している場合には、償還債務の消滅を裏書人が主張することは信義則に反して許されないとしている。時効成立に積極的に加担している裏書人に対して債務を認めた結論は妥当であろう。

▼**評釈**——伊藤靖史・手形百選73

手形の呈示を伴わない催告と時効の中断

175 最大判昭和38・1・30民集一七巻一号九九頁

関連条文　手七一条、民一四七条・一五三条

手形債権の時効中断のための催告に手形の呈示は必要か。

事　実　Y会社が受取人をAとして振り出し、AからB、BからXに順次裏書譲渡された約束手形の所持人がXである。Xは、満期にY会社に対し支払呈示したが支払を拒絶された。その後Xは、時効完成の一日前にYに到達した内容証明郵便（同手形をXが所持していることのほか、手形金額等の手形要件が記載されている）をもって、同手形について支払の催告をなし、その後支払を求める訴えを提起した。一審ではXの請求が認容され、原審も控訴を棄却したため、Yが上告したものが本件である。

裁判所の見解　時効中断の事由としての催告は、債権者の当該債権についての催告の意思通知が債務者に到達することをもって足り、必ずしも履行遅滞に付すための請求と同一であることを必要としない。手形債権については履行遅滞に付すためには手形の呈示が必要であるが、時効中断のための催告については、手形の呈示を伴う請求であることを必要としない。

解　説　手形時効の中断事由については、手形法八六条の定める訴訟告知のほかは、民法一四七条が適用され、①請求、②差押え、仮差押または仮処分、③承認、がこれに当たる。本件の催告は裁判外の請求（上記①）であるが、裁判上の請求については手形の呈示は必要ないものの、裁判外の請求については手形の呈示証券性を理由に手形の呈示を必要とするのが旧来の判例であった。本判決は従来の判例の立場を変更し、裁判外の請求について手形の呈示を必要としない旨を判示した。

本判決の理由づけは、以下の点にある。すなわち、①消滅時効の制度は「権利の上に眠れる者は保護されない」とするところにあるが、催告をした権利者はもはや権利の上に眠れる者とはいえないことが客観的に明らかでありそれで充分であること、②催告による時効中断の効力は、六ヶ月内に裁判上の請求その他の強力な時効中断の手続をとらなければ時効中断の効力を生じない（民一五三条）予備的・暫定的なものにすぎず、催告の意思通知が債務者に到達することで足りること、③時効中断のための請求にまで常に債務者に手形を現実に呈示しなければならないとすることは、必要以上に手形債権者に不便を強いるものであり、実務の実情にそわないこと、である。

時効中断を認めることと、債務者を履行遅滞に付すこととは、その趣旨からして別異の制度であり、時効中断の要件と履行請求の要件とが別異でありうることは当然であろう。

▼**評釈**――小林量・手形百選76

公示催告申立中になした裁判上の請求と時効中断

176 最3判昭和39・11・24民集一八巻九号一九五二頁

関連条文 民一四七条一項、手三八条一項・三九条一項

手形を所持しない者が裁判上の請求をなした場合、その訴訟提起には手形上の権利の時効中断効があるか。

事実 Xは Yより約束手形の裏書譲渡を受け、満期に支払場所に呈示し支払を求めたところ拒絶され、Yに対し遡求権を保全するに至った。ところが、手形は受取人の偽造によるものであり、刑事事件の証拠物として提出していたところ、火災のため焼失してしまった。Xは、裏書人Yに対する権利の消滅時効の満了期間が迫ってきたため、手形を所持しないまま、Yに対し遡求権を行使する訴えを提起し、その後、公示催告の申立をなし、除権判決を得た。Yは、XのYに対する遡求権は時効により消滅したと抗弁した。

裁判所の見解 手形権利者は自己の意思に基づかないで手形の所持を失っても手形上の権利を喪失するものではないから、手形権利者が手形を所持しないで手形債務者に対しその債務の履行につき裁判上の請求をなした場合も、手形債権の時効中断の効力がある。

解説 手形時効の中断事由については、手形法八六条の定める訴訟告知のほかは、民法一四七条が適用され、①請求、②差押え、仮差押えまたは仮処分、③承認、がこれに当たる。裁判上の請求については手形の呈示は必要ないものの、裁判外の請求については手形の呈示を必要とするのが旧来の判例であった。しかし、最大判昭和38・1・30民集一七巻一号九九頁（175判決）は裁判外の請求について手形の呈示を必要としないとして判例変更を行った。本判決はさらに進んで、裁判上の請求による時効の中断には手形の所持またはそれに代わる除権決定を必要としないと判示した点に意義がある。

本判決の理由とするところは、175判決と軌を一にする。すなわち、消滅時効の制度趣旨が「権利の上に眠れる者は保護されない」ところにある以上、時効中断は「権利の上に眠っていない事実の存在だけでその効果を認めるべき」であるという。もちろん、時効中断のために手形の所持またはそれに代わる除権決定を必要としないとしても、訴え提起時に手形債権者であることは必要である。また、口頭弁論終結前に除権決定を得られず、手形の所持もない場合は、請求は棄却されるので、裁判上の請求としての時効中断の効力は認められないこととなる（民一四九条）。なお、本判決は裁判上の請求について判示したものであり、裁判外の請求については射程外であるが、裁判外の請求についても同様に手形の所持を必要としないものと解すべきであろう。

▼**評釈**――山本哲生・手形百選77

署名後流通前の紛失手形と除権決定

177 最1判昭和47・4・6民集二六巻三号四五五頁

署名後流通前の紛失手形に除権決定がなされた場合に、除権決定前の善意・無重過失の手形取得者の権利はどうなるか。

事実　Xは、Yが振り出し、Aを受取人兼第一裏書人とする約束手形を取得し、満期に支払呈示をしたが、支払を拒絶された。XはYに対して手形金と約定の遅延損害金の支払を求めて訴えを提起した。これに対して、Yは、本件手形をYの代表取締役が受取人未記載のまま紛失し、公示催告の申立がなされていると主張した。

裁判所の見解　約束手形に振出人として署名したが、これを流通に置く前に紛失した者に対して公示催告・除権判決が認められるのは、除権判決の確定後その無効になった手形を悪意または重過失なく取得した者が振出署名者に対して手形上の責任を追求する場合に、支払を拒絶できるようにするためであり、除権判決が確定しても、確定前に喪失手形を善意・無重過失にて取得した者の実質的権利までも消滅させない。無効になった手形を所持する実質的権利者は、除権判決前に手形上の権利を取得し、除権判決の当時手形の適法な所持人であったことを主張・立証することで、権利を行使できる。

解説　署名後流通前の手形喪失者が公示催告の申立権者に含まれるのかは条文の文言からは明らかではない。97判決は、流通に置く意思で約束手形に振出署名した者は紛失・盗難のために右手形が自己の意思によらずに流通に置かれた場合でも、善意・無重過失の第三取得者に対して手形債務を負うことを認め、学説もこの結論を支持する。そのため、署名後流通前の手形喪失者にも公示催告の申立権が認められるべきことが学説・下級審によって承認されてきた。本判決はこの立場を確認する。喪失手形の善意取得者が公示催告期日までに権利を届け出ずに除権決定の言渡しがなされた場合の効果について、①善意取得者は除権決定により権利を失い、除権決定の申立人が権利を回復するという説、②除権決定は手形を無効にするだけで、善意取得者は権利を失わないとする説が対立する。本判決は一般論としては直接答えず、公示催告申立人が約束手形の振出署名者であることを理由に、除権決定確定前の善意取得者の権利は除権決定によって失われないとする。除権決定によって無効になった手形を所持する善意取得者の権利行使の方法について、本判決はXが除権決定の当時手形の適法な所持人であったことを主張・立証することで権利を行使できるとする。本件は約束手形の振出署名者が公示催告を申し立てて除権決定を得た事案である。適法に振り出された手形の所持人が公示催告を申し立てて除権決定を得た場合にまで、このような権利行使が認められるのかは大いに問題となろう。

関連条文　非訟一一八条（旧公示仲裁〔旧民訴〕七八四条・七八五条）

▼**評釈**――前田庸・手形百選（三版）92

白地手形と除権決定

178 最1判昭51・4・8民集三〇巻三号一八三頁

喪失した白地手形について除権決定を得た場合に、手形外の意思表示によって白地を補充することができるか、白地手形の再発行請求は認められるか。

関連条文　非訟一一八条（旧公示仲裁〔旧民訴〕七八四条・七八五条）、手一〇条

事実　Xは振出人をYとする振出日白地の約束手形の所持人である。Xは本件手形を盗取されたので、公示催告を申し立て、除権判決を得た。XはYに対して本訴を提起し、第一次的に手形外の意思表示による白地補充を主張して手形金を請求し、第二次的に本件白地手形の再発行を請求した。

裁判所の見解　喪失した白地手形について除権判決を得た所持人が手形外で白地を補充する旨の意思表示をしても、これにより白地補充の効力は生じない。除権判決を得た者が喪失手形の再発行を請求しうるとすれば、その者は、単に喪失手形の所持人と同様の権利行使の形式的資格を回復するばかりでなく、喪失手形を流通に置きうるのと同一の法的地位を回復することとなり、これは除権判決制度の予想しないところである。喪失手形の再発行請求が白地部分の補充を目的とする場合も、これと同様である。

解説　白地手形についても公示催告の申立が認められ、申立人は除権決定を得ることができることに争いはない。除権決定の効果として、一方で、喪失手形は手形としての効力を失い（消極的効力）、他方で、除権決定を得た者は手形の所持人たる地位を回復し、手形なしに権利を行使することができる（積極的効力）。白地手形の場合、除権決定の効果として消極的効力が生じることに異論はない。問題となるのは、白地手形の除権決定の効果として積極的効果が認められるのか否かである。多数説は、これを肯定するとともに、何らかの方法で手形上の権利の行使も認めようとする。その方法の一つとして、手形外の意思表示による補充を認める見解がある。しかし、このような補充は白地手形の所持人には認められないのに、白地手形を喪失して除権決定を得た者に認められる根拠が明らかではない。手形外による意思表示による白地の補充が認められないことは、最高裁が繰り返して判示するところである（最2判昭43・4・12民集二二巻四号九一一頁など）。もう一つの方法として、喪失株券の再発行請求権（会二二八条二項）を根拠に、白地手形の再発行請求権を認める説がある。しかし、株券について再発行請求権が認められるのは株式という継続的権利の特殊性に基づくものであって、その理由は手形・小切手には妥当しない。本判決は白地手形の再発行請求権が否定されることを初めて明示した最高裁判決である。これにより白地手形の除権決定を得た者はいわゆる消極的効力のみを享受しうることが判例法として確定した。

▼**評釈**——倉澤康一郎・昭和51年重判（商7）

手形の除権決定と除権決定前の善意取得者の権利

179 最1判平成13・1・25民集五五巻一号一頁

関連条文　非訟一一八条（旧公示仲裁七八四条・七八五条）、手一六条二項

手形喪失者の申立によって除権決定が言い渡された場合に、除権決定の言渡し前の善意取得者は手形上の権利を失うか。

事実　AはY振出の約束手形を保管中に何者かにより盗取されたため、公示催告を申し立て除権判決の言渡しを受けた。除権判決の言渡し前にXが本件手形を善意取得していた。XはYに対して手形金の支払を求めて訴えを提起した。

裁判所の見解　手形について除権判決の言渡しがあっても、これ以前に当該手形を善意取得した者は、当該手形に表章された手形上の権利を失わない。手形が善意取得された時点で、従前の所持人は、手形上の権利を喪失するから、その後に除権判決の言渡しを受けても、手形を所持するのと同一の地位を回復するにとどまり、手形上の権利までも回復しない。公示催告手続における公告の現状からすれば、除権判決の言渡しによって善意取得者が手形上の権利を失うとするのは手形の流通保護の要請を損なうおそれがある。

解説　喪失手形の善意取得者が公示催告期日までに権利の届け出をせずに除権決定の言渡しがなされた場合の効果について、①善意取得者は除権決定により権利を失い、除権決定の申立人が権利を回復するという説、②除権決定は手形を無効にするだけで、善意取得者は権利を失わないとする説が対立していた。この点について、本判決は②説をとることを明らかにした初めての最高裁判決である。177判決が、公示催告申立人が約束手形の振出署名者であることを理由に、除権決定確定前の善意取得者の権利は除権決定によって失われないとしたことから、その理論的な射程をめぐって争いがあった。公示催告申立人が適法に振り出された手形の所持人である場合について、本判決が②説をとったことで、公示催告申立人が誰であるかに関係なく、判例が善意取得者を優先させる立場をとることが明らかになった。公示催告手続は除権決定により証券の無効化を図る制度であるから、この手続に実体的な権利義務を確定する性格を与える余地はなく、判旨は正当である。公示催告手続における公告の現状という利益衡量的な観点からも、判旨は正当化されよう。残る問題は、除権決定によって権利行使の資格を失った善意取得者がいかにして権利を行使するのかである。本判決はこの問題を直接判断していないが、(イ)善意取得者が自己の実質的権利を主張・立証して権利を行使できるという説をとるものと推測される。他方、学説は激しく対立し、(イ)説のほかに、(ロ)善意取得者は除権決定取得者に対して自己の権利の確認訴訟を提起して確認判決をもって権利を行使できるという説、(ハ)善意取得者は除権決定取得者に対して除権決定正本の引渡を受けて自己の権利を行使できるという説がある。

▼**評釈**──高田晴仁・平成13年重判（商５）

利得償還請求権の発生と原因債権との関係

180 最1判昭和43・3・21民集二二巻三号六六五頁

利得償還請求権の要件たる「利益」とは何か。

事実　Yは、請負代金債務の支払のためにAおよびBに約束手形を振り出し、これらの手形は、額面相当額を支払ったXに裏書譲渡された。Xは手形を買い受けたのであって、Aらに対する何らの原因債権も有していない。これらの手形は全て満期後三年以上経過し、Yの手形債務も、Aらに対する償還請求権も時効期間の経過によって消滅している。そこでXは、Yに対して、手形法八五条に基づき消滅時効の完成によってYが得た利得の償還を求めた。

裁判所の見解　Xの各手形上の権利は、Yに対してはもとより、Aらに対してもすでに時効によって消滅しており、しかもXはAらに対して何らの原因債権をも有していないのであるから、手形振出の基礎たる原因関係においてYに利得が生じているならば、XはYに対し、Yの受けた利益の限度においてその償還を求めうる。XはもはやAらに対し償還請求権を行使することはできず、ひいてAらがYに対して有していた原因債権もまた消滅に帰し、Yは手形振出の原因たる請負代金債務を免れることにより現実に利得をした。Yの利得は、Xの有する手形上の権利の消滅時効により生じたものであるから、手形法八五条の利得に当たる。

関連条文　手八五条

解説　利得償還請求権の法的性質については、手形（小切手）法上の「一種特別の請求権」と解するか（多数説）、証券上の権利の「変型物」と解するかの基本的対立があり、これに関連して、その発生要件につき、①全ての手形債務者に対する手形上の権利が消滅し、所持人に手形外の他の救済手段もないことを要する説（通説）、②全ての手形債務者の手形上の権利が消滅するか、またはそれらの者が事実上無資力であることを要する説、③請求の相手方に対する手形上の権利が消滅したことで足りるとする説の対立がある。本件では全ての手形上の権利が消滅し、AX間の原因関係も存在していないため、争点はYが受けた「利益」とは何かに収斂する。

通説・判例は、「利益」とは、手形債務者が手形債務を免れたことではなく、原因関係上の対価として実質的に受けた利益を意味すると解している。本件ではYの原因関係上の当事者はAらであるため、利益の有無につき、XとYとの関係だけで判断するのか、Aらとの関係も考慮するのかが問題となる。本判決は、XがAらに償還請求権を行使できなくなりAらの対価取得が決定的となったためにYA間の原因債務も消滅し、これによりYが利得したと判断した。本判決は利得償還請求権を、手形債権者が手形上の権利のみならず手形外の救済手段も喪失した場合の最終的な実質的救済手段と位置づけているのである。

▼**評釈**——土田亮・手形百選82

既存債務の消滅と利得の有無

181 最3判昭和38・5・21民集一七巻四号五六〇頁

関連条文　手八五条

手形上の債権に次いで原因関係上の債権が時効消滅した場合に利得償還請求権は発生するか。

事実　Yは、Xに消費貸借上の債務の弁済方法として約束手形を振り出した。Xは満期に支払を求めたが拒絶された。満期から三年以上経過した後、XはYに対して手形金の支払を求めて訴えを提起した。一審は、手形債務は時効により消滅したとしてXの請求棄却。Xは新たに利得償還請求権を主張し、控訴。原審は手形上の権利が時効により消滅しても、消費貸借上の債権を行使しうるのであって、いまだ手形外の救済方法を失っていないのであるから、Yは手形法八五条の利益を受けた者に該当しないとしてXの請求を棄却した。XはYとの間の消費貸借上の債権も時効にかかっているとして上告。

裁判所の見解　手形上の権利が時効により消滅しても、Xはなお消費貸借上の債権を行使できるから、Yが利得したとはいえず、利得償還請求は許されない。たとえ手形上の権利と同様、消費貸借上の債権も時効により消滅しているとしても、債権の消滅はXがその行使を怠った結果にほかならず、Yが手形上の権利の消滅により利得したとはいえない。

解説　利得償還請求権の発生要件として、判例は、全ての手形債務者に対する手形上の権利が遡求権保全手続の欠缺または時効により消滅し、かつ手形外の救済手段も有しないことが必要であるとしており（二次性説）、本判決もこれを踏襲したものといえる。学説上は、利得償還請求権の発生要件に原因債権などの手形外の救済手段を有さないことまで含めることに否定的な見解もある（学説の対立につき180判決参照）。

その上で本件では、たとえ手形債務の時効消滅後に原因関係上の債務が時効で消滅しても、利得償還請求権は発生しないと判示している。最3判昭和40・4・13判時四一三号七六頁は、手形債権の時効消滅前に原因債務が消滅した場合に、利得償還請求権は発生しないと判示しているため、原因債権の「（広義の）支払のため」に手形が授受されていた場合には（184判決参照）、原因債権と手形債権の時効消滅の先後にかかわらず利得償還請求権は発生しないというのが判例理論である（なお、原因債権の「支払に代えて」手形が授受されていた場合には利得償還請求権が発生するとされている）。

学説上も、この場合の利得は、手形上の権利の消滅によるものではなく、既存債務の時効完成という法定の原因によって生じたものであるから、または、原因債務が時効消滅しても、それは手形所持人の怠慢によるものであるから、手形法八五条にいう利得に当たらないとして判例を支持している。

▼**評釈**——山下友信・手形百選83

利得償還請求権の取得

182 最3判昭和34・6・9民集一三巻六号六六四頁

関連条文 小七二条、手八五条

利得償還請求権の取得または行使には、証券を所持して（または除権判決を得て）いることが必要か。

事実 Y銀行は、預金の払戻しに代えて、Aらに対して持参人払式の自己宛小切手を振り出し、Xはその小切手の譲渡を受けて所持人となったが、振出日の翌日、Bらによって盗取され、呈示期間内に呈示できなかったため、手続の欠缺により小切手上の権利を失った。Xは、小切手の振出によりY銀行のAらに対する預金債務は小切手に組み入れられた金額の限度で消滅したのであり、Y銀行は同額の利得を得たとして、Y銀行に対し利得の償還を求めた。

なお、本件小切手は最終的にCが所持し、呈示期間経過後に、CはD銀行を通じて支払呈示し、Yから支払を受けた。

裁判所の見解 利得償還請求権は、小切手上の権利と異なり小切手の所持をもって権利取得の直接の理由とするものではない。小切手の正当な所持人として小切手上の権利を行使しうる者が、小切手を盗取され、失権当時、小切手の現実の所持を有せず、もしくは除権判決を得ていなかったとしても、第三者が小切手上の権利を取得するに至らず、被盗難者が依然実質上の権利者である場合、振出人に利得の存する限り、その間の衡平を図る必要がないとはいえない。もしかかる場合であれば、被盗難者が、失権当時、小切手の現実の所持を有せず、もしくは除権判決を得ていなかったとしても、その一事によって直ちに利得償還請求権の取得を否定しえない。

解説 利得償還請求権の「取得」には、失権当時に証券の所持が必要であると解するのが従来の判例であった。本判決は、従来の判例を変更し、失権当時に小切手上の実質的な権利者であればよく、証券所持を要素としないと判示した。これは学説の多数説でもある。

他方、利得償還請求権の「行使」に証券を要するか否かについては見解の対立がある。利得償還請求権の法的性質を手形（小切手）法上の「一種特別の請求権」であると解する見解からみれば、利得償還請求権は証券上の権利とは無関係なのであるから、その行使についても証券の所持またはそれに代わる除権判決は不要となるのに対し（不要説）、これを証券上の権利の「変型物」であると解する見解に立てば、その行使には証券の所持または除権判決を得ることが必要となる（必要説）。

本判決は、いわゆる不要説をとったとの分析もあるが、本件では小切手が最終的に銀行の手元に戻ってきたのであり、このような場合には、たとえ必要説に立っても小切手の所持は不要であると解されるため、本判決が不要説に立つものであるとはいえないとの指摘もある。本件に関しては197判決も参照。

▼**評釈**――小塚荘一郎・手形百選84

利得償還請求権の消滅時効

183 最2判昭和42・3・31民集二一巻二号四八三頁

関連条文 手八五条、商五二二条

利得償還請求権は何年で消滅時効にかかるか。

事実 Xは、YがAらに対する売買代金の支払のために引受けをなした自己指図の各為替手形を裏書譲渡によって取得した。本件為替手形はいずれも満期後三年以上が経過し、手形上の債務は時効により消滅している。そこでXは、Yに対し売買代金支払債務を免れることによって受けた利得の償還を請求した。これに対しYは、仮にXが利得償還請求権を有するとしても、請求権発生から五年が経過しているため、時効により消滅していると主張した。

裁判所の見解 利得償還請求権は、手形上の権利を失った手形債権者と利益を得た手形債務者の公平を図るために認められたものであるから、手形上の権利自体ではないが、既存の法律関係が形式的に変更されるだけで、手形上の権利の変型とみるべきであり、手形上の権利が実質的に変更されて既存の法律関係とは全く別個な権利たる性質を有するに至るものではない。したがって、商法五〇一条四号にいう「手形ニ関スル行為」によって生じた債権に準じて考え、同法五二二条類推適用により、その消滅時効期間は五年と解するのが相当である。利得償還請求権の消滅時効は手形上の債権の消滅した時から進行を始めると解すべきである。

解説 利得償還請求権の時効期間については明文の規定がなく、従来の判例は、これを手形債権の消滅を起算点として一〇年（民一六七条一項）と解していた。本判決はこれを覆し商法五二二条の五年と解した点に意義が認められる。

伝統的な通説・判例は、利得償還請求権の法的性質を「一種特別の請求権」として、証券外の権利であることを前提に、その時効期間を一般の民事債権と同様の一〇年であると解していた。これに対し、近時の多数説は、商法五二二条類推適用から時効期間を五年と解しており、本判決およびその後の判例もこれをとっている。その理由として、法的に証券外の民事債権とはいえ実質的には証券上の権利の変形物または代償物であることから、証券上の権利の性質を依然として残していると説明する見解や、商法五〇一条四号の絶対的商行為を媒介させ証券的行為に準じて考える見解などがある。

また、とりわけ利得償還請求権の法的性質を証券上の債権の変型物と捉える見解からは、商法五二二条但書の類推適用により手形法七〇条と同様の三年で時効にかかると解する説もある。これによれば、証券上の最終支払義務者には三年、遡求義務者には一年で消滅時効にかかる。さらに、両者の時効期間を区別せず、利得償還請求権の補充的性質から、時効期間を遡求権と同様の一年であると解する見解もある。

▼**評釈**――小林俊明・手形百選85

手形債権と原因債権との行使順位

184　最1判昭和23・10・14民集二巻一一号三七六頁

関連条文　民四一二条

既存の原因債務の「支払のために」手形が振り出された場合に、手形債権と原因債権のいずれが先行使されるべきか。

事　実　XはYへの金銭貸付に際して、振出日・金額・満期が借入金の貸付日・金額・弁済期と同じで、支払場所をX宅とする約束手形の振出を受けた。ところがXは特殊な税法上の問題で手形債権の行使が不可能となった。そこでXはYに対する貸金債権を行使したが、Yは手形債権と既存債権が併存する場合は、手形債権を先行使すべきだと主張した。

裁判所の見解　原審が本件手形は原因債務の支払確保のため振り出されたと認めたのは正当であり、その場合、当事者間に特約その他別段の意思表示がなく債務者自身が手形上の唯一の義務者であるときは、手形は担保を供与する趣旨の下に授受せられたものと推定される。それゆえ、債務者は手形上の権利の先行使を求めることはできず、債権者は原因債権と手形債権のいずれを先に選択行使してもよい。

解　説　手形授受の原因となる法律関係を一般に原因関係という。原因関係上の債務の履行に関して手形を授受する場合、債権者の原因債権と手形債権とは同一の目的に奉仕することになるから、手形の授受により原因債権は何らかの影響を受けることになる。その際、手形の授受により原因債権が消滅する場合を「支払に代えて」手形が授受されたといい、原因債権が消滅せずに手形債権と併存する場合を「(広義の)支払のために」手形が授受されたという。いずれの趣旨で手形が授受されたのかは当事者の意思によって決せられ、意思が不明な場合は「(広義の)支払のために」手形が授受されたと推定される（大判大正7・10・29民録二四輯二〇七九頁）。

「支払に代えて」手形が授受された場合、手形の授受と同時に原因債権は消滅するため、債権者は以後、手形債権のみを行使しうる。この法律構成については、代物弁済説と更改説とに分かれており、前者が通説である。

「(広義の)支払のために」手形が授受され、両債権が併存する場合、手形債権を先行使すべきか、両者を任意に選択行使できるかは当事者の意思によることになる。前者の場合を「(狭義の)支払のために」手形が授受されたといい、原因債務は取立債務化される。後者の場合を「担保のために」手形が授受されたといい、原因債務の持参債務性は失われないため、原因債務の弁済期の到来により、債務者は履行遅滞に陥る。

当事者の意思が不明な場合、原因関係上の債務者が手形上唯一の債務者であるか否かが判断基準となり、唯一の債務者である場合、手形は「担保のために」授受されたものと推定すべきである（ただし第三者方払手形などの例外もある）。

▼**評釈**――白井正和・手形百選86

原因債権行使の方法

185 最3判昭和33・6・3民集一二巻九号一二八七頁

関連条文　民五三三条

「担保のために」証券が授受された場合、原因債権の行使に証券の返還を要するか。

事　実　Yは貸金債務の支払確保のためA振出の持参人払式小切手をXに交付した。小切手が不渡りとなったため、XはYに貸金債権を行使した。Yは、原因債権の行使は当該小切手の返還と引換えになされるべきであると主張した。

裁判所の見解　貸金債務確保のために小切手が交付された場合、債務者は債権者からの貸金請求に対しては、特段の事由がない限り、小切手の返還と引換えに支払うべき旨の抗弁をなしうる。

解　説　小切手（手形も含む。以下同じ）が、「（広義の）支払のために」のうち、「担保のために」授受された場合に、原因債権を行使するために証券の返還を要するか否かについては見解の対立がある。

まず考えられるのは、原因債務の持参債務性を維持し、債権者に原因関係および証券上の権利の選択行使を認める以上、原因債権を行使する場合には小切手の呈示・返還は不要であるとする立場である。しかし、この立場では、原因関係上の弁済をなした債務者が、その後債権者から証券を譲渡された第三者に対して二重払いの危険を負うことになる。また、自分より前者の証券上の債務者が存在する場合、証券の返還を受けないと前者に遡求することができなくなるといった不都合も生じることになろう。

次に、原因債権先行使の場合であっても、小切手を呈示・提供することを前提条件とする立場がある。しかし、この立場では、原因関係および証券上の権利を併存させ、債権者に任意の選択行使を認める意義が減殺される。

そこで、大判昭和13・11・19新聞四三四九号一〇頁は、債務者が小切手の返還と引換えにのみ原因債務を履行すべき抗弁をなすことができると判示し、債務者に抗弁の対抗を認めており、本判決もこれを踏襲した。学説上も、債務者に抗弁の対抗を認めるのが通説である。

この抗弁の性質について、本判決は、これを民法五三三条の「同時履行の抗弁権」と理解しているようであるが、このように把握すると理論的な問題が生じることになる。すなわち、「同時履行の抗弁権」は、双務契約上の対価的債務の存在を前提とするが、原因債務の履行と小切手の返還とは対価的牽連関係に立たず、原因債務を履行しなければ履行期が徒過することになるからである。したがって、本判決のいう抗弁は「引換給付の抗弁」とでも呼ぶべき、衡平法上の特別な抗弁として把握されるべきである。

▼評釈——松井智予・手形百選87

手形金請求訴訟の提起と原因債権の消滅時効の中断

186 最2判昭和62・10・16民集四一巻七号一四九七頁

関連条文　民一四七条・一七〇条

手形金請求訴訟の提起は原因債権の消滅時効にいかなる影響を及ぼすか。

事実　Yは、工事請負契約の代金の一部の支払のためにXに対して約束手形を振り出した。Xが手形金の支払を請求したのに対し、Yは通常訴訟へ移行後の係争中に手形振出の原因関係が時効消滅したと主張した。

裁判所の見解　手形債権は、原因債権と法律上別個の債権ではあっても、原因債権の支払の手段として機能しこれと併存するものにすぎない。原因債権の消滅時効は債務者の人的抗弁事由となるところ、手形金請求訴訟の提起後も原因債権の消滅時効が進行しこれが完成するものとすれば、債権者の通常の期待に著しく反するため、手形金請求訴訟の提起は、時効中断の関係においては、原因債権自体に基づく裁判上の請求に準ずるものとして中断の効力を有する。

解説　本件の原因債権は工事に関する債権であるから、民法一七〇条の短期消滅時効にかかる。本件のように、手形が「(広義の) 支払のために」授受され、原因債務が、併存する手形債務よりも先に消滅する場合、本判決も引用する、最1判昭和43・12・12集民九三号五八五頁によると、手形債務者は、原因債務の時効消滅を人的抗弁事由として対抗することができる。この解釈は学説上も通説となっている。それゆえ、両債権が併存する場合、手形金請求の訴えは原因債権の履行請求に先立ち、その手段として提起されるのが通常なのであるから、原因関係の時効を独自に中断することは困難である。これに対して、そもそも原因債務の時効消滅は手形の人的抗弁事由にはならないとの見解もある。このように解すれば、原因債務が先に時効消滅しても、手形債権の行使が可能となる。

通説のように、原因債務の消滅時効が人的抗弁事由になると解した場合には、手形金請求訴訟の提起が原因債務の時効中断効を有するのかが問題となる。手形債権と原因債権とは独立の債権であり両者の時効は別個に完成するため、時効は中断しないと解する説（非中断説）もあるが、本判決は、手形訴訟を提起した時点で原因債権の消滅時効を中断するとする解釈（中断説）を明確にした点に意義がある。学説上も中断説が通説である。その理由づけとして本判決は、手形債権は原因債権と法律上別個の債権ではあっても、経済的には同一の給付を目的とし、原因債権の支払の手段にすぎないこと、原因債権の消滅時効が手形金請求訴訟後も進行し、完成するとすれば、債権者は、原因債権の支払手段として手形の履行請求をしながら、原因債権についても時効中断の措置を講じなくてはならないことを挙げており、学説上も支持されている。

▼**評釈**——得津晶・手形百選78

小切手による弁済提供

187 最2判昭和37・9・21民集一六巻九号二〇四一頁

自己宛小切手の提供は、原因債務の本旨に従った弁済提供といえるか。

事　実　XはY所有の不動産を購入し、代金支払の一部としてA銀行振出の自己宛小切手を持参した。ところが、Yは代金の値上げを要求して小切手の受領を拒んだ。Xは反訴原告として、不動産の当初の代金と引換えに所有権移転登記手続の完了等を請求した。Yは、小切手での支払は債務の本旨に従った履行にならないとして争った。

裁判所の見解　Xが提供した代金の一部は振出人ならびに支払人をA銀行とする小切手であって、かかる小切手は取引界において通常その支払が確実なものとして現金と同様に取り扱われている。この場合、特段の事情の主張・立証なき本件においては、小切手による提供をもって債務の本旨に従った履行の提供と認められる。

解　説　信用証券たる手形とは異なり、小切手は純粋な支払証券である。殊に、銀行が同一店舗で振出人と支払人を兼ねる「自己宛小切手（預金小切手。以下、「預手」と表記）」の場合は、支払の確実性が非常に高く、その効用は限りなく現金に近い。しかし、①預手といえども、金融機関と金額如何によっては支払の確実性に問題が生じる場合もあること、②支払店舗が債務の履行地から遠隔の場所にある場合、債権者は自己の取引銀行に手数料を支払い小切手の取立を依頼する必要があること、③現金化までには数日を要すること等の点で通貨と全く同等の最終決済力が認められるわけではない。

そこで、現金の代用とされた預手が有効な弁済の提供となるか否かについて、かつての判例は、個人振出小切手の提供と同じように、特段の意思表示または慣習のない限り、有効な弁済の提供にはならないという立場をとってきた。

しかし、銀行等が支払停止や破産に陥るのは異常な事態であり、かつ個人振出小切手と異なり預手の信用度が極めて高いことから、すでに判例上有効な弁済提供として認められていた郵便為替や振替貯金払出証書と同様に解する余地は十分にあった。下級審判例では預手の弁済提供としての有効性を認めるものが現れ始め、最高裁（最3判昭和35・11・22民集一四巻一三号二八二七頁）でも、傍論ながら預手や銀行の支払保証ある小切手のように支払確実なものは別異に解される可能性を認めていた。本判決は、預手の弁済提供の有効性を初めて正面から認めた点で大きな意義があるといえる。学説上も、預手の提供は有効な弁済提供となると解するのが多数説であるが、当事者の意思と広い意味での取引慣行の中で小切手の提供の持つ意味を具体的に評価していくべきだとの反対説もある。

▼**評釈**――久保田光昭・手形百選（六版）90

関連条文　民四〇二条・四九三条

小切手による入金と預金の成立

188 最1判昭和46・7・1判時六四四号八五頁

当座勘定預金に他店払いの小切手が入金された場合、いつ預金が成立するのか。

事実　Y銀行と当座預金契約を締結していたXは、取引先に対してY銀行を支払場所とする約束手形を振り出した。XはY銀行の当座預金へ他行を支払場所とする小切手を入金したが、約束手形の支払期日にはまだ小切手の取立が完了していなかったため、Y銀行は口座の資金不足を理由に約束手形を不渡りとした。Xは他行小切手であっても預入と同時に預金が成立していたはずだとしてY銀行に損害賠償等を求めた。

裁判所の見解　他行小切手による当座預金への入金は、当該小切手の取立委任と、その取立完了を停止条件とする当座預金契約であるから、受入金融機関は、特別の約定がない限り、他行小切手の取立完了前においては、当該小切手の金額に見合う当座支払の義務を負わない。

解説　小切手（手形）の支払資金として銀行が顧客から受け入れる預金を当座預金という。当座預金への入金は、現金のほか、当座勘定規定によれば、手形、小切手、利札、郵便為替証書、配当金領収証、その他直ちに取立のできる証券によってもなしうる（当座勘定規定一条）。

入金が現金でなされた場合に直ちに当座預金が成立することについては争いはないが、当座預金に他店が支払場所となっている小切手が預け入れられた場合の当該預入の解釈には二通りの立場が存在する。

第一に、これを銀行への証券の「譲渡」と捉えると、他店払いの小切手が預け入れられた時点で小切手上の権利は銀行に譲渡され、小切手金額に相当する金額の預金が成立したものと解される（譲渡説）。しかし、手形や小切手は不渡りとなるおそれがあるため、これらの証券の受入れをもって現金が入金された場合と同様に解することはできない。

そこで、第二に、銀行は小切手について取立委任を受けたにすぎず、当座預金は取立の完了を停止条件として成立すると解する立場がある（取立委任説）。これによれば、受入れられた小切手がその後不渡りになった場合には、取立完了を停止条件として預金債権が成立するのであるから、条件不成就によりその効力が生じないことになる。

本問題は、銀行実務として定型的になされている銀行と顧客との間の取引を法的にいかに把握・構成するのかということなのであるから、その解釈については当座勘定規定が基本とされることになる。その意味では、これを「取立委任」であると解するのが自然な解釈となろう（当座勘定規定二条一項・五条一項参照）。判例・通説も取立委任説を支持している。

関連条文　当座勘定規定ひな型二条

▼**評釈**――西尾幸夫・手形百選〈六版〉92

手形割引の法的性質

189 最1判昭48・4・12金法六八六号三〇頁

関連条文　銀行取引約定書ひな型六条、民五五五条

手形割引の法的性質は何か。

事実　XはYから、割引料を控除した金額と引換えに満期前の手形を取得した。満期に支払呈示が拒絶されたため、XはYに手形金の支払を求めた。これに対しYは、手形割引の割引料は利息制限法所定の利率を超えたものであり、当該超過部分を不当利得として手形債権と相殺すると主張した。

裁判所の見解　XとYとの間の手形の授受は手形自体の価値に重点を置いてなされたものであって、本件手形の授受はいわゆる手形の割引として手形の売買たる実質を有するため、利息制限法の適用はない。

解説　手形取得者が満期未到来の手形を金融機関に裏書譲渡し、金融機関が手形金額から満期日までの利息相当額（割引料）を控除した額を手形取得者に支払う取引を「手形割引」という。これにより手形取得者は満期前に手形の現在価値を現金化しうる。手形割引には、何ら一般的規定が設けられておらず、もっぱら銀行取引約定書に従って取引が行われている。それゆえ、手形割引の法的性質に関する問題は、銀行取引約定書の解釈を基礎として、銀行実務上のかかる金融取引を法律的にいかに性質決定するのかということに帰着する。

手形割引の法的性質につき、学説上は、これを商品としての手形の売買であると捉える「売買説」と、割引代金を貸与する代わりに借入金返済の履行のために手形が裏書譲渡されたと解する「消費貸借説」とに分かれており、前者が通説であり、銀行取引約定書に照らしても、より自然な解釈であるといえる。

両説の実際上の差異は、売買説に立つと銀行の利益保護が弱くなることにあるといわれる。売買説では、手形割引後、銀行が割引依頼人に対して何ら債権を有しておらず、期限の利益の喪失特約によって、直ちに顧客の銀行に対する預金債権等を相殺して返済を確保することができなくなるからである。

上記の学説のほか、今日の手形割引取引に際して、買戻請求権（190判決参照）が認められることが確立している以上、もはや両説の差異は存在せず、売買か消費貸借かは個別的な意思解釈に任されてよいとする見解や、手形割引という特殊な取引における規範的な利益衡量の理論を固有に定立することがまたれているとしつつ、現状ではむしろ売買に類する無名契約と解する方が実態に即していると解する見解などがある。

なお、本判決は、手形割引の法的性質が売買であると性質決定したことによって、直ちに利息制限法の規定を排除しているが、このような硬直的な解釈ではなく、利息制限法の制度趣旨から柔軟な結論を導くべきであったとの批判もある。なお、銀行取引約定書のひな型は平成一二年に廃止されている。

▼**評釈**——梅村悠・手形百選89

割引手形と買戻請求権

190 最1判昭和51・11・25民集三〇巻一〇号九三九頁

関連条文　銀行取引約定書ひな型五条・六条・七条

割引銀行が割引依頼人との間で締結した銀行取引約定は第三者に対しても効力を有するか。

事実　XはAに対する自己の債権保全のため、AのY銀行に対する「不渡手形異議申立提供金（193判決参照）」の返還請求権について仮差押えを申請した。Y銀行はAと銀行取引約定を締結して手形を割り引いていたが、Xの仮差押申請により期限の利益が喪失し、本件手形の買戻請求権が発生したとして預託金返還請求権と対当額で相殺したと主張した。

裁判所の見解　手形割引は広い意味で割引依頼人に対する信用供与手段ということができ、割引依頼人の信用が悪化した場合、割引銀行が資金の早期かつ安全な回収を図ろうとすることは自然かつ合理的である。その回収手段として、一定の場合に割引手形の満期前に割引手形買戻請求権が発生するとの事実たる慣習が形成され、定型的な銀行取引約定の中に明文化されたことは公知の事実であるから、本件買戻請求権の発生およびこれを自働債権とする本件相殺は有効である。

解説　銀行が、割引手形について不渡や割引依頼人の信用悪化などの一定の事由が発生したときに、割引依頼人に対して割引手形の買戻しを請求しうる権利を「買戻請求権」という。通常、手形割引は銀行取引約定書に基づいて行われるところ、同約定書は手形割引の法的性質を原則売買と解しているため、割引後の依頼人の信用悪化の場合に、買戻請求権を別途認めているのである。また、同約定書によると、銀行は買戻請求権と割引依頼人に対する債務とを事前の通知および所定の手続なく相殺することができる（銀行取引約定書七条。ひな型は平成一二年に廃止）。

本判決も引用する最大判昭和45・6・24民集二四巻六号五八七頁は、従来の判例を変更し、銀行と貸金債務者間の期限の利益喪失および相殺予約の合意が、差押債権者に対しても有効であると解した（無制限説）。その上で本判決は、割引手形の買戻および相殺予約の条項も第三者に対して有効であること、仮差押えの申請が債務者の信用悪化の徴候であること、割引手形の買戻請求権を自働債権、預託金返還請求権を受働債権とする相殺を認めたこと、などの点に意義を有する。本判決は銀行側に非常に有利な判断を下しているといえるが、批判も多い。例えば、仮差押えの申請を債務者の信用悪化の徴候と解した点については、取下げや却下もあり、また訴訟で否定される場合もあるとの批判がある。また、預託金返還請求権を受働債権とした点については、不渡の異議が銀行を通してのみなしうる現行制度の下で、銀行が支払能力証明または本来手形決済のための資金を相殺してしまう点にも疑問が呈されている。

▼**評釈**――吉原和志・手形百選90

遡求権消滅後の手形買戻請求

191　大阪高判昭和54・9・5判時九五三号一一八頁

関連条文　銀行取引約定書ひな型六条・一〇条三項

割引手形の主債務の時効消滅によって買戻請求権も消滅するか。

事実　X信用組合はYと信用組合取引基本約定書（銀行取引約定書に類似）による取引基本契約を締結し、A振出の約束手形を割り引いていたところ、満期に支払が拒絶されたため、Yに買戻を請求した。Yは本件約束手形の主債務が時効にかかっているため買戻請求権も消滅したと主張した。

裁判所の見解　振出人に対する手形金請求権が時効により消滅した場合、特段の事情がない限り裏書人に対する償還請求権も消滅すると解するのが相当であるが、手形割引依頼人の割引手形買戻請求権は手形法上の義務ではなく、手形再売買に基づく代金支払義務であるから、割引手形の主債務が時効消滅しても、これに伴って消滅するものではない。

解説　裏書人に対する遡求権が時効中断されており、手形が満期から三年を経過したことによって主債務者に対する権利が時効にかかった場合、遡求権も消滅すると解するのが、判例・多数説である。その理由として①遡求義務者の主債務者への再遡求が不可能になること、②主債務を時効にかけてしまった手形所持人は不利益を受けても仕方がないこと、③手形保証債務が主債務の時効消滅に伴って消滅することとの調和を図るべきであること、などの理由が挙げられている。

ところで、本件約束手形は、Aの主債務だけでなくXのYに対する遡求権も時効消滅にかかっているものと考えられる。そこで問題となるのは、このような場合にもXのYに対する手形の買戻請求権が認められるか否かである。買戻請求権の法的性質については、手形割引の法的性質とも関連して諸説の対立があるが、いずれにせよ、これが手形外の権利であることについて学説は一致している。銀行取引約定書一〇条三項にも、万一権利保全手続の不備によって手形上の権利が消滅した場合でも、割引依頼人は手形面記載の金額につき弁済の責任を負うと規定されている（ただし、ひな型は平成一二年に廃止）。この点からすると、手形債務の消滅時効は買戻請求権の消長とは無関係ということになりそうである。同約定に対しては、実質的に手形債務者が時効の利益を予め放棄したのと同様であり、民法一四六条を潜脱する結果になるとして、本約定を無効と解する立場もあるが、本判決は同約定の効力を承認する立場に立っていると考えられる。ただし、学説では、権利保全手続の不備が手形の割引人の故意または過失によって生じた場合、同約定の適用はないとする見解や、約定の効力は認めつつ割引人に損害賠償責任を認め、割引依頼人はこれをもって買戻請求権との相殺を主張しうるとする見解がある。

▼**評釈**――山野嘉朗・手形百選91

相殺と手形の返還先

192 最1判昭和50・9・25民集二九巻八号一二八七頁

金融機関が手形貸付債権・手形買戻請求権と転付された預金債権とを相殺した場合、手形は転付債権者に返還すべきか。

事実　Y信用金庫は、Aに対して手形貸付債権および手形買戻請求権を有し、AはYに対し預金債権を有していたが、預金債権は転付命令によりXに転付された。YはAに対する上記各権利をもって預金債権と相殺する旨をXに表示し、その差引残額につき後日Aから支払を受け、手形をAに返還した。Xは手形は自己に返還されるべきだとして争った。

裁判所の見解　手形貸付債権および手形買戻請求権を自働債権とする相殺において、受働債権が債務者から第三者に転付されている場合、手形は原則として転付債権者に返還されるべきである。しかし、転付以前に相殺適状にあった場合は受働債権が転付以前に遡って消滅するため、手形は貸付債務者兼割引依頼人に返還されるべきである。

解説　手形貸付とは、金銭消費貸借上の債権の履行確保のために手形が授受される場合であり、この消費貸借上の債権を手形貸付債権という。それゆえ手形貸付債権は手形外の債権であり、同様に手形割引後の手形買戻請求権も手形外の権利であるため（190・191判決参照）、これらの権利行使に証券の受戻しが必要となるのかが問題となる。判例・通説は、貸付金の返還とその支払確保のために交付された証券の返還とは、いわば引換給付の関係にあるとしており（本判決も引用する185判決）、本判決は、手形貸付債権・手形買戻請求権の相殺の場合も同様であると解している。では、これらの権利を自働債権として相殺し、かつ受働債権が転付命令により第三者に転付されていた場合、手形は誰に返還すべきか。本判決は、手形の返還先は原則として転付債権者となるが、転付以前に相殺適状にあり、相殺により転付前に遡って受働債権が消滅するときは（民五〇六条二項）債務者に返還すべきであると判示している。このように、本判決の意義は相殺適状が転付命令以前に到来するか否かで手形の返還先を区別した点に認められ、結論として返還先を債務者とした点は学説上でも支持されている。手形の返還先を原則として転付債権者とする理由は、転付債権者が第三者弁済として代位の関係を生ずるためと解されている。

しかし、そもそも最大判昭和45・6・24民集二四巻六号五八七頁がいわゆる無制限説をとり、銀行と貸金債務者間の期限の利益喪失および相殺予約の合意は差押債権者に対しても有効であると解しており、190判決はこの理を手形買戻請求権にも及ぼしている。これを前提とすると、相殺適状は、ほぼ例外なく転付命令以前に発生することになるため、金融機関は手形を債務者に返還すればよいということになる。

▼**評釈**――鈴木千佳子・手形百選92

関連条文　銀行取引約定書ひな型七条、民五〇六条二項

不渡異議申立のための預託金返還請求権を受働債権とする相殺

193 最1判昭和45・6・18民集二四巻六号五二七頁

関連条文　銀行取引約定書ひな型七条

預託金返還請求権を受働債権とする支払銀行の相殺は認められるか。

事実　為替手形の所持人Xは、手形引受人Aが不渡異議申立のため支払場所たるY信用金庫に預託した預託金の返還請求権を差し押さえ、転付命令を得た。他方、手形交換所から預託金の返還を受けたYは、Aに対する債権を自働債権、預託金返還請求権を受働債権として相殺を行った。

裁判所の見解　不渡異議申立のために預託金が必要とされる趣旨は、手形債務者に支払資力があり不渡がその信用に関しないことを明らかにし、もって不渡異議申立が濫用されることを防止するためであり、支払拒絶事由の不存在が確定したときに手形債権者に対する支払に充てられる趣旨のものではない。したがって、手形債権者が預託金返還請求権について自己の債権の優先弁済に充てることを主張することはできず、支払銀行の相殺が制限される理由もない。

解説　手形債務者が手形金の支払を拒絶し、当該手形が不渡手形となった場合、その不渡事由が手形交換所規則の二号事由（手形債務者の信用とは無関係の事由。本件ではXの契約不履行）に基づくときは、手形債務者は不渡異議申立を行うことができる。不渡異議申立は、手形債務者が、手形金相当額を支払銀行に預託し（異議申立預託金）、支払銀行が手形交換所にこれを提供した上でなされ（異議申立提供金）、これによって手形債務者は不渡処分を猶予される。

手形債務者は手形交換所に対して直接に提供金返還請求をなしえないと解されている。手形交換所から提供金が返還された後、手形債務者は支払銀行に対して預託金返還請求権を有するが、問題はその目的たる預託金の性質である。これを不渡異議申立が失敗した場合の当該手形の支払担保資金であるとすると、銀行がこれを自己のために相殺することはできない。しかし、本判決も指摘するように、預託金は手形債務者が資金不足ではない証拠、異議申立濫用の防止という趣旨で預託されるため、不渡手形の所持人に優先弁済を認めるものではない。そのため、支払銀行の預託金返還請求権を受働債権として相殺の対象（銀行取引約定書七条）に含めることも制度上問題はない。

ただ、手形債権者や、手形債務者の一般差押債権者（190判決の債権者）は、異議申立が失敗した場合には預託金から弁済が得られることを期待している。不渡異議申立は手形交換制度の便宜上支払銀行が行っているが、本来は手形債務者が行うべきものであるからである。しかし、本判決の解釈論による限りその期待は保護されず、この点に疑問を呈する見解も多い。なお、銀行取引約定書のひな型は平成一二年に廃止されている。

▼**評釈**――柴崎暁・手形百選（六版）97

支払人欄の記載と引受人署名の不一致

194 最3判昭和44・4・15判時五六〇号八四頁

支払人欄に記載された者以外の者のなした引受署名は有効か。

事実　Aが振り出し、Yが引受をなした為替手形をAから裏書譲渡されたXは、満期に手形をYに支払呈示した。しかし、Yは、本件為替手形の支払人欄にはAの氏名が記載されているため、引受は無効であると主張した。Xは支払人の記載はAの誤記であるとして争った。

裁判所の見解　手形面の記載以外の事実に基づき行為者の意思を推測して記載を変更ないし補充解釈することはできず、記載が明白な誤謬であるとも認められない。支払人と引受人は一致しておらず為替手形の引受は無効である。

解説　為替手形は支払委託証券である（手一条二号）。振出人は為替手形の振出によって、支払人に支払権限を授権する。支払人はこの権限に基づき、引受という法律行為をなすことによって引受人として手形債務者となるのである（手二八条一項）。手形法二五条一項は、引受の方式につき「支払人署名スベシ」と規定していることから、支払人と引受人とは同一人でなければならない。問題は、手形の券面上、支払人と引受人の記載が異なっている場合の引受の効力である。

手形要件は、手形振出行為としての法律行為の内容を文言的に確定する役割を有する。それゆえ、支払人欄の記載も引受権者を文言的に確定する役割を有するわけである。ここからすると支払人と引受人の記載は形式的にも同一でなければならず、記載が異なっている場合には、本判決のとおり引受は無効と解されることになろう（形式的同一説）。このような見解に対し、記載上形式的に同一人と認められなくとも、実質的に同一人が引受をしていることを立証できれば引受人としての責任を問うことができると解する見解も有力である（実質的同一説）。

本件は、AとYが形式的にも実質的にも別人であるため、上記いずれの見解をとってもYに責任を負わせることはできない。そこで、Xは支払人Aという記載がAの誤記によるものであると主張した。一審ではこれが認められ、その上で支払人欄にYと記載されていた場合と同視してYの責任を認めている。これは、当時の統一為替手形用紙には支払人や受取人といった印字がなく、誤った名前を記載してしまうことがあったという実情なども考慮されていると指摘されている。

しかし、本判決も指摘するように、手形行為の内容は文言的に決せられ、手形要件は記載のみによって解釈されるのが原則である（手形客観解釈の原則）。本件では誤記か否かが手形の記載からでは判断できず、経験則を参酌しても、やはり外観だけで誤記と断ずることはできない。

▼**評釈**――松嶋隆弘・手形百選95

関連条文　手二五条

外国為替手形の取立・再買収の拒絶と買取銀行の権利義務

195　東京地判平成5・2・22金判九三二号九頁

関連条文　外国向為替手形取引約定書ひな型一五条二項一号・二二条

外国向為替手形取引約定書一五条二項一号の意義は何か。

事　実　Y銀行はXからA振出の信用状付外国向為替手形（以下、「本件手形」）を買い取った。Yは本件手形に付された信用状上の買取銀行たるB銀行に本件手形の買取りを申し入れたがBは再買取りを拒否したため、YはXに対し、差し入れられていた外国向為替手形取引約定書（以下、「約定書」）一五条二項一号に基づき本件手形の買戻しを請求した。Xは本件手形の買戻債務の不存在の確認と既払金の返還を求めた。

裁判所の見解　手形の買取りは銀行の買取依頼人に対する与信の一種である。約定書一五条の体裁からしても、請求による外国向為替手形の買戻しは当該手形の債権保全を目的とする制度であり、事由の如何を問わず、取立・再買取りが拒絶された一切の場合に買戻債務が生ずる。

解　説　国際間取引では買主（輸入者）の資力が不明であることが多いため、買主の代金支払を銀行が保証し国際間取引の促進を図る制度として荷為替信用状が用いられる。買主の依頼により取引銀行が信用状を発行し、信用状記載の条件（信用状条件）で売主（輸出者。本件ではA）が振り出す為替手形の引受または支払を保証し、あるいは約束するのである。

本件で、XはA（ら）に騙されて輸出資金の捻出を依頼され、Yに本件手形を買い取らせた。無関係のYが本件手形を買い取った理由には、わが国の銀行実務が関係している。わが国の銀行は、信用状付荷為替手形の買取りを買取依頼人に対する与信と解しており、約定書を差入れた取引先からの買取依頼にのみ応じている。信用状の買取銀行に指定されていても、買取依頼人との間に取引関係がない場合、買取銀行は買取依頼人の取引銀行の買取りを媒介させた再買取りにのみ応ずるのである。

Yは信用状上の買取銀行たるBに本件手形の再買取りを申し入れたが拒絶されたため、Xに買戻請求をなした。これはXがYに差し入れている約定書一五条によるものであり、同規定は銀行取引約定書の割引手形買戻規定を輸出与信取引にも拡げたものである。Xは買戻義務発生要件の一つである同条二項一号（取立・再買取が拒絶された場合）の意義につき、信用状発行銀行による支払拒絶に準ずる場合に限定して解釈すべきと主張したのに対し、本判決は、事由の如何を問わないと解した。学説上は見解の対立があり、信用状により支払確約がなされているのであるから信用状発行銀行の支払拒絶があった場合にのみ買戻債務を負担するとの見解もあるが、買取依頼人にリスクを転嫁することにより買取銀行の審査時間の短縮が図られ、買取依頼人が現金をすぐに回収できるといった銀行実務の一定の合理性を強調する反対説が有力である。

▼**評釈**――小塚荘一郎・手形百選（六版）103

一般線引の効力を排除する特約の効力

196 最2判昭和29・10・29裁時一七一号一六九頁

関連条文 小三七条・三八条

一般線引小切手の効力を排除する合意はいかなる効力を有するか。

事実 Y銀行は自行を振出人かつ支払人とする持参人払式の一般線引小切手をXに振り出したが、振出に際し、Xは取引の都合上どうしても現金を必要とするのであるから、後に小切手を持参した者に対しては必ず現金を支払ってもらいたいと要求し、Yはこれを承諾した。その後Yは小切手を持参したAらに支払をなしたが、Xは、小切手はAらによって詐取されたものであるとしてYに損害賠償を請求した。

裁判所の見解 当事者間の合意をもって、当事者間のみにおいて線引の効力を排除することは何らこれを禁ずべき必要はない。

解説 線引小切手とは、小切手の表面に二本の平行線が引かれた小切手のことで、これにより支払銀行は支払のできる支払呈示者を限定することができる。その趣旨は、支払人を限定することにより、小切手の盗取者等による悪用を抑止することにある。線引小切手には一般線引と特定線引という二種類があるが（小三七条三項）、本件の一般線引の場合、支払人は銀行または支払人の取引先に対してのみ支払うことができる（小三八条一項）。また、銀行は自己の取引先または他の銀行からのみ線引小切手を取得することができる（同条三項）。つまり、小切手の所持人は、自己の取引銀行が支払人となっている場合は直接、そうでない場合は、所持人の取引銀行に取立を依頼しなければ支払を受けられないことになる。これにより、小切手の盗取者等はこれを換金することが困難になり、また支払がなされたとしても、支払受領者や流通経路の調査は比較的容易となる。支払人または銀行は、線引に係る制限を遵守しなかった場合、それによって生じた損害を、小切手金額を限度として賠償する責任を負う（同条五項）。

一度線引がなされると、これを抹消することはできない（小三七条五項）。そこで、支払人と振出人（本件小切手は自己宛小切手であり、支払人と受取人）間で線引の効力を排除する旨の手形外の合意がなされた場合の効力が問題となる。本件で、XとYは小切手の持参人がYの取引先であるか否かにかかわりなく支払う旨の合意をなしており、事実、支払受領者のAらはYの取引先ではなかった。本判決はこれを当事者間においてのみ有効と解しており、学説上も支持されている。

ただし、これは線引の効力を排除しているのではなく、線引による制限違反の場合のXの損害賠償請求権が、Yとの特約によって放棄されたものと考えられる。なお、無権利者への支払につき悪意・重過失があった場合、支払人は免責されない。

▼**評釈**――甘利公人・手形百選96

盗難預金小切手の事故届と支払

197 最2判昭和39・12・4判時三九一号七頁

預手の振出依頼人による事故届はいかなる効力を有するか。

事実 182判決破棄差戻後の再上告判決である。差戻審では、Xが小切手の失権当時に証券を所持していなかったとしても利得償還請求権が認められうるとした上で、Y銀行のCに対する支払は、小切手債権の準占有者に対する善意・無過失の弁済であり、Yは何らの利得も得ていないとして、Xの利得償還請求権を排斥した。Xは上告。

裁判所の見解 破棄差戻。債権の準占有者に対する弁済が有効とされるためには、弁済者の善意かつ無過失を要する。Cは呈示期間経過後の失効小切手の譲受人にすぎないため、いかなる意味においても小切手の権利者ということはできない。YはCに支払をなすにあたっては、盗難について検察庁の取調べがあり、Cのかかる事情を了知していたのであるから、その支払には少なくとも過失がある。

解説 182判決で、利得償還請求権の取得に失権当時の証券所持は必要ないと判示されたため、その後の中心論点は、YがCに対する本件支払によって免責されたか否かである。本判決はこれを債権の準占有者に対する弁済(民四七八条)によって判断している。ただし、本件では、小切手はすでに失権しているため、本条直接適用の事例ではないと指摘されている。これに対し、銀行免責の根拠を小切手法三五条に求める見解もある。これによれば、持参人払式小切手で、かつ支払呈示期間経過後であっても、支払委託の取消しがない以上(小三二条)、支払人は支払権限を有しているため、同条の適用により銀行は悪意・重過失なき限り免責される。

ところで、本件は銀行が小切手の振出人と支払人とを兼ねている。このような小切手を自己宛小切手(預金小切手、以下「預手」)と呼ぶ。支払委託の取消しは、本来、支払委託者すなわち振出人が行わなければならない。支払人に支払権限を授権するのは小切手の振出人だからである。本件で、預手の振出依頼人Aら、および被盗難者XはYに支払停止を求める旨の事故届を出しているが、これにはどのような意味があるのか。

原則どおり考えるのであれば、振出人を兼ねる支払銀行が支払委託の取消しをしていない以上、Aら・Xが事故届により支払差止を求めたところで、支払委託の取消しの効果は生じないことになり、これが本判決・多数説の立場である。これに対して、預手の振出依頼人を実質的な振出人と捉える見解もあるが、批判が多い。本判決・多数説ように考える以上、Aら・Xが行った事故届は、支払に関するYの過失(重過失)を導く根拠として意義を有することになろう。なお、本判決の差戻審判決は、Yの支払には重過失があるとしてXの請求を認容した。

関連条文 小三二条・三五条、民四七八条

▼**評釈**――荒谷裕子・手形百選98

被仕向銀行の行為による損害と仕向銀行の振込依頼人に対する責任

198　最1判平成6・1・20金法一三八三号三七頁

関連条文　民四一五条

被仕向銀行が振込依頼人の指定とは異なる口座に入金処理した場合、仕向銀行は振込依頼人に対して責任を負うか。

事　実　Xは、B銀行の「A」名義の預金口座に振込をなすようY銀行に依頼した。その際Xは申込用紙に振込先口座の口座番号を記載せず、Yは口座番号の指定がないままBに通知した。Bは、「A」名義の預金口座はなかったにもかかわらず、Yを通じてXに口座指定を求めないで、A本人に照会し、その指示に従ってCの口座に入金した。XはYに対して振込依頼を解除した上、振込金の返還を求めた。

裁判所の見解　YはXの依頼どおりにBに送金通知をしたが、Xが口座番号を明示しなかったため、Bは名義人がAであること以外に振込先口座を特定する手掛かりがなかったことから、A本人の指示に従ってCの口座に入金した。この場合、Yは、その履行すべき注意を尽くしたものというべきであって、Xから責任を追及されるいわれはない。

解　説　振込とは、振込依頼人が仕向銀行に振込依頼をなし、仕向銀行が被仕向銀行に為替通知を行い、被仕向銀行が開設済の受取人口座に入金する取引のことをいう。

振込の法的性質には種々の見解が唱えられており、いまだ定説をみないが、一般的に、振込依頼人から仕向銀行への振込依頼は、委任契約であると説明されている（その他、請負契約や第三者のためにする契約と説明する見解等もある）。本判決もこれを前提としているようであり、もしこれが委任契約であるとすると、本件のYは、善良なる管理者の注意を尽くしてXの委託した事務を処理しなければ、Xに対して債務不履行責任を負うことになる（民六四四条）。ただし本判決は、被仕向銀行Bの行為についても言及しており、Y自身の行為のみから責任の有無が判断されているわけではない。つまり、本件は、Bの対応がYの責任発生の基礎たりうるのかが焦点となる。

判例・学説では、被仕向銀行の行為につき仕向銀行が責任を負うかという問題に関して様々な構成が試みられており、中でも、被仕向銀行は仕向銀行の復委任として事務を処理していると解する復委任説、被仕向銀行を仕向銀行の履行補助者と解する履行補助者説等が特に有力である。

ところで、国内の銀行間で用いられる内国為替取扱規則によれば、事務処理の基準は受取人名となっており、預金種目や口座番号等は事務処理の参考資料となっている。本判決も、Bは受取人名を基準として受取人Aに指示を求めていることから、その対応に問題はなく、Yの責任も発生しないと解した。これに対して、BはYを通じて振込依頼人Xに指示を求めるべきであったとしてBの対応に疑問を呈する見解もある。

▼**評釈**――岩原紳作・手形百選（六版）109

誤振込と受取人の預金債権

199 最2判平成8・4・26民集五〇巻五号一二六七頁

関連条文 民九一条・六六六条

振込に係る振込依頼人・受取人間の原因関係が不存在である場合に、受取人の銀行に対する預金債権は成立するか。

事　実　X社はA社（株式会社東辰）に対する賃料等の支払のため、B銀行大森支店に振込依頼を行ったところ、振込先として、誤ってB銀行上野支店のC（株式会社透信）の口座を指定した。YはCの債権者であり、Cの同口座を差し押さえた。Xは誤振込に係るYの差押えに対する第三者異議の訴えを起こした。

裁判所の見解　振込依頼人Xから受取人CのB銀行の普通預金口座に振込があったときは、XとCとの間に振込の原因となる法律関係が存在するか否かにかかわらず、CとB銀行との間に振込金額相当の普通預金契約が成立し、CがB銀行に対して右金額相当の普通預金債権を取得するものと解するのが相当である。

解　説　振込は、振込依頼人が仕向銀行に振込依頼をなし、仕向銀行が被仕向銀行に為替通知を行い、為替通知を受けた被仕向銀行が、予め開設されていた受取人の口座に入金記帳する資金移動取引である。その効果として、受取人は被仕向銀行に対して振込金相当額の預金債権を取得する。振込依頼人が受取人の指定を誤る、いわゆる「誤振込」の場合の預金債権の成否につき、学説は、振込依頼人の仕向銀行に対する振込依頼が錯誤無効となるか否かで、受取人の預金債権の成否を決する「錯誤アプローチ」と、被仕向銀行と受取人との間の預金契約の解釈によって預金債権の成否を論ずる「契約解釈アプローチ」に大別される。前者には批判が多く、現在では後者が有力説であり、本判決もこれをとっているものと考えられる。

「契約解釈アプローチ」は、さらに、受取人の被仕向銀行に対する預金債権の成立に振込依頼人と受取人との間の原因関係を必要とする「原因関係必要説」と、これを不要とする「原因関係不要説」とに分かれる。本判決は、振込が安全、安価、迅速に資金を移動する手段であり、多数かつ多額の資金移動を円滑に処理するため、銀行が各資金移動の原因となる法律関係の存否、内容等を関知することなくこれを遂行する仕組みがとられているとの実際上の理由から、原因関係を不要と解した。

ただし、「契約解釈アプローチ」に対しては、一つのアプローチと呼ぶに値するだけの内容を持つものではなく、当事者の利益考量のみによって直ちに結論が導かれる「利益考量アプローチ」というに等しいとの批判がある。上記両説によらないのであれば、原因関係と預金債権との間に効力的牽連性を有する振込行為の法的性質の捉え直しと、その牽連性を切断することの可否を再検討していくことになろう。

▼**評釈**――榊素寛・手形百選（六版）110

振込の原因関係が存在しない場合の預金の払戻しと権利濫用

200 最2判平成20・10・10民集六二巻九号二三六一頁

関連条文 民一条三項・六六六条

振込依頼人・受取人間の原因関係を欠く振込がなされた場合、受取人が当該預金債権を行使することは権利濫用に当たるか。

事 実 窃盗犯がX宅に侵入し、XのY銀行に対する普通預金およびXの夫AのB銀行に対する定期預金の各預金通帳等が窃取された。その後、Aを装ったCらによりB銀行の定期預金が解約され、解約金がXのY銀行に対する普通預金口座に入金された後、同口座からCらに解約金の払戻しがなされた。XはY銀行に振込に係る預金の払戻しを求めたが、Y銀行はXの払戻請求は権利の濫用に当たるなどと主張した。

原審は、本件振込により、XはY銀行に対して預金債権を取得するとしつつ、Xは自己のために払戻しを請求する固有の利益を有さず、払戻請求権の行使は振込依頼人または最終損失者への返還義務の履行に必要な範囲に止まると判示した。

裁判所の見解 振込依頼人から受取人への振込に係る原因関係が不存在の場合でも、受取人は被仕向銀行に対して預金債権を取得するのであり、その行使が不当利得返還義務の履行手段などに限定される理由はない。払戻しを受けることが著しく正義に反するような特段の事情があるときは権利の濫用に当たるが、本件は、権利の濫用には当たらない。

解 説 本判決は、最2判平成8・4・26民集五〇巻五号一二六七頁（199判決）を踏襲し、原審と同様、振込依頼人と受取人との原因関係を欠く振込の場合でも、受取人の被仕向銀行に対する預金債権が成立すると解している。

受取人の払戻請求に対しては、権利濫用の如き一般悪意の抗弁の対抗を銀行側に認めるか、これを認めず払戻しを認容する立場に分かれる。本判決は後者に立ち、その範囲につき、原審が受取人の払戻請求が不当利得返還債務を履行する範囲に止まるとした部分を破棄し、払戻しを受けることが金員を不正に取得するためであって、詐欺罪等の犯行の一環をなす場合である等の特段の事情がない限り、一般的に払戻請求が認められると判示した点に意義がある。なお、本判決はCらへの払戻しが債権の準占有者に対する弁済（民四七八条）として有効であるか等の審理を尽くさせるために本件を原審に差し戻している。

ただし、199判決は預金者自身が受取人指定を誤った場合であるのに対し、本件はAとは無関係のCらが振込を行ったのであるから、いわば振込行為の偽造とでもいうべきものであり、199判決とは事情が異なる点に留意すべきである。また、本判決は、誤振込であることを知った受取人が、それを秘して預金の払戻しを受けた場合に詐欺罪が成立するとした、最2決平成15・3・12刑集五七巻三号三二二頁との整合性も問題となる。

▼**評釈**――本田正樹・金判一三三六号

最2判平成20.2.22 民集62-2-576…………会社の商人性とその行為の商行為性〔三富士興業事件〕 5
最2判平成20.10.10 民集62-9-2361………振込の原因関係が存在しない場合の預金の払戻しと権利濫用 200
最1判平成23.12.15 民集65-9-3511………約束手形の取立金に対する商事留置権の可否 50
大阪地判平成24.9.13 裁判所ウェブサイト
………………………不正競争防止法における著名性〔阪急住宅事件〕 16

最1判平成6.1.20 金法1383-37……………被仕向銀行の行為による損害と仕向銀行の振込依頼人に対する責任 198
東京地判平成7.3.28 判時1557-104………航空機リース事業への投資を目的とする匿名組合 68
最1判平成7.11.30 民集49-9-2972…………スーパーとテナントとの関係における名板貸人の責任〔忠実屋事件〕 21
最2判平成8.4.26 民集50-5-1267…………誤振込と受取人の預金債権 199
東京高判平成9.5.28 判タ982-166…………スワップ契約の解除と顧客の損害賠償義務 65
東京高判平成9.7.10 判タ984-201…………ワラントの投資勧誘と証券会社の説明義務違反による責任 74
最3判平成10.4.14 民集52-3-813…………共同企業体の事業上の債務と構成員についての商法五一一条の適用 43
最1判平成10.4.30 判時1646-162…………約款上の責任制限条項と荷受人からの請求 86
最3判平成10.7.14 民集52-5-1261…………債務者の破産手続開始と商事留置権 51
東京高決平成11.7.23 判時1689-82………建築請負人が占有していた敷地に対する商事留置権の成否 49
最1判平成13.1.25 民集55-1-1……………手形の除権決定と除権決定前の善意取得者の権利 179
最2判平成15.2.21 民集57-2-95……………保険料を保管する専用口座と預金債権の帰属 34
最2判平成15.2.28 判時1829-151…………高価品の紛失についてホテルが負う不法行為責任〔神戸ポートピアホテル盗難事件〕 92
最2判平成16.2.20 民集58-2-367…………ゴルフクラブの名称の継続使用と商法一七条一項(会二二条一項)の類推適用 23
最1判平成17.7.14 民集59-6-1323…………適合性原則違反の投資勧誘と不法行為責任の成否 75
東京地判平成18.1.17 判時1920-136………企業買収と表明保証条項 27
最1判平成18.7.13 民集60-6-2336…………投資者保護基金の補償対象債権 73
最3判平成19.2.13 民集61-1-182…………不当利得返還請求権の利息の利率 46
知財高判平成19.6.13 判時2036-117………不正の目的による商号の使用〔ジャパン・スポーツ・マーケティング事件〕 14

最2判昭和58.10.7 民集37-8-1082…………不正競争防止法による類似商号の使用差止請求〔日本ウーマン・パワー事件〕 15
最1判昭和59.3.29 判時1135-125…………表見支配人の相手方である第三者 31
最3判昭和60.3.26 判時1156-143…………取立委任文言の抹消と譲渡裏書の効力発生時期 148
最1判昭和61.7.10 民集40-5-925…………手形金額「壱百円」と「¥1,000,000」の重複記載 142
最2判昭和61.7.18 民集40-5-977…………被裏書人だけの抹消 156
最1判昭和62.4.2 判時1248-61……………動産売買の先取特権〔株式会社桑原商店事件〕 61
最2判昭和62.10.16 民集41-7-1497………手形金請求訴訟の提起と原因債権の消滅時効の中断 186
最3判昭和63.1.26 金法1196-26……………退任取締役による残存登記の放置と第三者に対する責任〔ヤマガタ事件〕 11
最3判昭和63.10.18 民集42-8-575…………信用金庫の商人性〔大阪産業信用金庫事件〕 4
大阪地判平成1.3.10 判時1345-100………介入取引の性質 59
東京地判平成1.6.20 判時1341-20…………募集型企画旅行契約と旅行業者の責任 89
最1判平成2.2.22 集民159-169……………商法二五条（会一四条）と使用人が有する代理権の範囲 33
東京地判平成2.6.14 判時1378-85…………美容院の営業の商行為性 37
最1判平成2.9.27 民集44-6-1007…………保証のための手形裏書と原因債務の保証の成否 165
名古屋地判平成3.3.15 判タ764-245………回数乗車券の事後的な失効と公序良俗違反 88
最2判平成4.2.28 判時1417-64……………委託者の指示に基づかない信用取引と委託者の救済 71
最3判平成4.10.20 民集46-7-1129…………目的物に関する瑕疵の通知義務を履行した買主の権利〔野村祐株式会社事件〕 58
東京地判平成5.2.22 金判932-9……………外国為替手形の取立・再買収の拒絶と買取銀行の権利義務 195
最3判平成5.7.20 民集47-7-4652…………白地手形の満期が補充された場合とその他の手形要件の白地補充権の消滅時効 137
最2判平成5.10.22 民集47-8-5136…………満期前における裁判上の手形金請求と遡求権保全効 167

最3判昭和52.12.23 判時880-78……………商法九条一項、会社法九〇八条一項の「正当の事由」〔安威川ゴルフ事件②〕 10
大阪地判昭和53.3.7 金判566-41…………約束手形の表面になされた署名は手形保証人か共同振出人か 161
最1判昭和53.4.20 民集32-3-670…………商法五八〇条一項の趣旨 83
最1判昭和53.4.24 判時893-86……………指図文句と指図禁止文句の併存 144
東京高決昭和54.2.15 下民集30-1～4-24…商業帳簿の提出命令の対象 29
最2判昭和54.4.6 民集33-3-329……………裏書の詐害行為による取消しと取立委任裏書の被裏書人の地位 147
最3判昭和54.5.1 金判576-19………………信用金庫支店長と営業に関する行為：表見支配人の権限の範囲 32
大阪高判昭和54.9.5 判時953-118…………遡求権消滅後の手形買戻請求 191
最1判昭和54.9.6 民集33-5-630……………錯誤による裏書の効力 101
最2判昭和54.10.12 判時946-105…………支払延期のためになされた手形書替 172
最1判昭和55.1.24 民集34-1-61……………利息制限法違反による返還請求権と消滅時効 53
最3判昭和55.3.25 判時967-61……………高価品特則と商法五八一条の「重過失」 84
最2判昭和55.5.30 民集34-3-521…………支払猶予の特約と消滅時効の起算点 173
最3判昭和55.7.15 判時982-144……………被許諾名称の営業外使用と名称許諾者の責任〔精華住設機器事件〕 18
最2判昭和55.9.5 民集34-5-667……………手形の偽造と悪意の取得者 118
最1判昭和55.12.18 民集34-7-942…………不渡付箋貼付後の裏書 150
最3判昭和57.1.19 民集36-1-1……………自賠法による直接請求権と商法五一四条 47
最3判昭和57.3.30 民集36-3-484…………売買契約における解除特約の効力〔新東亜交易株式会社事件〕 62
最3判昭和57.3.30 民集36-3-501…………白地未補充手形による敗訴判決と既判力 141
最1判昭和57.7.15 民集36-6-1113…………振出人の債務の消滅時効を裏書人が抗弁することの可否 174
最3判昭和57.9.7 民集36-8-1527…………荷渡指図書による寄託台帳の書換え〔丸和畜産工業株式会社事件〕 60
最3判昭和57.9.7 民集36-8-1607…………隠れた手形保証をした者の間での責任の範囲 164

最大判昭和46.10.13 民集25-7-900……………手形行為と利益相反取引〔仙台屋事件〕 110
最3判昭和46.11.16 民集25-8-1173……………交付欠缺 97
最3判昭和47.1.25 判時662-85……………商人間における売主の債務不履行責任と買主の検査・通知義務〔光工業株式会社事件〕 56
最1判昭和47.2.10 民集26-1-17……………会社名を付記した署名の解釈 104
最1判昭和47.2.24 民集26-1-172……………営業の準備行為の意義 3
最1判昭和47.3.2 民集26-2-183……………現物出資と商法一七条(会二二条)の適用 24
最3判昭和47.4.4 民集26-3-373……………手形行為と双方代理〔関西急送事件〕 111
最1判昭和47.4.6 民集26-3-455……………署名後流通前の紛失手形と除権決定 177
最1判昭和48.4.12 金法686-30……………手形割引の法的性質 189
最3判昭和48.10.30 民集27-9-1258……………商法五〇四条ただし書と消滅時効 41
最1判昭和49.2.28 民集28-1-121……………裏書によらない手形債権の譲渡 145
最2判昭和49.3.22 民集28-2-368……………代表取締役の退任登記と表見代理〔安威川ゴルフ事件①〕 9
最2判昭和49.6.28 民集28-5-655……………手形の偽造と手形法八条の類推適用 117
最3判昭和49.10.15 集民113-5……………委託者の指示に基づかない問屋の取引 70
最3判昭和49.12.24 民集28-10-2140……………受取人欄の変造と裏書の連続 154
最2判昭和50.2.28 民集29-2-193……………所有権留保売買の売主による目的物取戻しと権利濫用〔尼崎日産自動車株式会社事件〕 63
最3判昭和50.6.27 判時785-100……………貸金業と銀行取引 38
最3判昭和50.8.29 判時793-97……………満期の変造 119
最1判昭和50.9.25 民集29-8-1287……………相殺と手形の返還先 192
最1判昭和51.4.8 民集30-3-183……………白地手形と除権決定 178
最1判昭和51.11.25 民集30-10-939……………割引手形と買戻請求権 190
東京高決昭和52.6.16 判時858-101……………ゴルフクラブ入会証書と公示催告申立の可否 48
最2判昭和52.6.20 判時873-97……………取得者の「重大ナル過失」の意義〔御法川工業事件〕 158
最1判昭和52.9.22 判時869-97……………保証人による手形の買戻しと抗弁の対抗 128
最3判昭和52.11.15 民集31-6-900……………隠れた手形保証と原因債務についての保証〔奥村運送事件〕 163

最1判昭和43.6.13 民集22-6-1171…………商号使用許諾者の責任を生ずる取引の範囲〔現金屋事件〕 20
最1判昭和43.7.11 民集22-7-1462…………問屋が破産した場合の委託者の取戻権 72
最1判昭和43.12.12 民集22-13-2963………他人の氏名による署名 93
最3判昭和43.12.24 民集22-13-3334………商業登記法二四条一〇号に関する登記官の審査〔高橋商店事件〕 12
最3判昭和43.12.24 民集22-13-3382………手形の偽造と民法一一〇条の類推適用 115
最大判昭和43.12.25 民集22-13-3548……手形金の請求と権利の濫用：いわゆる後者の抗弁 126
最1判昭和44.2.20 民集23-2-427…………満期白地の手形の補充権の消滅時効 136
最1判昭和44.3.27 民集23-3-601…………隠れた取立委任裏書と訴訟信託 149
最1判昭和44.4.3 民集23-4-737……………代理権限の濫用と手形の偽造 116
最3判昭和44.4.15 判時560-84……………支払人欄の記載と引受人署名の不一致 194
最1判昭和44.6.26 民集23-7-1264…………宅地建物取引業者の報酬請求権 44
最2判昭和44.8.29 判時570-49……………確定期売買〔尼崎特殊社交飲食業組合事件〕 54
最2判昭和44.9.12 判時572-69……………手形法四〇条三項にいう重大な過失〔中島毛糸紡績事件〕 168
最3判昭和44.11.4 民集23-11-1951………権利能力なき財団の手形行為 98
最2判昭和44.11.14 民集23-11-2023………代表権の濫用による手形行為 100
最3判昭和45.3.31 民集24-3-182…………手形保証と権利濫用の抗弁 162
最3判昭和45.4.21 民集24-4-283…………手形裏書と民事保証債務の移転 146
最3判昭和45.4.21 判時593-87……………商法五七八条にいう「高価品」の意義 85
最1判昭和45.6.18 民集24-6-527…………不渡異議申立のための預託金返還請求権を受働債権とする相殺 193
最大判昭和45.6.24 民集24-6-712…………裏書の連続のある手形による請求と権利推定の主張 152
最1判昭和45.7.16 民集24-7-1077…………二重無権の抗弁 127
最1判昭和45.10.22 民集24-11-1599………排除された仲介業者の報酬請求権 69
最大判昭和45.11.11 民集24-12-1876……振出日白地手形による訴えの提起と時効の中断 139
最2判昭和46.4.9 民集25-3-264……………賭博による債務支払のための小切手の提供 121
最1判昭和46.6.10 民集25-4-492…………銀行による偽造手形の支払〔富士銀行事件〕 169
最1判昭和46.7.1 判時644-85………………小切手による入金と預金の成立 188

最2判昭和38.8.23 民集17-6-851…………呈示期間経過後の小切手譲渡と善意取得〔日本勧業銀行事件〕 159
最3判昭和38.11.19 民集17-11-1401………実在しない法人の代表者名義で手形を振り出した者の責任 107
最1判昭和39.1.23 民集18-1-37……………当事者間における原因関係無効の抗弁〔毒入りアラレ事件〕 120
最3判昭和39.9.15 民集18-7-1435…………手形行為と表見代理〔荒川林産化学事件〕 108
最3判昭和39.11.24 民集18-9-1952………公示催告申立中になした裁判上の請求と時効中断 176
最2判昭和39.12.4 判時391-7………………盗難預金小切手の事故届と支払 197
最2判昭和40.4.9 民集19-3-632……………手形行為と表見代表〔保津川遊船事件〕 109
最2判昭和40.4.9 民集19-3-647……………戻裏書と人的抗弁 125
最3判昭和40.12.21 民集19-9-2300………融通目的達成後の融通手形 130
最1判昭和41.1.27 民集20-1-111…………取引相手方の重過失と名板貸人の免責〔北村木材事件〕 19
最2判昭和41.4.22 民集20-4-734…………返還した書替前手形による手形金請求 171
最1判昭和41.6.16 民集20-5-1046…………受取人白地の約束手形による手形金請求の許否 134
最2判昭和41.7.1 判タ198-123……………手形の偽造の追認 114
最3判昭和41.9.13 民集20-7-1359…………法人の署名 95
最1判昭和41.10.13 民集20-8-1632………振出日白地の確定日払手形 135
最大判昭和41.11.2 民集20-9-1674………受取人白地手形による訴えの提起と時効の中断 138
最3判昭和41.12.20 民集20-10-2106………運送人の責任の消滅と「悪意アリタル場合」の意義 76
最3判昭和42.3.14 民集21-2-349…………変造手形の原文言の立証責任 153
最2判昭和42.3.31 民集21-2-483…………利得償還請求権の消滅時効 183
最1判昭和42.4.27 民集21-3-728…………交換手形と悪意の抗弁 131
最3判昭和42.6.6 判時487-56………………手形行為と名板貸人の責任〔中村商店事件〕 17
最2判昭和42.10.6 民集21-8-2051…………非商人たる保証人の求償権と商事消滅時効 52
最大判昭和42.11.8 民集21-9-2300………呈示期間経過後の支払呈示の場所 166
最2判昭和42.11.17 判時509-63……………倉庫営業者の責任 90
最1判昭和43.3.21 民集22-3-665…………利得償還請求権の発生と原因債権との関係 180
最大判昭和43.4.24 民集22-4-1043………商法五〇四条の法理 40

最3判昭和31.2.7 民集10-2-27……………裏書の不連続と権利の行使 155
最2判昭和31.7.20 民集10-8-1022…………白地手形成立の要件 133
最3判昭和32.2.19 民集11-2-295…………倉荷証券と保管料負担の記載 91
最2判昭和32.7.19 民集11-7-1297…………手形交換所における呈示と依頼返却〔三井銀行事件〕 170
最1判昭和33.3.20 民集12-4-583…………手形行為独立の原則と悪意の取得者 143
最3判昭和33.6.3 民集12-9-1287…………原因債権行使の方法 185
最3判昭和33.6.17 民集12-10-1532………手形行為の無権代理人の責任 105
最3判昭和34.6.9 民集13-6-664……………利得償還請求権の取得 182
最3判昭和34.7.14 民集13-7-978…………融通手形の抗弁と第三者 129
最3判昭和35.1.12 民集14-1-1……………無権代理人による裏書と善意取得〔サンベニヤ工業事件〕 157
最1判昭和35.3.17 民集14-3-451…………引渡場所以外の場所における運送品の引渡し 82
最3判昭和35.4.12 民集14-5-825…………手形保証の方式〔原林開拓農業協同組合事件〕 160
最1判昭和35.4.14 民集14-5-833…………商号変更および代表取締役就任の登記の未了〔近江屋商店事件〕 7
最3判昭和35.10.25 民集14-12-2720………悪意の抗弁と重過失 123
最2判昭和35.12.2 民集14-13-2893………商人間の不特定物売買と買主の検査・通知義務〔紋珠岳炭鉱株式会社事件〕 57
最2判昭和36.6.9 民集15-6-1546…………手形の偽造と民法七一五条の使用者責任 113
最2判昭和36.7.31 民集15-7-1982…………組合の手形署名 96
最2判昭和36.10.13 民集15-9-2320………挨拶状と債務引受の広告 25
最2判昭和36.10.27 民集15-9-2357………匿名組合と消費貸借の区別 67
最2判昭和36.11.24 民集15-10-2536………未補充手形の取得者と手形法一〇条 140
最3判昭和36.12.12 民集15-11-2756………手形行為の表見代理における第三者 106
最3判昭和37.5.1 民集16-5-1013…………人的抗弁切断後の手形取得 124
最3判昭和37.5.1 民集16-5-1031…………表見支配人と営業所の実質 30
最2判昭和37.9.21 民集16-9-2041…………小切手による弁済提供 187
最大判昭和38.1.30 民集17-1-99…………手形の呈示を伴わない催告と時効の中断 175
最2判昭和38.3.1 民集17-2-280……………営業譲渡と商号の継続使用 22
大阪高判昭和38.3.26 高民集16-2-97……営業譲渡と労働契約関係の帰趨 26
最3判昭和38.5.21 民集17-4-560…………既存債務の消滅と利得の有無 181

判例索引

裁判所　裁判年月日　登載判例集　　　項　目　　　番　号

大判大正4.12.24 民録21-2182……………約款の拘束力　2
大判大正5.7.4 民録22-1314………………貨物引換証の要式証券性　78
大判大正6.2.3 民録23-35…………………回数乗車券の性質　87
大判大正6.5.23 民録23-917………………匿名組合と民法上の組合の区別　66
大判大正10.10.1 民録27-1686……………白地手形の有効性　132
大判大正11.9.29 民集1-564………………手形行為の取消しの相手方　99
大決大正13.6.13 民集3-280………………商号単一の原則〔丸越商店事件〕　13
大判大正13.7.18 民集3-399………………貨物引換証の処分証券性　80
大判昭和4.9.28 民集8-769………………製造と投機購買　35
大判昭和6.11.13 民集10-1013……………貨物引換証と運送品の滅失　79
大判昭和7.2.23 民集11-148………………貨物引換証の物権的効力　81
大判昭和7.11.19 民集11-2120……………拇印の押印　94
大判昭和11.3.11 民集15-320……………交互計算に組み入れられた債権の差押え　64
大判昭和12.11.26 民集16-1681……………理髪業と場屋取引　36
大判昭和13.12.27 民集17-2848……………貨物引換証の効力　77
大判昭和14.2.8 民集18-54………………悪意の会社債権者に対する合名会社を退社した社員の責任〔新港シャーリング工場事件〕　6
大判昭和17.9.8 新聞4799-10………………商業帳簿の証拠力　28
大判昭和19.2.29 民集23-90………………商慣習法と強行規定　1
大判昭和19.6.23 民集23-378………………悪意の抗弁の成立　122
最1判昭和23.10.14 民集2-11-376…………手形債権と原因債権との行使順位　184
最2判昭和25.2.10 民集4-2-23……………「見せ手形」振出の効力　102
最2判昭和26.10.19 民集5-11-612…………強迫による手形行為　103
最3判昭和27.10.21 民集6-9-841…………被偽造者の責任　112
最2判昭和28.10.9 民集7-10-1072…………商人の諾否の通知義務　42
最2判昭和29.1.22 民集8-1-198……………商人間における売主の担保責任と買主の検査・通知義務　55
最2判昭和29.10.15 民集8-10-1898………第三者相互間における商業登記の効力〔宮関石灰事件〕　8
最2判昭和29.10.29 裁時171-169…………一般線引の効力を排除する特約の効力　196
最1判昭和30.9.8 民集9-10-1222…………商法五一四条にいう「商行為によって生じた債務」の意味　45
最1判昭和30.9.29 民集9-10-1484…………商人の雇用と附属的商行為の推定　39
最2判昭和30.9.30 民集9-10-1513…………裏書の連続　151

■編者紹介

鳥山 恭一	（とりやま・きょういち）	早稲田大学教授	〔54〜57〕
高田 晴仁	（たかだ・はるひと）	慶應義塾大学教授	〔1・2・64〜68・112〜131〕

■著者紹介（執筆順）

森川 隆	（もりかわ・たかし）	國學院大學教授	〔3〜5・35〜39・108〜111〕
白石 智則	（しらいし・とものり）	白鷗大学准教授	〔6〜12〕
諏訪野 大	（すわの・おおき）	近畿大学教授	〔13〜21〕
齋藤 雅代	（さいとう・まさよ）	山梨学院大学准教授	〔22〜27〕
岡本智英子	（おかもと・ちえこ）	関西学院大学教授	〔28・29〕
藤田 祥子	（ふじた・さちこ）	拓殖大学教授	〔30〜33〕
長畑 周史	（ながはた・しゅうし）	横浜市立大学准教授	〔34・90〜92〕
笹本 幸祐	（ささもと・ゆきひろ）	関西大学教授	〔40〜53〕
内田 千秋	（うちだ・ちあき）	新潟大学准教授	〔58〜63〕
来住野 究	（きしの・きわむ）	明治学院大学教授	〔69〜75〕
笹岡 愛美	（ささおか・まなみ）	横浜国立大学准教授	〔76〜89〕
鈴木 達次	（すずき・たつじ）	國學院大學教授	〔93〜107〕
渋谷 光義	（しぶや・みつよし）	亜細亜大学教授	〔132〜142・177〜179〕
伊藤 雄司	（いとう・ゆうじ）	上智大学教授	〔143〜150〕
芳賀 良	（はが・りょう）	横浜国立大学教授	〔151〜159〕
堀井 智明	（ほりい・ともあき）	立正大学教授	〔160〜165〕
島田 志帆	（しまだ・しほ）	立命館大学教授	〔166〜172〕
横尾 亘	（よこお・わたる）	西南学院大学准教授	〔173〜176〕
隅谷 史人	（すみたに・ふみと）	流通経済大学講師	〔180〜200〕

※〔 〕内は、執筆担当の番号。

新《しん》・判例《はんれい》ハンドブック　商法総則《しょうほうそうそく》・商行為法《しょうこういほう》・手形法《てがたほう》

編著者　鳥山恭一《とりやまきょういち》・高田晴仁《たかだはるひと》

発行所　株式会社　日本評論社　　　発行者　串崎　浩
東京都豊島区南大塚3-12-4　電話　東京(03)3987-8621(販売)
3987-8631(編集)
振替　00100-3-16　〒170-8474
印刷　精文堂印刷株式会社　　製本　株式会社難波製本
Printed in Japan

2015年 8 月15日　第 1 版第 1 刷発行　　装幀　海保　透

ISBN 978-4-535-00825-0